JN029991

サーティファイ著作権検定委員会 主催

ビジネス著作権検定® 第3版
公式テキスト［初級・上級］

和田宏徳＋坂本 優＋藤原正樹 [著]
紋谷暢男／土肥一史 [監修]

インプレス

特典のご案内

本書の特典として、紙面に掲載した過去問題とは別に、2回分の過去問題をダウンロード提供します。学習後の実力チェックにぜひご活用ください。

なお、このダウンロード過去問題は問題文と正答・解説で構成されています。

ダウンロードページの URL

https://book.impress.co.jp/books/1121101148

※本特典の利用には、インプレスの無料の読者会員システム「CLUB Impress」への登録が必要になるものがあります。ご了承ください。
※本特典のご利用は、書籍をご購入いただいた方に限ります。
※ 特典の提供予定期間は本書発売より3年間となります。

・ 本書のアイコンについて ・

：上級アイコン。
このマークが付いている解説は上級試験で出題される内容です。

：問題アイコン。
各章の最後に理解度をチェックするための演習問題があります（問題のない章もあります）。正答・解説は最終章のあと（付録の前）にまとめて掲載しています。

インプレスの書籍ホームページ

書籍の新刊や正誤表など最新情報を随時更新しております。

https://book.impress.co.jp/

はじめに

　超・高度情報社会である現代において、著作権は、コンテンツビジネスに携わっている人だけに関係するものではなくなりました。会議資料や企画書、報告書を作成する際に、他人の作成したイラストや写真や地図などの著作物を利用する機会がさらに増えています。また、製品パンフレットや動画・静止画での会社案内の製作・Webサイトを運営するなどを、自ら制作する場合はもちろんのこと、外部委託の場合にも著作権の知識がないと、トラブルの原因となります。

　このように、社会人にとって著作権の知識は必要不可欠なものです。また、学校や一般社会においても、ICT機器を活用し、Facebook、LINE、YouTube、TikTokなどのインターネットメディアを使いこなすなかで、著作権知識の重要性は言うまでもありません。

　「ビジネス著作権検定®」は、著作権の知識だけでなく、ビジネスシーンや教育現場での情報の活用力を問う検定です。BASIC・初級・上級・教育著作権検定の中から自分の業務内容にあった検定にチャレンジし、受験を通じて身に付けた知識と判断力を実務に活用いただけましたら幸いです。

サーティファイ著作権検定委員会

委員長　久保田　裕

　本書は、この「ビジネス著作権検定®」の初級、上級合格を目指す方のための公式テキストであり、合格するために必要十分な知識を盛り込みました。また、本書を手に取られた方の中には、これまで法律に全く触れたことがない方もいるでしょう。そのような初学者の方が理解しにくい論点につきましては、必ずしも従前の著作権法の解説書で使用されている表現にこだわらずに、容易な用語を使って説明していますので、安心して勉強を進めて下さい。

　皆様が、本書を活用いただくと共に、「ビジネス著作権検定®」に合格されることを、執筆者一同祈念しております。

和田　宏徳（弁護士）

坂本　　優（弁護士）

藤原　正樹（弁護士）

目次

第1章 ビジネスと法

第2章 著作物

第3章 著作者

目次

目次

コラム

ビジネス著作権検定®の概要

■**主催**　サーティファイ著作権検定委員会

■**試験目的**　ビジネス実務、日常生活においてますます必要とされる著作権に関する知識および関連する知識について、その基礎的な理解、具体的な裁判例・ビジネス実務における慣例を基準とする事例判断での応用力をそれぞれ測定します。

■**級区分**　BASIC・初級・上級
※BASICについては、ビジネス著作権検定®ホームページにてご確認ください。

■**認定基準**

初級	著作物とは何か、著作権とはどのような権利かを知っている。利用者として、他人の著作権を侵害せず正しく著作物を利用できる。
上級	著作権に関する知識を活用し、著作権利用に関する問題点を発見し、解決できる。契約、司法制度、条約に関する知識を活用し、専門家の助力を得ながら著作権に関する実務を展開することができる。

■**受験資格**　学歴や年齢等、受験する上での制限や条件はありません。

■**出題形式**

初級	内容	ビジネス実務、日常生活において必要とされる、 (1)著作権に関する基礎的な知識 (2)著作権法および関連する法令に関する基礎的知識 (3)インターネットに関連する著作権および情報モラルについての基礎的知識について多肢選択式問題として出題。
	形式	多肢選択問題
	題数	30問
	時間	60分
	合格基準	得点率65%以上
上級	内容	ビジネス実務、日常生活において必要とされる、 (1)著作権に関する基礎的な知識 (2)著作権法および関連する法令に関する基礎的知識 (3)インターネットに関連する著作権および情報モラルについての基礎的知識および応用力について多肢選択式問題として出題。なお、この応用力については、事例での問題点発見と解決能力について問う内容となる。
	形式	多肢選択問題
	題数	40問
	時間	90分
	合格基準	得点率70%以上

■最新の著作権法は、e-Gov法令検索よりご確認ください。
https://elaws.e-gov.go.jp

リモート Web テストについて

自宅や職場で受験可能な AI を使った本人認識や動作・物体解析による公正・平等な Web 試験です。

サーティファイが提供する試験を、受験者様のご自宅や、所属される団体施設（企業や教育機関）の PC で行う受験方法です。

サーティファイのリモート Web テストでは、"デュアルカメラ方式" を採用しています。

デュアルカメラ方式によるリモート Web テストイメージ

リモート Web テストのメリット

●安全
多数の方が集まる空間での滞在を回避できます。（感染予防）

●便利
試験会場までの移動時間や費用が不要になります。

●信頼
デュアルカメラ方式の試験監督システムにより、不正防止を徹底しています。

●安心
慣れた環境（自宅や職場）で落ち着いて受験いただけます。

リモート Web テスト 受験までの流れ

お申込み方法	■ユーザー登録 オンライン申込前にユーザー登録が必要です。 サーティファイ Web ページ「マイページログイン」https://www.sikaku.gr.jp/login/ からユーザー登録をお願いします。 ■オンライン申込 ユーザー登録後、資格受付 ONLINE のマイページにログインいただき、「受験申込」よりビジネス著作権検定をお申込みください。 ●お支払方法【クレジットカード決済】または【コンビニ決済】 または【銀行振込＜三井住友＞】
受験票の受領	試験日の 1 週間前までに受験票発行通知メールが、ご登録いただいたメールアドレス宛に送信されます。ユーザー ID でマイページにログインし、受験票に記載されている内容、試験時間を必ずご確認ください。
試験日前日までの準備	試験日前日までに、リモート Web テストの実施方法および必要なもののご確認、ご準備をお願いします。 ※リモート Web テストの実施方法については https://www.sikaku.gr.jp/bc/individual/gaiyou/ からご確認ください。
試験日当日	資格受付 ONLINE のマイページにログインし、該当試験の「受験」ボタンをクリックして、試験を開始してください。
試験結果の受領	試験後 1 か月を目処に合否通知メールが送信されます。 資格受付 ONLINE のマイページにログインし、合否結果をご確認ください。 受験者全員に「試験結果のおしらせ」をデータで発行します。また合格された方には、「オープンバッジ」と「デジタル認定証明書」が発行されます。 「試験結果のおしらせ」「オープンバッジ」「デジタル認定証明書」は資格受付 ONLINE マイページよりご確認いただけます。

■オープンバッジとは

オープンバッジは、ICT 活用教育分野における国際的な技術標準規格「IMS Global Learning Consortium」に準拠したデジタル証明です。ブロックチェーン技術によって、実質的に偽造や改ざんが不可能で、安心してご利用いただけます。取得した資格や学習成果は SNS（LinkedIn、Facebook、Twitter など）で共有したり、ハイパーリンクを挿入したバッジ画像を、メール署名や履歴書に貼ったりできます。

※詳細は https://www.sikaku.gr.jp/bc/introduction/highlicense/ からご確認ください。

第1章 ビジネスと法

1-1 契約について

> **重要まとめポイント**
>
> ▶ 契約は、申込と承諾が一致して成立し、必ずしも書面化する必要はない
>
> ▶ 契約に定めのない事項は、法律などで補って解釈される
>
> ▶ 契約は締結した当事者のみを拘束し、契約外の第三者を拘束しない

契約の成立・契約書の意義

本書は、著作権法の基本を理解していただくためのものであるが、その大前提として、著作権に関連した商売（著作権ビジネス）をする上で避けて通れない「**契約**」について、最低限の知識を持っていただきたい。なお、以下では、専門的いい回しはしないので、そのような知識を求める方はご注意いただきたい。

例えば、ある出版社がプロのカメラマンに写真撮影を依頼する場合、

①電話にて撮影対象、納期、ギャラの額などを伝えて了承を取る場合

もあれば、

②先ほどの事項を書面に記載してお互いの署名または記名押印をする場合

もある。いずれの場合も、お互いに何をどういう条件でなすべきかを取り決めていることは共通しているが、①と②の相違点は、**書面を取り交わすかどうか**、というところにある。

このように、企業ないし個人事業者などがその営業を行っていく上では、例えば「物品を仕入れる」、「店舗用のテナントを賃借する」、「レジ用のシステムとして他社のPOSプログラムを導入する」といった必要事項が発生する。それぞれについて、

時には前記①のように電話ないし口頭で約束を取り付ける場合もあれば、前記②のように契約書を取り交わす場合もある。

このような「物品を仕入れる」約束を**売買契約**（そのため取り交わす書面を**売買契約書**）、「店舗用のテナントを賃借する」約束を**賃貸借契約**（そのため取り交わす書面を**賃貸借契約書**）、「レジ用のシステムとして他社のPOSプログラムを導入する」約束を**使用許諾契約**（そのため取り交わす書面を**使用許諾契約書**）と一般的には名前が付いている。

重要なことは、前記①及び②のいずれの場合も、契約は成立しているということである。つまり、**契約は、必ずしも書面にてなす必要はなく、口頭でも有効に成立する**（民法522条）。

このことは、法学部にて学ぶまでもなく、実際の商取引を経験すればすぐ分かることである。口頭で取り付けた仕入れであっても代金を支払わなければならないのは当然であることを考えればよく分かる。当事者からしてみれば、口頭での約束であってもこれを守ることにより、今後の商売上の信用を醸成・維持していく必要があるであろう。法律的にいえば、口頭で取り付けた仕入れであっても契約が成立しており、代金支払義務が発生しているということになる。

つまり契約というものは、前述の写真撮影依頼でいえば、「北海道の富良野のラベンダー畑の雄大な写真を100枚、来月末までに撮ってきてほしい。ギャラは50万円でいかがですか」という**申込**と、「分かりました。支払いは振り込みでお願いします」という**承諾**が一致して成立する、ということである。

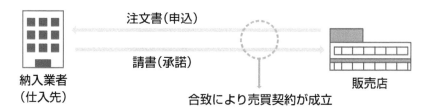

なお、前述の例は契約交渉が何もなかった事例であるが、例えば、「北海道の富良野のラベンダー畑の雄大な写真を100枚、来月末までに撮ってきてほしい。ギャラは50万円でいかがですか」という申込に対し、「いや、来月末は厳しい、再来月末にしてほしい」と返答することもある。これはカメラマンが**条件を変えた申込をしている**ことになり、これに出版社がOKを出せば、これが承諾となって契約が成立することになる。

要するに、契約交渉というのは、お互いに契約条件を絞り込むようにして申込を重ねていって、最終的に妥結したところが承諾となって契約が成立する、ということになる。

　では、①口頭の契約と②契約書の締結という２つの契約締結方法は、どのように使い分けるべきことになるのか。これは端的にいえば、

A. **いつ契約が成立したのか**

B. **いかなる内容の契約を締結したのか**

C. **そもそも契約自体をしたのかどうか**

といった諸点について明確にしておくために**エビデンス（証拠）を残す必要がある場合には、必ず契約書による契約を締結すべき**、ということになる。

　口頭での契約は、「言った言わない」の水掛け論になる可能性が高い。ルーティンワークで簡単な内容の契約であって、お互い信頼関係が成り立っていれば、いちいち契約内容を書面化する必要はないが、争いになった場合には証明が著しく困難となる。

　したがって、契約書を取り交わすべき意味とは、後日、両者の関係が悪化したような場合（例えば、他方当事者が契約の履行をしなくなったような場合）に、前記のA〜Cの事項を証明することができるようにするためである。その観点からは、契約書を起案する場合、できる限り解釈にあいまいさを残さないよう文言に気を使うことが必要になる。

　しかし、契約書ですべての現象を網羅的に記載することは不可能である。そういう場合にはどうなるか。そのような場合、**著作権法や商法や民法のような法律の規定を適用することになる。**

　つまり、まず第一に、A・B間において契約書がある場合、**契約書に定めがあればそれに従う、契約書に定めのない事項については法律の規定による**ことになる。そして第二に、適用されるべき法律は、対象が著作権に関することであれば著作権法が、それ以外のことについては当事者が会社であれば会社法や商法が、それでも規定がなければ民法が適用されることになる。

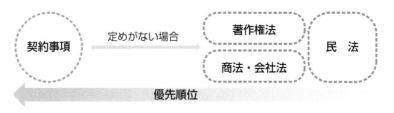

とはいっても、読者はなかなかイメージがわかないであろう。それは当然のことで、このことを理解するには、会社法や商法、民法の知識がある程度必要だからである。この部分は「ああ、そういうことか」と一読していただければよい。

契約の効力は誰に及ぶか

一言でいえば、**AとBとの間で取り交わした契約は、AとBとの間でのみ効力を有し、第三者のCには及ばない。**これを講学上、**「契約には対世効はない」**という。

考えてみれば当たり前の話であるが、このことは実例を知ることで身につけてほしい知識である。

例えば、AがBに貸し付けた100万円の返還義務は、Bにだけあるのであって、Bの奥さんのCには返還義務はない。

Aが会社Bに貸し付けた100万円の返還義務は、会社Bにだけあるのであって、会社の社長であるCには返還義務はない（社長Cが会社Bの債務を連帯保証していれば別である）。

会社Aが自社内システムの構築をB社に委託する場合、A・B間の契約で、機密情報セキュリティーの関係から、開発したB社が成果物（システム）を使用することを一切禁止する場合がある。しかしながら、そのような**契約による使用禁止の拘束は、別の会社Cに当然に及ぶものではない。**

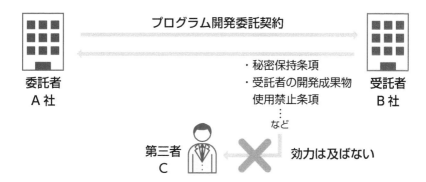

この点は、AとBとの間の契約で、「Bのみならずすべての者は、成果物（システム）を使用することができない」と定めてあっても同様である。この契約は、AとBが契約したものであって、それ以外の第三者（Cなど）がこれに拘束されるいわれは全くない。

では、A社は、Cがこのシステムを無断で使用することを止めることができないのであろうか。それもおかしな話である。以下、実例によって説明する。

　例えば、先ほどの例でいえば、A社がB社に開発を委託した結果作成された成果物（システム）の著作権は、A・B間の契約によってA社に帰属しているものとする。この場合に、第三者Cがこのシステムを無断で複製し自ら使用したり他者に販売したような場合、A社はCに何か請求できないであろうか。

　まず、たとえA・B間にシステム使用禁止条項があったとしても、その条項の効力は契約外の第三者Cに及ばないことは前述した。しかし、契約の効力は及ばなくても、民法の適用は考えられる。Cの行為が、Aの法的保護に値する利益を侵害したものであるとして、AはCに対し民法709条の不法行為に基づく損害賠償を請求することも考えられる。しかし、民法709条に基づく限り、基本的には、Cの販売行為の差止めまで求めることはできない。

《注》民法709条…故意または過失によって他人の権利又は法律上保護される利益を侵害した者は、これによって生じた損害を賠償する責任を負う。

　しかし、当該成果物（システム）が「著作物」である場合（例えば当該作品がプログラムの著作物であるような場合）、Cの行為は、著作権（複製権）の侵害であるので、著作権法112条が適用され、損害賠償に加え、Cの販売行為の差止めまで求めることができる。

　この例によって、契約の拘束力と著作権法の位置づけを大づかみにして読み進んだ上で、再度この個所に立ち戻ってみると、よりよく理解することができるものと思う。

1-2　著作権と所有権の相違

重要まとめポイント

▶著作権と所有権は、いかなる第三者にも権利を主張することができる

▶所有権の対象は「物」であるが、著作権の対象である「著作物」は無体物である

▶ある物品についての所有権と著作権は、必ずしも連動しない

共通の性質——物権的である

　所有権とは、「物」（有体物のこと）について、これを独占的に支配することのできる権利のことである。つまり、「物」を独占的に支配（使用や処分）できるのは、所有権者だけである。所有権者以外の第三者がその「物」を無断で使用している場合には、その返還を求めることができる。他人がその「物」を使用するには、所有権者の許諾を得なければならない（地上権設定契約または賃貸借契約という）。

　他方、**著作権（copyright）**とは、ごく簡単にいえば、当該著作物について他者が複製（コピー）などすることを禁止することができる権利である。著作権者以外の第三者が当該著作物を複製している場合には、その差止めを求めることができる。他人が当該著作物についてコピーするには、著作権者の許諾を得なければならない（出版権設定契約または利用許諾契約という）。

　つまり、**所有権も著作権も、当該「物」ないし「著作物」を独占的に支配し、許諾のない第三者の利用行為を禁止することができる**、という意味で、同一の性質を有する。

　このことは、所有権者ないし著作権者と第三者との間に契約関係が存在するかどうかは全く問われることがない。このように、いかなる第三者に対しても、権利を主張することができることを、法律の学問上では**「物権的性質」**がある、と称される。

異なる性質——対象が「物」か「無体物」か

著作権と所有権との根本的な違いは、その対象である。

所有権の対象は物理的に存在する「物」（有体物）であるのに対し、**著作権の対象は物理的には存在しない「無体物」**である。

「無体物」という言葉を聞いて、「無体財産権」という言葉を想像する方もおられるかもしれない。今でいう「知的財産権」は、かつては無体財産権（あるいは工業所有権と著作権）と呼ばれていた時期もあった。つまり、主として、技術上のアイデア（特許・実用新案）、デザイン（意匠）、マーク（商標）という本来形のないもの、概念上のものに財産的価値を見いだし、権利として認められたのが無体財産権というものである。

そして、著作権も知的財産権の一種である。その観点から、著作権の対象とする無体物とは何のことかを考えると、一言でいえば、**著作権は「創作的表現」という無形のものを保護する権利**である。非常に分かりにくいので、よくある例によって説明する。

〈例〉

有名な画家Ａが描いた「絵画」が、Ａの個展にて売りに出され、Ｂが購入した。他方、Ｃはこの絵画を個展にて写真に撮り、無断で自己の出版物に掲載した。Ｃに対し、ＡやＢはどのような主張が可能か——。

この場合、絵画は著作物である。Ａはこの絵画を創作した時点で、「絵画という有体物」の所有権者であると同時に、「絵画という表現」につき著作権者であるといえる。

では、例のように、ＢがＡから絵画を購入した場合（売買契約）、所有権と著作権はどうなるのか。

売買契約というのは、当該「物」の所有権を対価を支払って移転させる契約である。したがって、当該絵画そのもの（「物」）の所有権者は、売買契約によってBとなっている。しかしながら、**売買契約をしたからといって、当該絵画の「著作権」まで移転する、ということはない**。所有権の移転と同時に、著作権まで移転させようというのであれば、売買契約に特約として著作権もBに移転させる旨明確に定める必要があるといえる。

《注》ただし、明確に定めがなくても、単にその絵画そのものを購入するだけならばあり得ないほどの高額な対価を支払っている場合には、その絵画の著作権をも購入する特約があったものと裁判上認定されることはあり得る。しかし、もしそうなのであれば、契約書上その点を明確に定めるに越したことはない。

　つまり、ある絵画について、「所有権」と「著作権」は別に存在し、必ずしも一緒になって移転するわけではない、ということである。

　結局、この絵画についての所有権者はBとなるが、著作権者はAに帰属したままである。

　他方、Cが無断で行った行為（写真を出版物に掲載し販売する行為）は、所有権を侵害したのか、著作権を侵害したのか。Cは絵画そのものを盗んだのではなく（占有を奪ったのではなく）、無断で写真に撮る、あるいはこれを出版物に掲載するという複製行為を行っている。

　これは、後述の複製権の項目を読んでいただければ分かる通り、「著作権」（複製権）を侵害する行為である。したがって、著作権者であるAが、Cに対して損害賠償あるいは出版の差止めを求めることができる。他方、所有権者であるBは、Cに対して著作権侵害はもちろん、所有権侵害を主張することはできない。

　この例は、著作権と所有権の相違を端的に表す例であるので、よく覚えておいてほしい。

顔真卿自書建中告身帖事件（最高裁 昭和59年1月20日判決）

　　　　中国の著名な書家である顔真卿による書「顔真卿自書建中告身帖」の所有者が、その複製物を無断で出版した者に対し、所有権侵害に基づき販売の差止めと複製部分の廃棄を求めた事件。上記の例でいえば、顔真卿（故人）がA、所有者がB、無断出版者がCとなる。なお、著作権はもはや保護期間の経過により消滅している。

最高裁判所は、「美術の著作物の原作品は、それ自体有体物であるが、同時に無体物である美術の著作物を体現しているものというべきところ、**所有権は有体物をその客体とする権利であるから、美術の著作物の原作品に対する所有権は、その有体物の面に対する排他的支配権能であるにとどまり、無体物である美術の著作物自体を直接排他的に支配する権能ではない**……美術の著作物に対する排他的支配権能は、著作物の保護期間に限り、ひとり著作権者がこれを専有する……著作権の消滅後は、……著作物は公有（パブリックドメイン）に帰し、何人も、著作者の人格的利益を害さない限り、自由にこれを利用しうる」と判示している。

　ここの部分は、本書を最初に読んだときにはよく分からないかもしれないが、一通り読んだ後に再度読むことをお勧めする。

1-3 知的財産権としての著作権

重要まとめポイント

▶ 著作権は知的財産権の一種である

▶ 知的財産法は、知的創作活動を権利として保護するものである

▶ 著作権も万能ではなく、知的創作物の公正な利用とのバランスが必要である

知的財産権とは

わが国では、ここ数年、知的財産権という言葉がよく聞かれるようになっている。

そもそも、「知的財産」ないし「知的財産権」とは何かというと、知的財産基本法という法律により、以下のように定義されている。

●知的財産······

発明、考案、植物の新品種、意匠、**著作物**その他の人間の創造的活動により生み出されるもの（発見又は解明がされた自然の法則または現象であって、産業上の利用可能性があるものを含む。）、商標、商号その他事業活動に用いられる商品又は役務を表示するもの及び営業秘密その他の事業活動に有用な技術上または営業上の情報をいう（知的財産基本法2条1項）。

●知的財産権······

特許権、実用新案権、育成者権、意匠権、**著作権**、商標権その他の知的財産に関して法令により定められた権利または法律上保護される利益に係る権利をいう（知的財産基本法2条2項）。

これを図示すると、次のようになる。

```
知的財産 ─┬〈1〉著作権制度 ─────── 著作権法（著作権・著作隣接権）
基本法    │
          ├〈2〉産業財産権制度 ─── 特許法（特許権）
          │   （工業所有権制度）   実用新案法（実用新案権）
          │                        意匠法（意匠権）
          │                        商標法（商標権）
          │
          └〈3〉その他（例）────── 不正競争防止法
                                   ①商品等表示の混同行為の禁止
                                   ②営業秘密の保護
                                   ③営業誹謗行為の禁止
                                   ④欺瞞的表示の禁止
                                   半導体集積回路の回路配置に
                                   関する法律（回路配置利用権）
                                   種苗法（育成者権）
```

ビジネスと法

 ## 産業財産権（工業所有権）と著作権の相違

　ここでは、上の図における〈1〉著作権と、〈2〉産業財産権との相違点を明確にすることで、著作権の特徴を理解していただきたい。

　まず、**産業財産権**とは、前記の知的財産ないし知的財産権のうち、特許庁に登録を要し、登録によって初めて権利として認められる以下の権利のことである。

	対象	存続期間	創作法か標識法か
特許権	発明	出願から20年 （特許法67条）	創作法（高度な技術）
実用新案権	考案	出願から10年 （実用新案法15条）	創作法（技術）
意匠権	意匠（デザイン）	登録から25年 （意匠法21条）	創作法（物品のデザイン）
商標権	標章（マーク）	登録から10年 （商標法19条）、更新あり	標識法（出所表示など）

　これらの諸権利は、以下の性質を有する。

①産業財産権は、原則として、登録されて初めて権利として発生する

　他方、著作権の場合は、対象物（著作物）の創作により著作権が発生し、**登録などの必要はない**（法17条2項。無方式主義）。

②産業財産権は、特許庁の審査を経た上で登録される（実用新案権は例外）

　他方、著作権の場合、**権利の発生に特許庁をはじめいかなる機関の審査も必要ない（出願、登録、公示も必要ない）**。ただ、ここで気をつけていただきたいのは、審査の必要がないということと、自己の創作物が著作物として認められるかどうか（このことを「著作物性」ということがある）は別問題であるということである。言い換えれば、特許庁などのお墨付きがない半面、自己の創作物が著作物かどうかは裁判上立証しなければならないということである。この点は少々難しいので、一応頭に入れる程度にして、先を読み進んでほしい。

③同一の発明等（発明・考案・意匠・標章）は、先に出願した者だけが権利を取得できる（先願主義）

　他方、著作権の場合、同一の著作物を互いに知ることなく別々に創作したような場合、**それぞれが別個に著作権を取得**する。

独自著作の反論

　　特許権などの産業財産権は、登録により初めて権利が認められるが、同じ内容の特許出願が競合する場合には、発明の先後ではなく、原則として先に出願した方だけが登録されることになる（**先願主義**）。他方、著作権は、登録などの必要なくして創作によりそれだけで著作権が発生する。

　　仮に、同じ内容の著作物がお互いに影響なくして独立に創作された場合には、同様の内容の著作権が併存することになる。これは逆にいえば、XがYに対して「お前の作品は俺の作品のコピーだ！　著作権侵害だ！」と主張しても、Yが「おれはお前の作品なんか見たことはない。これは自分で作成したものだ。これはおれの著作物だ」という反論が可能ということである。

　　このYの反論が訴訟においてなされた場合、これを「独自著作の反論」という。詳しくは第11章1節「著作権侵害の要件」を参照してほしい。

④当該発明・考案・意匠・商標については、登録した権利者が独占してこれを実施することができ、第三者がこれを実施する場合には、権利者の許諾（実施許諾契約）が必要となる

　著作権の場合も、著作権者のみが当該著作物の著作権を行使（複製など）することができ、**第三者がこれを行使しようとする場合には、権利者の許諾（利用許諾契約）が必要**である。

著作権法の目的

著作権法1条は、著作権法の目的について、以下のように定めている。

> 「この法律は、著作物並びに実演、レコード、放送及び有線放送に関し著作者の権利及び
> これに隣接する権利を定め、これらの文化的所産の公正な利用に留意しつつ、著作者等の
> 権利の保護を図り、もって文化の発展に寄与することを目的とする。」

法律の条項の文言は慣れていないと難しいものであるので、もう少し分かりやすく簡略化して以下に記載してみよう。

> 「この法律は、著作物……に関し著作者の権利……を定め、これらの文化的所産の公正な
> 利用に留意しつつ、著作者等の権利の保護を図り、もって文化の発展に寄与することを目
> 的とする。」

結局、著作権法の目的は「**文化の発展に寄与すること**」である。

前述の特許・実用新案・意匠・商標という産業財産権は、いずれも「**産業の発達に寄与すること**」を目的としているのと対照的である。

ここで重要なのは、「これらの文化的所産の公正な利用に留意しつつ、著作者等の権利の保護を図り」という個所である。これは、著作物という創作物を公正に利用することに注意を払って、著作権を保護する、ということである。

このあたりは非常に難しい問題であるが、一番分かりやすい例を挙げるので、それをもって大づかみしてほしい。

例えば、「ダサい」という言葉がある。この言葉は1970年代あたりから使われ始めたらしいが、仮にこの言葉を最初に思いついたのがAという人物だとしよう。このAという人間が、「『ダサい』という言葉はオレが創作した言葉だ。他の者がこれを使うにはすべてオレの許諾が必要だ」と主張し始めたとして、皆さんはどう思うであろうか。

おそらく、そんな馬鹿な話があるか、と思われると思う。しかし、どこらへんが「馬鹿な話」なのか、よくよく考えてみてほしい。

仮に、この言葉を最初に思いついたのがAという人物であることが確定的であれば、どうであろうか。それまでは誰も使っておらず、思いつかなかった言葉を創作したわけである。著作権法の適用があるのではないか、と思う人がいてもおかしくはない。

　この問題を考えるヒントは、「このような短いフレーズを著作物として認めてしまうことは、極めて不都合である。言葉は人間のコミュニケーションにおいて必要不可欠なツールであるのに、特定の言葉を特定の個人に独占させていいのか」、という考え方の中にある。

　この問題は、結論として、おそらく「ダサい」という言葉が著作物として認められることはないと思われる。

　では、清水寺の貫主が今年のキーワードを一文字で書した「暑」という「書」の場合はどうであろうか。ここでの問題は、他の者が「暑」という一文字を使っていいのかという問題ではなく、清水寺の貫主の筆による具体的な「暑」を自由に写真撮影するなど複製して出版してよいか、という問題である。

　この問題は、結論として、おそらく「暑」という書が著作物として認められる方向であろうと思われる。

　かくして、著作権法1条記載の著作権法の目的は、具体的な紛争事例において、解釈指針のバックボーンとして機能しているものといえる。

今年を表す漢字を書く森清範貫主＝
2010年12月10日、京都市東山区の清
水寺（©朝日新聞）

1-4 「著作権」という言葉の意味

著作権の定義は図にすると下記のとおりとなります。

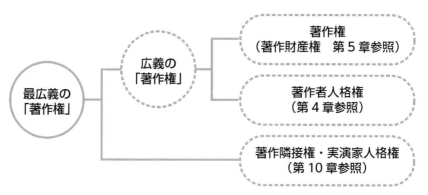

最広義の「著作権」 — 広義の「著作権」 — 著作権（著作財産権 第5章参照）／著作者人格権（第4章参照）／著作隣接権・実演家人格権（第10章参照）

問題 契約に関する次の記述のうち、正しいものはどれか。

ア▶ 口頭で合意し、その合意に基づいて書面を作成したが、署名押印しなかった場合には契約は成立しない。

イ▶ Bが著作権者Aから著作物の複製の許諾を受けるに際し、その契約書中に「AはB以外に本件著作物の複製を許諾しないことを確約する」と明記されていた場合、これを破ってAがCに対してその著作物の複製を許諾しても、その許諾は無効である。

ウ▶ Bが著作権者Aからある著作物の著作権の譲渡を受ける契約を締結した後、Cが著作権者Aから同一の著作権の譲渡を受ける契約をした場合、Cが著作権者になることはない。

エ▶ 契約で明確に定めなかった事項については、基本的には民法や商法などの法律の規定が適用される。

正答・解説は210ページ参照

第2章 著作物

2-1 著作物の要件

重要まとめポイント

▶著作物とは次の3つの条件を満たすものをいう。
　①思想または感情（の表現であること）
　②創作性があること
　③表現したものであること

著作物の定義

「**著作物**」とは、端的にいえば**著作権法による保護の対象**である。したがって、いかなるものが「著作物」に該当するかについて学習することは、著作権法を理解する上で最も重要なことである。

　著作権法では、「著作物」を「**思想又は感情を創作的に表現したものであつて、文芸、学術、美術又は音楽の範囲に属するものをいう**」（法2条1項1号）、と定義している。

　これを分かりやすく分説すると、著作権法上保護される著作物とは、次の3つの要件を満たすものをいう。

①**思想または感情**（の表現であること）
②**創作性があること**
③**表現したものであること**

　なお、「文芸、学術、美術又は音楽の範囲に属する」という文言も定義中に存在するが、これは広く知的、文化的精神活動の所産全般を意味し、このジャンルに該当しなければ著作物に該当しない、といった積極的な意味を持つものではない。例えば、このジャンルのいずれにも該当しないと考えられるコンピュータープログラムであっ

ても、著作物として認められている。

「思想または感情」（の表現であること）
──単なる事実やデータ

「思想又は感情」の表現であることが要件であるというのは、著作権法上保護の対象となるのは、人間の知的活動の成果（を表現したもの）を保護するという意味があるにすぎず、むしろ逆の意味、つまり、客観的に存在する**単なる事実やデータを保護しない**、という意味の方がより重要である。

　著作権法は、この観点から、「事実の伝達にすぎない雑報及び時事の報道は、……著作物に該当しない」と注意的に定めている（法10条2項）。

　事例を挙げて説明しよう。
① 　自動車修理事業者が、自動車部品に関し、相当な費用と手間をかけて行ったマーケットリサーチにより得たデータ（部品の名称、メーカー、流通量等）
② 　著名な小説の映画化やテレビドラマ化に関し、小説の題名、小説の発表時期、映画化等の題名や時期、監督は誰か、主演俳優は誰か、といった事項
③ 　南米のとある国で大災害が起こった際、現地に飛んだ取材記者により作成された、災害の日時、災害の規模、被災者の証言、被災地の現状その他について臨場感あふれるドキュメント記事

　まず、①について、このようなデータは、その収集に多大な労力がかかる場合があるが、これら一つ一つは客観的に存在する事実ないしデータにすぎない。したがって、これらデータは著作物とはいえないことになる。
　また、②について、このような事項も、その調査に手間暇がかかる場合もあるが、これらの事項は客観的に存在する事実であるにすぎない。したがって、これらの事項は、著作物とはいえない。
　では、③はどうであろうか。③の記事は、確かに南米のとある国に発生した大災害とこれによる被害の事実を元にしているので、一見、前記の「時事の報道」（法10条2項）に該当するかのように見える。しかし、法10条2項にいう「時事の報道」とは、いつ、どこで、誰が、何を、どのように（4W1H）なされたかを伝えるにすぎない短いニュースのことである。しかしながら、本件記事の場合、**どの事実を取り上げるか、取り上げた事実をどのように表現して記事にしているかについては、この記者の**

「思想又は感情」つまり知的活動の成果であるといえる。 つまり、この記事は、「思想または感情の表現」という著作物該当性の要件を満たすものといえる。

　以上が、この「思想または感情の表現」の要件の説明である。ただ、ここで考えてほしいのは、①と②について、これらデータあるいは事項が「思想または感情」の要件を満たさないということはどういうことか、という点である。

　著作物該当性の要件を満たさない以上、これらデータや事項それ自体は著作物ではないため、著作権法による保護（端的にいえば無断で複製することをやめさせる権利）が及ばないことになる。もし仮に、すべての場合においてこの結論となる、というのであれば、「それはおかしいんじゃないか」と考える方もおられよう。それがむしろ常識的でさえある。

　著作権法は、このような観点から、以下のような規定を置いている。①については、一つ一つのデータは著作物ではないが、これらデータの集合体（であって一定の要件を満たすもの）を**「データベースの著作物」** として保護している（法12条の2）。②については、一つ一つの事項は著作物ではないが、これら事項の集合体（であって一定の要件を満たすもの）を**「編集著作物」** として保護している（法12条）。

　すなわち、**一つ一つはデータや事実にすぎなくても、その集合体は（一定の要件を満たせば）著作物となりうる** ということである。この点は後述するので、よく覚えておいてほしい。

創作性

　著作物の要件として最も重要であり、実際の裁判において、様々な角度から争われている要件である。

　創作性の要件とは、端的にいえば、**「ありふれた表現ではないこと」** といえる。別のいい方をすれば、特定のアイデアを表現しようとすれば、その表現方法のバリエーションがほとんどなく、誰でも似たような表現となるであろう場合には、その表現には創作性がない、ということである（この点は、プログラムの著作物について、同じ目的を達成するためには、同一のプログラム言語による限り、ほとんど同じプログラミングしか考えられないようなケースを念頭に置くと分かりやすい）。

　とはいえ、何が「ありふれた表現」で何が「ありふれていない表現」であるのかは、

基準として抽象的であり、判断する者によって大きくブレがあるところであって、非常に微妙な問題である。このように、創作性の要件について、ただ単に講学上の定義などを覚えておいても現実的にはあまり意味がない。

重要なのは、この創作性の要件を考えるにあたっては、具体的にどんな表現行為について著作物性が争われているか（争われてきたか）、を念頭に置くことである。言い換えれば、**当該具体的表現について著作権法の保護（＝その表現の独占）を認めてよいのかどうか**、という観点が大事である。

創作性の要件をもう少しかみ砕いていうと、①他人の表現を盗んでいないこと、②ある程度の「質」があること、ともいいうる。②の「質」が高ければ高いほど、その保護の範囲は広くなるといっていい。

もう少し具体的にいえば、問題となっている表現物が何なのか（文章なのか、絵画なのか、俳句や語呂合わせや記事の見出しなどのごく短い文章なのか、フォントなどの文字のデザインなのか、プログラムなのか、コンピューターの画面表示なのか、歌詞なのか、音楽の旋律なのか、等々）によって様々である、ということになる。

例えば、「ボク安心　ママの膝より　チャイルドシート」という交通標語（スローガン）が著作物として認められるかが争われた事例では、この交通標語が著作物として認められるとしても、著作権侵害となるのはデッドコピー（そのまま複製）かこれに類するものに限られる、とされている。つまり、この事例では、非常に短い文章について著作物であることを認めたとしても、その権利の及ぶ範囲はデッドコピーかそれに近いものに限定されるというものである。

他方、文字のデザイン（文字そのものではないことに注意）について、著作物該当性を非常に厳しく判断した事例がある。

....

判例紹介——ゴナ書体事件（最高裁　平成12年9月7日判決）

印刷用書体のデータが記録されたフロッピーディスクを販売するY社に対し、印刷用書体を制作する会社Xが、著作権侵害（複製権侵害）を主張して損害賠償を求めた事案。裁判所は、文字が万人共通の表現媒体であることに鑑み、タイプフェース（印刷用書体）のような文字のデザインについてこれが著作物として認められるためには、「従来の印刷用書体に比して顕著な特徴を有するといった独創性を備え、かつそれ自体が美術鑑賞の対象となりうる美的特性を備えていなければならない」と判示している。

....

ただ、注意しなければならないのは、印刷用書体そのものの著作物該当性が、日本ではこのように厳しいものであったとしても、印刷用書体をコンピューターにインス

トールするパッケージソフトウェアの違法コピーは、プログラムの著作物の違法コピーとなる、ということである。この点は区別しておいていただきたい。

表現

　この要件は、著作物として保護されるためには、何らかの形で「表現」したものでなければならず、**「表現」の根底にあるアイデア、着想、作風、画風、プロットなど**は、著作権法の保護対象とはならない、ということを意味する。

　なお、アイデアは、特許権ないし実用新案権により保護されるといわれているが、その場合も特許法ないし実用新案法固有の要件を満たす必要があることは当然である。

　アイデアということからは若干離れるかもしれないが、**「キャラクターは著作権の保護の対象ではない」**ということも、この文脈で理解することができる。

　ここでいうキャラクターとは、漫画・アニメ・小説などに登場する架空の人物などの名称、姿態、役割を総合した人格とでもいうべきものである。いわゆる「キャラが立つ」という場合の「キャラ」である。学術的にいうと分かりにくいので、少し砕いて説明すると、「アンパンマンならここで自分の頭をもぎとって腹ぺこの子犬に躊躇せずにあげちゃうよね」、「ドラゴンボールの悟空だったら強敵が出てきたら怖がるよりもワクワクするに違いない」といった、具体的な作品表現を離れた抽象的・人格的なものである。

　このような具体的な作品表現を離れた人格的なもの＝キャラクターは、具体的表現以前のアイデアないしプロットに近いものであるため、他者が「アンパンマンチックなキャラクター」あるいは「ドラゴンボールの孫悟空チックなキャラクター」でマンガを描いたとしても、直接的には著作権の問題とはならない。もちろん、その「アンパンマンチック」なマンガが「アンパンマン」の具体的姿態やストーリー上の表現を模倣しているような場合は、著作権の侵害が問題となることは当然である。

　また、アイデアというと語弊があるかもしれないが、著作権法は、**「プログラム言語」、「規約」、「解法」については、プログラムの著作物として著作権法の保護を受けることはない**と規定している（法10条3項）ことも、同じくこの文脈で理解することができる。

　「プログラム言語」とは、例えば、FORTRAN、COBOL、BASIC、JAVA、C++な

どのことを指す。

「**規約**」とは、かなり専門的になるが、異なるプログラム間や異なるコンピューター間におけるデータのやりとりに関する約束事であり、一般にインターフェースといわれることがある。

「**解法**」とは、日本語だとなじみが薄いが、いわゆるアルゴリズムというものである。

これらがプログラムの著作物として保護の対象とされないのは、表現手段としてのプログラム言語や、表現の背後にある考え方（アルゴリズム）は著作物ではないという考えが根底にあるからである。

著作物

著作物該当性に関するその他の問題点

著作物該当性に関する要件は、本節において記載した通りである。以下、著作物該当性に関し、誤解しやすいその他の事項について説明する。

●著作物として保護されるには、文化庁等の公の機関に登録することが必要か？

著作権は、本節において記載した3つの要件に該当すれば当然に発生し、登録出願その他の何らの行為を要しない（法17条2項）。この点は、第1章3節「産業財産権と著作権の相違」の項にて説明した通り、産業財産権と対照的な著作権の性質である。

●著作物として保護されるには、既に公表済みであることが必要か？

前述の通り、著作権は、本節において記載した3つの要件に該当すれば当然に発生し、登録出願その他の何らの行為を要しない。よって、公表の有無も、著作権の発生とは無関係である。なお、未公表の著作物の場合、著作者人格権のうちの公表権（法18条）が問題となる。また、公表されているかいないかで、引用（法32条）の可否や保護期間の算定（法52条〜54条）などが左右されることになる。この点は後述する。

●著作物として保護されるには、有形物に固定されていることが必要か？

これは、「固定性の要件」の問題といわれている。

有形物に固定、というと分かりにくいかもしれないが、要するに著作物が何かに記録されていることが必要かどうか、という問題と思ってもらえばよい。

結論からいえば、**映画の著作物（法2条3項）以外は、固定性の要件は必要ない。**

このことから、即興の詩・楽曲・踊りであっても著作物として保護される、ということになる。

　このこと自体は、理論上誤りではないのだが、実際上は注意が必要である。例えば、Aが即興のインスピレーションの赴くまま詩を吟じたとして、他方Bがこれとほとんど同じ詩を自己の詩集に掲載したという事例を考えてほしい。

　理論上は、Bのこの行為は、Aの詩の著作物につき、複製権を侵害したといえる可能性が高いといえるであろう。しかし、実際にAがこれを訴訟で主張するには、当該「詩」がどのようなものであるかを証拠によって立証しなければならない。もちろん、ここにおける「詩」というのは、即興で吟じた時点での詩でなければならない。Bが詩集を出版した後になって、「あのとき吟じた詩はこれこれだ」と今更になって記録したとしても、それは証拠としてはほとんど意味をなさない。

　結局、何がいいたいかというと、即興の詩などはもちろん著作物として保護されるというのは間違っていないけれども、記録されていない以上は「その著作物とは一体どういうものなのか」という一番大事なところについて証拠がない、ということにつながるので、実際の裁判で保護されるのは難しいということである。

2-2 著作物の例示など

重要まとめポイント

▶ 法10条に列挙されていないものでも著作物に該当することがある
▶ 著作物であってもそもそも権利保護の対象とならないものがある
▶ 応用美術が著作権法により保護されるには、高度の美術性が必要である

著作物

著作物の例示

著作権法10条1項は、以下の表の通り、1号から9号まで著作物を列挙しているが、**これらは例示にすぎない**と解されている。ただし、列挙事項以外に具体的にどのような著作物があるかといえば、実際はあまり想定できないであろう。

	著作物の種類	具体例
①	言語の著作物	論文、小説、脚本、俳句、講演（言語を用いて表現されるもの）
②	音楽の著作物	楽曲や歌詞（音を用いて表現されるもの）
③	舞踊または無言劇の著作物	バレエ、ダンス、日本舞踊などの舞踏やパントマイムの振り付けなど
④	美術の著作物	絵画、版画、彫刻など（美術工芸品を含む）
⑤	建築の著作物	建物、塔、庭園、橋などの建造物
⑥	図形の著作物	地図、設計図、学術的な図表
⑦	映画の著作物	劇場用映画、テレビ映画、ビデオソフトなど
⑧	写真の著作物	写真、グラビアなど
⑨	プログラムの著作物	コンピューターに対する指令の組み合わせ

権利の対象とならない著作物

前述した著作物の要件に該当する限り、著作権法の保護を受けることになる。これが大原則であるが、著作権法は、その例外を以下のように定めている。

ここで間違えないでほしいのは、以下のものは、そもそも著作物ではないから著作権法の保護を受けないのではなく、**著作物であるけれども保護の対象から外されているものである**、ということである。

①憲法その他の法令（法13条1号）

その他の法令には、法律のほか、政令、省令、規則、条例等が含まれる。

②告示・訓令・通達など（法13条2号）

これらは、行政機関がその意思を伝達するための公文書である。

なお、よく問題になるのは、行政庁が作成する「教育白書」や「労働経済白書」といったものであるが、これらは本号の対象にならないとされている（つまり「教育白書」などは著作物として著作権の保護の対象となるということである）。ただし、これらの文書については、法32条2項で特別な扱いがされている。

③判決など（法13条3号）

裁判所のなす判決・決定・命令、あるいは特許庁など準司法手続による審判・裁決がこれに該当する。

注意点としては、著作権侵害に関する判決文に、著作物そのものが引用して掲載されている場合がよくあるが、これを判決文とともに複製するならば、本号によって著作権の保護対象とされない。他方、判決文とは別に当該著作物だけ抜き取って複製した場合は、もはや本号の対象外であり、原則通り著作権の保護が及ぶことになる。

④前記①～③の翻訳物・編集物で国等が作成するもの（法13条4号）

例えば、国が公刊する法令集や裁判例集には著作権法の保護が及ばないということである。

注意点としては、国等（国・地方公共団体・独立行政法人）による編集ではなく、一個人や一企業による編集の場合は、本号の対象外となる。

応用美術

「**応用美術**」とは、もっぱら鑑賞目的で創作される「**純粋美術**」と対立する概念であ

り、例えば、壺や衣類、実用品などに用いられている図柄・形状などの美的創作物のことをいう。

もっぱら鑑賞目的	純粋美術	問題なく「美術の著作物」		
実用目的あり	応用美術	一品製作もの	美術工芸品	法2条2項で「美術の著作物」とされている
		大量生産されるもの	産業製品	通常、このような産業製品のデザインについて保護を求める場合、意匠法に基づいて意匠登録する。 意匠登録のないものについて、著作権法で保護できないか？ →著作権法上特に規定なし。各種裁判例あり

　上記の表に記載の通り、著作権法は、この応用美術のうち、美術工芸品（実用品ではあるが、一品製作されたもの。例えば壺など）については、著作権法2条2項で「美術の著作物」に該当するものと定めている。しかしながら、それ以外の大量生産される産業製品については特に定めるところがなく、これが著作権法で保護されるかどうかが問題となる。これがいわゆる応用美術の問題である。

　この点、裁判例は、**「純粋美術と同視できる程度の美的創作性」**があり、**「鑑賞の対象」となる場合にのみ、著作権法による保護を認める**ことでほぼ一致している。つまり、応用美術については、原則として意匠登録の方法により保護すべきものであって著作権法の保護対象ではないが、純粋美術と同視できる程度の美的創作性があれば、著作権法でも保護の余地を認めているのが裁判例の趨勢である。

2-3 特殊な著作物

重要まとめポイント

▶ ある著作物を翻案等したものは、二次的著作物である

▶ 事実やデータを取りまとめたものは、著作物となることがある

▶ 著作者が複数の場合もあり得る

二次的著作物

二次的著作物とは「著作物を翻訳し、編曲し、若しくは変形し、又は脚色し、映画化し、その他翻案することにより創作した著作物」をいう（法2条1項11号）。

つまり、別の著作物（原著作物）を元にして、新たに「創作部分」を付与した著作物を、二次的著作物というのである。

著作権法でいう「翻訳」、「編曲」、「変形」、「翻案」の意味については、以下の表の通りである。なお、これら「翻訳」、「編曲」、「変形」、「翻案」をまとめて「翻案等」ということもある。

翻 訳	例：日本語の文章を、英語にすること ※翻訳とは別の言語体系を持つ国語に表現し直すことをいうので、点字や暗号を文章化することは翻訳とはいわない（日本語の点字化や暗号化したものを日本語に引き直すのは、別の言語体系にするわけではない）
編 曲	既存の音楽の著作物に、新たな創作的アレンジを施すこと
変 形	例：絵画を彫刻に、写真を絵画にすること
翻 案	脚色、映画化その他。「その他」には、プログラムのバージョンアップなどが含まれる

二次的著作物に関し、覚えておかなければならないポイントは、以下の通りである。

① 元になった表現物、つまり原著作物は、その名の通り「著作物」でなければならない。著作物でない表現物を元に「創作性」を付加したものは、オリジナルの著作

物であって、二次的著作物ではない。

② 「著作物」を元にしながらも、新たな「創作性」を付与していないものは二次的著作物ではない。原著作物に、新たな創作性が全くない微弱な改変しか施していないものを生成するのは、原著作物と実質的に同一のものを作成したものであり、著作権法上「複製」と評価される。

③ 原著作物から二次的著作物を作成する権限は、原著作物の著作権者（原著作権者）が専有する（法27条。**翻訳権**、**翻案権**など）。したがって、ある著作物につき、その著作権者に無断で二次的著作物を作成する行為は、原著作権者の翻訳権や翻案権の侵害となり、損害賠償請求や差止請求の対象となる。典型例としては、ある小説を、その作者に無断で映画化する行為である、といえば分かりやすいであろう。

④ 二次的著作物について複製などの許諾を受けようとする場合、二次的著作物を創作した者（二次的著作権者）だけではなく、原著作権者の許諾が必要である（法28条）。逆にいえば、原著作権者は、二次的著作物に対しても二次的著作物の著作者が有する権利と同じ権利を有している、ということである。

編集著作物

著作権法の保護の対象となる著作物とは、「思想又は感情」の表現でなければならず、客観的に存在する**単なる事実やデータを保護しない**、ということは前述の通りである（第2章1節「『思想または感情』（の表現であること）——単なる事実やデータ」の項を参照）。しかし、**一つ一つはデータや事実にすぎなくても、その集合体は著作物となり得る**ということも前述の通りである。このような著作物を、著作権法は、**編集著作物、あるいはデータベースの著作物**として規定している。ここでは、まず**編集著作物**について説明する。

編集著作物とは、「編集物（データベースに該当するものを除く）でその素材の選択または配列によって創作性を有するもの」である（法12条1項）。

もう少し分かりやすく説明すると、**編集すべき「素材」をどのように取捨選択するか、または選択した「素材」をどのように配列するか**、といった点に「創作性」があるものが編集著作物であるといえる。

編集著作物となり得るものの典型的な例としては、百科事典、判例集、美術全集、詩集が挙げられる。

なお、ここでいう編集される「素材」については、単なる事実やデータに限らず、実は著作物であっても構わない。上記で挙げた美術全集や詩集のように、一つ一つの素材が著作物であっても編集著作物となる、ということを覚えておいてほしい。

　また、逆の観点でいえば、「編集著作物」という文言から、「著作物を編集したもの」という誤解をしないでいただきたいところである。最初に述べた通り、「素材」（著作物であってもなくてもよい）の選択と配列に創作性のあるものを、編集著作物というのである。

　このことからいって、編集著作物を構成する素材は、保護期間を満了した著作物であってもよいことになる。

　ただ、ここで注意しておかなければならないことがある。詩集や美術全集のように「素材」が著作物である場合、こういった詩集や美術全集の複製には誰の許諾が必要か、ということである。

　この点について、著作権法12条2項は、「前項の規定は、同項の編集物の部分を構成する著作物の著作者の権利に影響を及ぼさない」と規定しているのであるが、初習者や法律の条文になれていない方はこの条項の意味するところが非常に分かりにくいであろう。例を挙げて説明する。

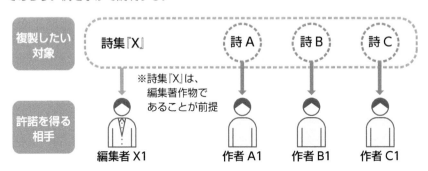

　まず、ある者（Y1）が詩Aを単独で複製しようとする場合、誰の許諾を得るべきか。対象が詩A単独であるので、許諾を得るべきはA1であって、X1は無関係である（コピー元が詩集Xであっても、詩AのみコピーするならばA1のみの許諾で足りる）。

　では、Y1が、詩Aと詩Bと詩Cをそれぞれ個別に複製しようという場合、誰の許諾を得るべきか。この場合、詩集Xに掲載された詩のすべてを複製することになるが、詩をそれぞれ複製するのであって、詩集それ自体として複製するのでない以上、許諾を得るべきは、それぞれA1、B1、C1でよい。

　では、どういったときにX1の許諾を得るべきかというと、**この詩集それ自体を複**

製する場合である。このことから、数ある詩の中からA、B、Cを選んだこと、あるいはその配列をA→B→Cとしたこと、それ自体に創作性があるからこそ、この詩集Xが編集著作物となる=著作物としての保護を受ける、ということの意味を読み取ってほしい。

　前記の例では、詩集Xが編集著作物であることを前提としたが、逆にいえば、どの詩を集めるか、あるいは集めた詩をどのように配列するか、について創作性がなければ、その詩集は編集著作物ではない、ということである。要するに、単なる素材の寄せ集めでは著作権の保護の対象とはならない、ということである。

　具体的には、詩を集めるにしてもある特定の詩人の詩を思いつくまま集めたのでは素材の選択に創作性があるとはいえないし、集めた詩を作成順に並べただけでは、素材の配列に創作性があるとはいえない、ということである。

著作物

データベースの著作物

　次に、**データベースの著作物**について説明する。

　著作権法上の「データベース」とは、「論文、数値、図形その他の情報の集合物であって、それらの情報を電子計算機を用いて検索することができるように体系的に構成したもの」をいう（法2条1項10号の3）。ここは、読者が「データベース」という言葉から読み取れるイメージをそのまま持っておけばよい。要するにコンピューターで検索できるようにしたデータの集合体ということである。重要なのは、「データベースの著作物」の意味である。

　「データベースの著作物」とは、データベースであって、**その情報の選択または体系的な構成によって創作性を有するもの**をいう（法12条の2第1項）。法律的な文言であるので少々難解である。以下で分かりやすく説明する。

　まず、データベースを構成する個々の情報（データ）が著作物である必要がないことは、編集著作物の場合と同じである。また、ある情報（データ）が著作物である場合にその情報の著作権がデータベースの著作権の影響を受けないこともまた、編集著作物と同様である（法12条の2第2項）。要するに、編集著作物における「素材」が、「情報」に入れ替わったものと考えればよい。

　データベースの著作物が編集著作物と異なる点は、編集著作物における「配列」が、「体系的な構成」となっている点である。

これは要するに、データベースの著作物は、コンピューターによって検索することができるような情報の集合を対象にしている関係で、「配列」そのものには意味がなく、検索の便のための体系的構成（どういったフォーマットにしておくか、どういったインデックスを付すか、どういったキーワードを予定しておくか等々）に関する工夫（創作性）が重要である、ということである。

なお、データベースの作成過程においては、データの収集に多大な労力・費用がかかることがある。しかし、データベースが著作物として保護されるのは、上記の通りの要件を満たし、データベースの著作物と認められる場合のみである。そこには、データの収集に多大な労力・費用がかかったこと、という点は考慮されることはない。

とすれば、単なるデータの集合体（これを「ファクトデータベース」ということがある）については、たとえどんなにデータの収集に多大な労力・費用がかかったとしても、複製し放題なのか、という問題が生じる。

確かに、たとえどんなにデータの収集に多大な労力・費用がかかったとしても、また、それが社会経済上極めて有用なデータベースであったとしても、それはファクトデータベースにすぎず、データベースの著作物ではない以上、著作権法上の保護を受けることはできない。しかし、そのような他人の労力にフリーライドする行為が全面的に許されるものではない。

このような場合、**民法709条の「保護に値すべき利益」の侵害**として、賠償責任が認められることがある。この点は、第12章2節「著作権法上の保護が及ばない場合の不法行為責任」の項を参照していただきたい。

共同著作物

共同著作物とは、2人以上の者が共同して創作した著作物であって、その**各人の寄与を分離して個別的に利用することができないもの**をいう（法2条1項12号）。例えば、座談会や討論会形式の著作物などである。

共同著作物かどうか迷いやすいものとしては、挿絵付きの絵本や、歌手に提供する作詞・作曲である。しかし、これらは、通常結合して存在することが多いものの、挿絵と文章、詞と曲、それぞれ分離して個別的に利用できるものであり、共同著作物ではない。このようにそれぞれ独立した著作物を結合したものは、講学上「**結合著作物**」といわれることがある。

また、共同著作物かどうか迷いやすいものとしては、文筆家にネタを提供するような場合である。例えば、Aがガンで闘病している際、Aを介護していたBが、記者Cにその苦労話や介護の際のエピソードを語り、Cがそれをドキュメンタリー風の記事にした場合、そのドキュメンタリー記事は共同著作物なのかどうか。

　これは、その具体的な記事の文章が、

① ほとんどBが語ったエピソード通りでCは単に「てにをは」を整えただけだった

② 逆にBが語ったエピソードが極めて断片的で、Cに対してアイデア（ネタ）を提供するにとどまったものだった

③ あるいはBとCとの対談形式でドキュメンタリーが構成されていた

かどうかで判断が分かれる。①の場合はBの単独著作物、②の場合はCの単独著作物、③の場合はBとCの共同著作物といえるであろう。

SMAPインタビュー記事事件（東京地裁 平成10年10月29日判決）

　　　人気アイドルグループSMAPの各メンバー（口述者。インタビューされた者）及びこれに対するインタビュー記事（本件記事）を掲載した雑誌の出版社Xが、別の出版社Yが出版した雑誌に掲載した記事が本件記事の無断複製であるとして損害賠償などを求めた事件。

　　　裁判所は、本件記事について、「執筆者（注：インタビュアー）自身の創意工夫を交えつつ、インタビューの中から記事に盛り込む話題を取捨選択したり、会話の順序を並び替えたり、読者が分かりやすい表現に変えたり、補足、要約した……」とし、執筆者が創作したものであると認め、職務著作の規定によりX社が著作者であると判示した。

　　　他方、インタビューを受けたSMAPの各メンバーについては、単に本件記事の素材を提供したにとどまる、として、著作者と認めることはできない、と判示した。

　次に、共同著作物の場合、共同著作物についての著作権はどのように取り扱われるのかも押さえておく必要がある。これは、一言でいえば、**「共同著作物の著作権は各著作者の共有となる」**ということである。

「共有」という言葉は民法上の概念であるが、簡単にいえば、一個の著作権を共有者全員で個別に分けることなく所有しているという状態ということである。この状態は、共同著作物の場合に各共同著作者について生じるが、ある単独著作物の著作権者が死亡し、この著作権を複数の遺族が共同相続した場合（遺産分割する前）にも生じる状

態である。

　共有者（各共同著作者）は、この共有著作物（共同著作物）について、それぞれ「持分」というものを持っている。持分とは、対象となる共有著作物について、各共有者が概念的に有する「取り分」のようなものである。特に定めがない場合、それぞれ平等に持分を有する。3人で著作物を共有する場合、各共有者の持分は3分の1ということになる。

　このことを前提に、共同著作物については、著作権法上、以下のような取り決めがなされている。

　ア　持分の譲渡などについては他の共有者の同意が必要（法65条1項）

　イ　共有者全員の合意がなければ行使できない（法65条2項）

　ウ　ただし、正当な理由がない限り「同意」を拒否したり「合意」の成立を妨げたりできない（法65条3項）

　エ　共同著作物の保護期間は、共同著作者の最終に死亡した著作者の死後70年を経過したときに終了する（法51条2項）

　このことを、A、B、Cの3人の講演録という共同著作物について具体的に述べると、以下の通りである。

　ア　Aがその3分の1の持分をDに譲渡するには、他の共有者B・Cの同意が必要であり、一人でも反対すれば譲渡はできない。

　イ　この講演録を出版化しようという場合、A・B・C全員の合意が必要で、一人でも反対すれば出版できない。

　ウ　ただし、アとイについて、Cが単に「Aが嫌いだから」とか、あるいは特に理由がない場合には、Cが「同意」を拒否したり「合意」の成立を妨げたりはできない。

　エ　A・B・Cのうち、一番長生きしたBが死亡してから70年を経過するまで、この講演録の著作権は保護される。

問題 次の記述のうち、正しいものはどれか。

ア▶ オリジナルの恋愛シミュレーションゲームAをもとにして描かれたマンガBをさらに映画化した映画Cは、マンガBの二次的著作物ではあるが、恋愛シミュレーションゲームAの二次的著作物ではない。

イ▶ 人気のポエムAをイメージして有名作曲家が作曲した曲Bを編曲した曲Cは、ポエムAの二次的著作物である。

ウ▶ 外国の小説Aを日本語に翻訳した小説Bは、外国の小説Aの二次的著作物である。

エ▶ 小説Aをもとにして作成されたアニメーションBを利用する場合には、アニメーションBの著作権者の許諾を得れば足り、小説Aの著作権者の許諾は必要ない。

正答・解説は210ページ参照

著作物

第3章 著作者

3-1 著作者とは

重要まとめポイント

▶ 著作者とは、著作物を創作する者をいう

▶ 著作者は、著作権と著作者人格権を取得する

▶ 創作者以外が著作者となる例外は、職務著作である

著作者の定義

著作者とは、「著作物を創作する者」と定義されている（法2条1項2号）。

したがって、結局のところ、「著作物」の要件を理解することが重要である。そして、著作物を「創作する」者が著作者なのであるから、著作物の「創作的部分」を作成・表現した者が著作者である。

原則	当該著作物を創作した者（自然人）が著作者となる **映画の著作物（法16条）** 「その映画の著作物において翻案され、又は複製された小説、脚本、音楽その他の著作物の著作者を除き、制作、監督、演出、撮影、美術等を担当してその映画の著作物の全体的形成に創作的に寄与した者」が著作者となる
例外	**職務著作（法15条）** 従業者が作成したものであっても、その従業者が帰属する法人（会社など）が著作者と擬制されている

具体的な例で説明しよう。

著作物を作成するにあたり、そのきっかけやアイデアを提供したにとどまり、具体的な表現をしていない者は、著作者ではない。例えば、漫画家に「次は主人公のガールフレンドを登場させましょう」というネタ振りをしただけの編集者は、その漫画の

著作者ではない。また、データベースの著作物を作成するにあたり、対象データの収集費用を負担したにすぎないスポンサーは、たとえその資金提供がデータベースの著作物の生成に不可欠であったとしても、そのデータベースの著作物の著作者ではない。

　そして、著作者は、その著作物を創作したときに、**何ら登録などの形式的行為を要さずに、著作権と著作者人格権**を取得する（法17条1項2項）。

　まず、「何ら登録などの形式的行為を要さずに」との部分は、既に第1章3節「産業財産権と著作権の相違」の項にて説明した通りである（法17条2項。無方式主義）。そして、著作者が取得する著作権と著作者人格権との違いについては、第4章で詳しく述べる。

　ただ、ここで覚えておいていただきたいのは、著作権は他者に譲渡可能（相続可能）であるのに対し、著作者人格権は譲渡不可能（相続不可能）ということである。これはどういうことかというと、**著作権は譲渡（相続）によって著作者以外の者に帰属することがある**のに対し、**著作者人格権は著作者の一身に帰属し変動しない**ということである。

　例えば、プログラムの開発委託契約において、「成果物（プログラム）の著作権は、検収後委託料支払のときをもって委託者Aに帰属する」との条項がある場合、創作者（受託者）Bの元で発生し、受託者Bに帰属（これを「原始的帰属」という）したプログラムの著作物の著作権は、委託者Aが検収の上委託料を支払ったときに、委託者Aに移転することになる。つまり、著作者は受託者Bのままであるが、著作権が委託者Aに帰属することになる、ということである。

　当たり前の話であるが、**「著作者」と「著作権者」とを混同しない**ように、気をつけていただきたい。

　著作者と著作権者が別々の者になる場合をまとめると、以下の通りである。
①著作権の譲渡があった場合
②著作権の相続があった場合
③映画の著作物につき、著作者が参加契約を締結している場合（法29条1項）
　③については、本章3節「映画の著作物とは何か」の項で詳述する。
　なお、上記のような場合であっても、著作者人格権は著作者の一身に帰属し、変動することはない。

著作権法における「著作者」と「著作権者」の使い分け

　著作権法の条文をつぶさに熟読した方は、著作権法自体が「『著作者』と『著作権者』とを混同しているのではないか」との疑問を持たれるかもしれない。例えば、著作権の代表的な支分権である複製権に関する法21条は「著作者は、その著作物を複製する権利を専有する」との文言になっているが、「『著作者は』の個所は『著作権者』なんじゃないのか」という疑問である。

　確かに、複製権を専有するのは著作者というよりも著作権者といった方が正しい。前述の例でいえば、複製権を有するのは、著作者（受託者）Bではなく、著作権者（委託者）Aであるはずだからである。

　もちろん、著作権法の立法担当者がこのような基本的な誤りを犯すことはないのであるから、著作権法自体は誤っていない。では、どうしてこのように著作権法自体が、「著作権者」というべきところを「著作者」との文言にしているのか。

　これは、著作権法自体の立て付け（構造）に原因がある。著作権法の目次を見てみると、第2章「著作者の権利」の第3節で「権利の内容」について規定しているが、その第1款にて、著作者は著作者人格権と著作権を享有すると規定し（17条1項）、次いで第2款にて著作者人格権の内容を、第3款にて複製権などの著作権に含まれる権利の種類について規定している。そして、第5節で著作者人格権の一身専属性について、第6節で著作権の譲渡について規定している。

　分かりやすくいうと、第3節で著作者に原始的に帰属すべき著作者人格権と著作権の内容を定め、第5節で著作者人格権は譲渡できないこと、第6節で著作権が譲渡できることを規定しているというわけである。つまり、第3節の規定の段階では、著作権の原始的帰属のことが念頭に置かれているというわけである。

　これはこれで、著作権法の立て付けとして理路整然としているわけであるが、ポンと21条だけ読むと、「著作権者」と記載すべきであるのに「著作者」と記載されているわけで、誤解を生みやすいということはいえよう。

　なお、「著作物を創作した者が著作者となる」ということは前述したが、これには重大な2つの例外がある。これら2つの例外については、前記の表で記載しているが、後で詳しく説明する。

著作者の推定

著作権または著作者人格権に基づく権利行使（侵害者に対する損害賠償請求や侵害

の差止請求）をなす場合、当然の前提として、当該対象が著作物であることと、自分が著作権者ないし著作者人格権者であることを主張・立証しなければならない。

　自己が著作者人格権者であることを立証するというのは、つまるところ自己が当該著作物の創作者であること（つまり著作者であること）を立証するということである。

　また、自己が著作権者であることを立証するというのは、自己が当該著作物の創作者であることを立証するか、あるいは別の第三者が当該著作物の創作者か著作権者（もと著作権者）であって自己がその第三者から著作権の譲渡（相続）を受けたことを立証するか、いずれかである。

　上記は、訴訟実務上要件事実論といわれるもので、非常に難しいものである。ここでは、**実際の紛争では、誰が著作者（あるいは著作権者）なのか争われるケースが少なからず存在し、その場合には自己が著作者（あるいは著作権者）であることを証拠をもって立証しなければならない**、ということを覚えておいていただきたい。

　特に争いが多いのは、ある著作物の創作過程で複数人の関与がある場合である。

漫画の著作者について

　例えば、ある漫画の創作過程では、原作者A、作画者B、編集者C、アシスタントDなど、いろいろな者の関与があるのが通常であるが、誰が著作者（著作権者）なのか。

　可能性としては、A・B・C・Dの共同著作物（第2章3節「共同著作物」の項を参照）、A・Bの共同著作物、Bの単独著作物、もろもろ考えられる。

　著作権法においては、前記のように、著作者は「著作物を創作する者」と規定されているのみである。「著作者は誰なのか」の抽象的な判断基準は、「**当該著作物の創作的表現部分の作成者は誰か**」ということになる。

　一般的なことをいえば、まず作画者Bは創作的表現に関与していることは間違いない。編集者Cは、漫画作成の過程で漫画のネーム（原案）について様々な意見出しをするようであるが、これはアイデアの提供にすぎず、創作的表現の作成をしたとはいえないであろう。また、アシスタントDは、作画者Bの手足として作画の一部を補助する者であって、Dの行為はBの手足としての行為と認められるにすぎないか、あるいは後述の職務著作の適用が認められるであろう。

　結局、問題となるのは原作者Aについてである。漫画に原作者として名を連ねていても、実際には非常に大まかなストーリーや背景世界の設定などアイデアの領域の形成しか行っていない場合もあり、この場合は、前述の編集者Cと同じことである。

　他方で、原作者Aの作成した原作がそれだけで一個の小説と認められるような場合で、作画者Bはこれを忠実に描写しているような場合であれば、逆に原

著作者

作者Aの原作が原著作物で、漫画家Bの漫画がその二次的著作物と認められることもある。

あるいは、原作者Aと漫画家Bの綿密なミーティングの末に作成された漫画の場合、AとBのそれぞれの寄与を分離することができないものとして、共同著作物と認められる場合もあるであろう。

結局は、具体的な事実認定の問題といえる。

ところで、著作権侵害に基づく損害賠償ないし差止請求の場合、「誰が著作者（あるいは著作権者）なのか」については、権利を主張する者（通常は原告）が主張立証しなければならないことは前述した。著作権法は、これの特則として、以下の通りの規定を置いている。

「著作物の原作品に、又は著作物の公衆への提供若しくは提示の際に、その氏名もしくは名称（以下「実名」という）又はその雅号、筆名、略称その他実名に代えて用いられるもの（以下「変名」という）として周知のものが著作者名として通常の方法により表示されている者は、その著作物の著作者と推定する」との規定である。つまり、**著作物に実名ないし周知な変名が表示されている場合には、その者が著作者であると推定される**、ということである（法14条）。

この推定が働く場合（つまり、対象となっている著作物に原告の名称が表示されている場合など）、被告の方で、当該著作物の著作者は原告ではないことを立証しなければならなくなる（立証責任の転換という）。

また、著作権については登録制度があることは後述するが、登録制度の一つに、「実名登録制度」がある（法75条1項）。この実名登録がなされている場合、登録者は当該著作物の著作者と推定される（法75条3項）。

3-2 職務著作

▶ 職務著作とは、従業員が作成した著作物の著作者を
使用者（会社）とする制度である

▶ 職務著作の要件は4つある

▶ プログラムの著作物については特則がある

職務著作とは何か

著作権法上、著作者とは「著作物を創作する者」とされていることは前述した。

では、ある広告会社Aの従業員Bが、上司に命じられ、創意工夫の上に広告用ポスターを創作した場合、この広告用ポスターの著作者は誰なのか。会社Aか従業員Bか。

なお、前提知識として、従業員Bのような通常の人間を法律上「**自然人**」といい、会社Aのような組織体を「**法人**」といい、ともに権利の主体となることができる。「個人の持ち物か会社の持ち物か」といういい回しは、この知識があることが前提となる。

第2章1節「『思想または感情』（の表現であること）──単なる事実やデータ」の項で述べたように、著作権法は、著作物につき「思想又は感情」の表現であることを要件としており、このことは、著作権法上保護の対象となるのは、人間の知的活動の成果（を表現したもの）を保護するという意味がある。

とすれば、著作物を「創作」できるのは、人間だけ──つまり自然人だけ──ということとなる。

しかしながら、上記のような設例の場合、従業員Bは会社の業務命令により業務上作成したのであって、従業員Bが作成したというより、会社Aが作成したと考える方がより常識的であると思われる。

そこで、著作権法は、一定の要件を満たす場合、こういった従業員の行為により創作された著作物の**著作者**は、その属する法人（正確には「法人その他の使用者」）であると擬制している。これが**職務著作**である（職務著作のことを法人著作ということ

もある)。

　これにつき、著作権法15条1項は、次のように定めている。「**法人その他の使用者の発意に基づき**その法人等の**業務に従事する者が職務上作成**する著作物で、その**法人等が自己の名義の下に公表**するものの著作者は、その作成のときにおける契約、勤務規則その他に**別段の定めがない限り**、その法人等とする。」

　以下、職務著作に関する注意点を列記する。
①法人等は「著作者」とすること
　著作権法15条1項は、法人等に「著作権」が帰属すると定めているのではなく、法人等が「著作者」とする、と定めている。ここは誤解しがちなので間違えないでいただきたい。このことにより、当該法人等には、著作権が原始的に帰属するばかりでなく、著作者人格権も帰属することになる、ということである。
②特許法上の職務発明との相違点
　著作権法上の職務著作に類似する制度として、特許法上、職務発明の制度がある（特許法35条）。特許法上の職務発明の場合、従業員等がした職務上の発明（についての特許権ないし特許を受ける権利）を使用者等に帰属させるには、契約・勤務規則その他の条項においてその旨定めることが要求される（定めをしなければ発明者＝従業員に帰属する）。これに対し、職務著作の場合には、特に定めがなければ、従業員等がした職務上の著作物は法人等に帰属する（何も定めがなくても法人等が著作者と擬制される）。

　また、特許法には職務発明につき相当対価請求権に関する定めがあるが、著作権法には職務著作につき相当対価請求権の明文の定めはない。

　次に、職務著作の要件について、列挙すると以下の通りである。
　ア　著作物が法人等の発意に基づいて作成されたものであること
　イ　法人等の業務に従事する者が職務上作成したものであること
　ウ　法人等が自己の著作の名義の下に公表する著作物であること
　エ　契約・勤務規則その他に別段の定めがないこと

●**ア　著作物が法人等の発意に基づいて作成されたものであること**
　当該著作物を作成する意思決定が、当該法人等の意思決定・判断にかかるものであること、を意味する。
　逆にいえば、プログラム開発会社の従業員が、自己の趣味で開発したプログラムの

著作者は、それがたとえ勤務時間中に作成されたものであっても、当該従業員ということになる。もちろん、当該従業員には職務怠慢行為があるから、相応の懲戒処分が下されることも考えられるが、それは「誰が著作者となるか」という問題とは別のことである。

●イ　法人等の業務に従事する者が職務上作成したものであること

この意味は、下記RGBアドベンチャー事件にて最高裁判決が判示する通り、実質的な指揮監督関係があるかどうかが判断基準となる。ただ、この基準は抽象的で読者にはイメージがわきにくいであろう。

まずは、法人等と業務従事者間に雇用関係があることを意味すると考えておけばよい。逆にいえば、雇用関係にない社外の者に対して委託、委任（準委任）あるいは請け負わせた場合には、職務著作の問題ではない、という理解でよい。

ただ、現在においては、派遣や出向など様々な就業の形態があるため、具体的な紛争事例で上記のようなナタで割ったような判断は危険である。つまるところ、当該具体的な就業の形態について本条の適用がある場面かどうかについては、個別に検討しなければならないであろう。また、職務著作においては著作物を作成することが職務であることを要し、職務遂行上たまたま作成された著作物は職務著作とはならない（この点、発明に至る過程が職務であれば足りる職務発明とは大きく異なる）。

「RGBアドベンチャー事件」（最高裁 平成15年4月11日判決）

最高裁は、「法人等の業務に従事する者」の判断基準として、以下のように述べている。

「法人等と雇用関係にある者がこれに当たることは明らかであるが、雇用関係の存否が争われた場合には、同項の「法人等の業務に従事する者」に当たるか否かは、法人等と著作物を作成した者との関係を実質的にみたときに、法人等の指揮監督下に置いて労務を提供するという実態にあり、法人等がその者に対して支払う金銭が労務提供の対価であると評価できるかどうかを、業務態様、指揮監督の有無、対価の額及び支払方法等に関する具体的事情を総合的に考慮して、判断すべきものと解するのが相当である。」

●ウ　法人等が自己の著作の名義の下に公表する著作物であること

注意してほしいのは、「公表した」著作物ではなく、「公表する」著作物となっていることである。つまり、**現に公表したことを要件とするのではなく、公表することを予定したものであれば足りる**という趣旨である。

なお、**プログラムの著作物の場合、この要件は不要**である（法15条2項）。これは、

社内においてのみ使用することが予定されて開発されるプログラム（社内顧客管理プログラム、社内セキュリティーシステムプログラム）があり、これについての著作者が会社であるというために公表を要件とするのは酷であることによる。

●エ　契約・勤務規則その他に別段の定めがないこと

特許法上の職務発明との違いについて述べた通りである。

3-3 映画の著作物の著作者

> ▶ 映画の著作物には、いわゆる劇場公開の映画のほか、ゲームソフトも含まれる
> ▶ 映画の著作物についても職務著作の適用がある
> ▶ 映画の著作物の著作者と著作権者については特別の規定がある

映画の著作物とは何か

　著作権法は、映画の著作物を著作物の典型例として挙げているものの（法10条1項7号）、映画そのものの直接的な定義規定は置いていない。

　他方、著作権法2条3項は、「この法律にいう『映画の著作物』には、映画の効果に類似する視覚的又は視聴覚的効果を生じさせる方法で表現され、かつ、物に固定されている著作物を含むものとする」と定めており、事実上この条項が映画の著作物の定義規定の役割を果たしている。

　この規定は、要するに、**いわゆる劇場公開用映画のみならず、ビデオテープ、DVDディスクなどに記録されたものであっても、著作権法上映画の著作物として取り扱う**趣旨の規定である。

　ここで重要なのは、**「物に固定されている」という映画の著作物特有の要件**である。第2章1節「著作物該当性に関するその他の問題点」の項（著作物として保護されるには、有形物に固定されていることが必要か？）で述べた通り、映画の著作物以外の著作物については、固定性の要件は必要ないことを思い出してほしい。

　このことから、記録もされない生放送などは映画の著作物とはならない、といわれることがあるが、通常、生放送でも同時録画されるから、実際上あまり意味のないいい回しと思われる。

　「映画の効果に類似する視覚的又は視聴覚的効果を生じさせる方法」とは劇場用映画のような光学フィルムに固定された映像の連続のみならず、DVDに記録されたり、

ROMに記録されたり、デジタルデータを直接送信したりする方法も含まれる、ということである。

したがって、プレーヤーの操作により映像内容が変化するゲームソフトについても、裁判例では映画の著作物として認められている。ただし、いわゆる劇場用映画の著作物と比べ、頒布権の消尽について特殊な取り扱いがなされる（第5章参照）。

なお、ゲームソフトといっても、プレーヤーの操作により映像があまり変化しないものもあり（例えば、歴史シミュレーションゲームなど）、そのような場合には映画の著作物として認められない場合もある。

なお、街頭カメラで交通事故や犯罪行為などの希少価値のある映像が記録されることがあるが、街頭カメラのような定位置に設置された定点カメラには「創作性」が通常認められないため、映画の著作物ではない。

映画の著作権は、他の著作権と比べて、以下のような特色がある。
① 映画の著作物の著作者と著作権者は誰か、という点について、特別な規定がある（法16条、29条）
② 映画の著作権には、頒布権という特別の権利が認められている（法26条）
①及び②については、それぞれ該当個所で詳細に説明するが、①については、次の項で説明することとする。

映画の著作物の著作者と著作権者

まず、**映画の著作物の著作者**について説明する。

著作権法は、映画の著作物の著作者につき、「その映画の著作物において翻案され、又は複製された小説、脚本、音楽その他の著作物の著作者を除き、**制作、監督、演出、撮影、美術等**を担当してその映画の著作物の全体的形成に創作的に**寄与した者**」と規定している（法16条本文）。

注意点は、以下の通りである。
① **映画の原作となった小説・脚本や映画に使用された音楽の著作者は、映画の形成に寄与はするものの、映画の著作物の著作者にはならない**、ということである。

この場合、当該映画は、原作となった小説や脚本の二次的著作物であるので、原作の著作者は、映画の原著作者として保護される（法27条、28条）。また、音楽

の著作者は、直接その著作権を行使すれば足りよう。

　　なお、こういった原作者等のことをクラシカル・オーサー、映画そのものの創作に関与したものをモダン・オーサーということがある。

② 「制作、監督、演出、撮影、美術等を担当してその映画の著作物の全体的形成に創作的に寄与した者」とは極めて抽象的ではあるが、具体的には**プロデューサー、映画監督、チーフカメラマン、美術監督**などのことをいうとされている。

　　なお、総監督という最終とりまとめ役の指揮命令に基づき映画が創作される場合、この総監督だけがこれに該当するという見解もある。

③ 　ただし、前記のプロデューサーや映画監督が、いわゆる映画製作会社の業務として職務上映画を製作する場合、職務著作の適用がある（法16条ただし書き、15条）。つまり、このような場合の映画の著作物の著作者は、映画製作会社となる。

④ 　映画の出演者（俳優）は、映画の著作物の著作者ではない。実演家として著作者隣接権による保護を受けることになる。

著作者

　次に**映画の著作物の著作権者**について説明する。

　著作物の著作権は、著作者に原始的に帰属することは、本章１節「著作権の定義」の項で述べた。とすれば、映画の著作物の著作権も、前記の映画の著作物の著作者に原始的に帰属することになると一応いえる。

　前述の**職務著作の適用がある映画の著作物の場合は、これでよい**。昔ながらの映画製作会社による一社製作の場合は、これに該当するであろう。

　しかし、著作権法29条１項は、映画の著作物の著作権は、その著作者が映画製作者に対し当該映画の著作物の製作に参加することを約束しているときは、当該映画製作者に帰属する旨定めている。これは具体的にはどういうことであろうか。

　ここでいう**「映画製作者」とは、映画の著作物の製作に発意と責任を有する者**、簡単にいえば、自己の経済的負担において映画の製作を企画・スケジューリング等を行う者である（法２条１項10号）。

　この映画製作者に対し、前記の映画の著作物の著作者（監督など）が、当該映画の製作に参加することを約した場合（参加契約ということがある）には、当該映画の著作権は、当該映画の著作物の著作者ではなく、この映画製作者に帰属することになる、ということである。

製作委員会方式

近年の多額な資金を要する映画に関しては、いわゆる「製作委員会方式」が採用されており、「○○○○製作委員会」という出資者グループ（法律上は民法上の組合と解されることが多い）がこの映画製作者に該当する場合がある。この場合、映画の著作物の著作権は、この○○○○製作委員会を構成する出資者グループの共有となる、と一応いえる。

ただ、これら○○○○製作委員会においては、あらかじめ各出資者グループ（仮にＡ社、Ｂ社、Ｃ社とする）間で映画の著作物の利用に関し合意がなされているのが通常である。例えば、映画配給関係はＡ社、ＤＶＤ製造販売はＢ社、テレビ放送あるいはインターネット送信に関してはＣ社といった具合である。

 問題 著作者に関する次の記述のうち、正しいものはどれか。

ア▶ 小説中に、その小説のために特別に書き下ろされた別のイラストレーターの挿絵が挿入されている場合、小説家とイラストレーターはその小説と挿絵の共同著作者となる。

イ▶ 無名で小説を発表した小説家は、特段登録をしなくても、その小説の著作者としての権利を享受する。

ウ▶ 小説家の書いた小説が、知人の提案に基づきその知人の半生を綴ったものである場合、その知人も小説の著作者となる。

エ▶ 小説家が自分の書いた小説の著作者を知人に変更する契約をその知人と締結した場合、その知人が小説の著作者となる。

正答・解説は 211 ページ参照

著作者人格権

4-1 著作者人格権とは

重要まとめポイント

▶ 著作物を創作したときに、著作者は、原始的に著作権と著作者人格権を取得する

▶ 著作者人格権には、一身専属性がある

▶ 著作者人格権の内容は、公表権、氏名表示権、同一性保持権等である

著作者人格権とは

第3章1節「著作者の定義」の項で述べたように、著作者は、その著作物を創作したときに、原始的に**著作権と著作者人格権**を取得する（法17条1項）。

これを「著作者の権利」といい、「著作権」との文言を広義に解するときは、この両者を含む。

この著作権と著作者人格権の性格の違いをおおざっぱに記載すると、以下の通りである。

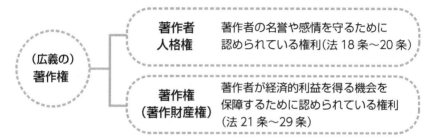

この著作者人格権とは、上記のように、著作者の名誉や感情を守るために認められ

ている権利であることから、著作者の一身に専属し、譲渡することができない（法59条）。これを、著作者人格権の**一身専属性**という。

この一身専属性に関し、以下の諸点に気をつけてほしい。

① 著作者人格権は、譲渡することができないことはもちろん、**相続の対象にもならない。**また、質権や差押えの対象にもならない（これらの用語は民法や民事執行法の用語であるので、気になる方は学習してほしい）。

② 著作者が死亡すると、著作者人格権を行使することができる者はいなくなる。ただし、これには、以下の2つの注意点がある。

②－1 著作者人格権の侵害がなされた場合に発生する損害賠償請求権は、著作者がその権利行使の意思を明らかにした後に死亡した場合には、著作者の遺族に相続される。これは、著作者人格権そのものの相続ではなく、著作者人格権に基づく損害賠償請求権という財産的価値ある債権の相続であるからである。これは、交通事故被害者が死亡した場合の、死亡した被害者の慰謝料請求権と似た話である。

②－2 著作権法60条は、「著作物を公衆に提供し、又は提示する者は、その著作物の著作者が存しなくなつた後においても、著作者が存しているとしたならばその著作者人格権の侵害となるべき行為をしてはならない。ただし、その行為の性質及び程度、社会的事情の変動その他によりその行為が当該著作者の意を害しないと認められる場合は、この限りでない。」と、**著作者が死亡した後であっても、著作者が望まないであろう態様の著作物の公衆への提供・提示はできない**旨定めている。

なお、これに違反した者に対しては、著作者の遺族は、その差止めないし名誉回復の措置を取ることができる（法116条1項）。

③ 著作者人格権は譲渡することができないのは前述の通りであるが、著作者がその権利を行使しないことを定める契約は、有効であると考えられており、実務上多用されている（本章2節「同一性保持権」の項＜プログラム開発委託契約と著作者人格権不行使特約＞を参照）。しかし、将来の創作行為に及ぶ、あらゆる著作物の包括的な**著作者人格権の不行使**を定める事前の契約は、近年クリエーターから強く批判されており、その有効性を否定する見解も少なくない。この点、氏名表示の扱いや将来あり得る改変について、契約当事者双方が対等かつ率直に話し合い、具体的で公平な取り決めをすれば、無効のリスクを減らすことができる。

なお、これら著作権や著作者人格権の他に、著作権法上の権利として著作物の実演等を行う者に認められる著作隣接権がある。また、実演家人格権という人格権も存在する。これらについては、第10章で説明する。

そして、著作者人格権には、**公表権**（法18条）、**氏名表示権**（法19条）、**同一性保持権**（法20条）の3つの権利がある。これらの権利を侵害する行為が、著作者人格権を侵害する行為となる。しかし、これら3つの権利侵害以外の場合にも、侵害とみなされる場合がある。すなわち、「**名誉声望を害する方法により著作物を利用する行為**」については侵害とみなされ（法113条11項）、著作者人格権侵害となる。

4-2 公表権・氏名表示権・同一性保持権

重要まとめポイント

▶ 公表権とは、未公表の著作物を公衆に提供・提示するかどうか決める権利である

▶ 氏名表示権とは、著作物に実名ないし変名を著作者名として表示するかどうか、あるいはそれらを表示するかしないかを決める権利である

▶ 同一性保持権とは、著作物及びその題号の同一性を保持する権利である

公表権

著作者は、その著作物でまだ公表されていないものを公衆に提供し、または提示する権利を有する（法18条1項）。簡単にいえば、未公表の著作物を公表するかどうかを著作者が決める権利、ということであり、**著作者の同意を得ないで未公表の著作物を公表すると公表権侵害、すなわち著作者人格権の侵害になる。**

「公表」とは

著作権法では、この公表権における場合のほか、「公表の有無」が問題となることが多々ある。例えば、著作権法上の「引用」が認められるのは、公表された著作物であることが前提となっている（法32条1項）。また、自然人名義ではなく団体名義の著作物の保護期間は、その「公表」後70年となっている（法53条1項）など、保護期間算定の始期となっていることが多い。

では、何をもって「公表」というのか。これに関して、著作権法4条が規定しているが、以下の2点を覚えておいてほしい。

①発行すること

何をもって「発行」というのかは、著作権法3条に規定がある。条文があちこちに飛んでややこしいが、これは致し方ない。著作権法3条の規定も相当複

雑な条文であるが、端的にいえば、**当該著作物につき相当部数の複製物を作成して頒布すること**、と覚えておけばよいであろう。

②著作物を上演、演奏、上映、公衆送信、送信可能化、口述、展示の方法で公衆に提示すること

以上は、著作権法22条〜25条に規定がある行為である。

・・

　ただ、著作者の同意なくして未公表の著作物を公表する場合でも、公表権侵害とならない例外的な場合がある。これは18条2項以下に規定があるが、そのすべてを覚えるのは困難であるため、主に以下のような場合であると理解していただきたい。

①未公表の著作物の著作権を譲渡した場合（法18条2項1号）

　著作者が著作権を譲渡した場合には、譲受人（新著作権者）が公表・未公表を含め自由に利用することができるというのが合理的と考えられることによる。

②未公表の美術・写真の著作物について原作品を譲渡した場合（法18条2項2号）

　この場合も、趣旨は①と同様であるが、譲渡したのは著作権ではなく（その場合は①の問題である）、原作品の所有権である点が①と異なる。原作品を譲渡する以上、譲受人が公表・未公表を決めることができるというのが合理的と考えられることによる。

③法29条により映画製作者が映画の著作者の著作権を取得する場合（法18条2項3号）

　この場合、著作者は監督などの「映画の全体的形成に創作的に寄与した者」であり、著作権者は映画製作者であって、著作者と著作権者が最初から異なる。このような場合に、著作権を有する映画製作者が映画の著作物を公表することは原則自由とすべきだからである。

　なお、以上の①〜③は、著作者の同意があると推定されるだけであり、著作者が「公表には同意しない」とあらかじめ留保しておくことは可能である。

④未公表の著作物を行政機関等に提供した場合に、当該著作物が情報公開法（情報公開条例）に基づき公開されるとき（法18条3項）

　この場合、未公表の著作物を行政機関等に提供することは、情報公開法に基づく公開を容認したものと考えるべきだからである。

　なお、平成24年著作権法改正（平成25年1月1日施行）により、公文書等の管理に関する法律に基づく法律等の規定により国立公文書館の長が当該著作物を公衆に提供することも、上記④に含まれることになった。

氏名表示権

　著作者は、その著作物の原作品に、またはその著作物の公衆への提供もしくは提示に際し、その実名もしくは変名を著作者名として表示し、または著作者名を表示しないこととする権利を有する（法19条1項本文）。

　簡単にいうと、**著作者は、著作物の原作品そのものに、またはその原作品あるいは複製物の公表に際して、氏名を表示するかどうか、表示するとして実名を使うか変名（ペンネーム、雅号）を使うかを自由に決定できる**、ということである。逆にいえば、第三者が著作者の同意を得ずに、勝手に著作者名を表示したり、ペンネームに変えて実名を表示したりした場合には、氏名表示権侵害、つまり著作者人格権の侵害になる、ということである。

　また、二次的著作物に対し、原著作物の著作者は、同様の氏名表示権を有する（法19条1項ただし書き）。例えば、ある小説家の小説が映画化された場合には、その映画（二次的著作物）の公開に際し、原作者の表示をするかどうか、するとしてどのような表示にするかは、原著作者である小説家が自ら決定できる、ということである。

　ただ、氏名表示権についても、公表権と同様、一定の例外がある。

①既に表示されている著作者名による表示（法19条2項）

　例えば、既に当該著作物の著作者名としてペンネームが使用されている場合には、当該著作物を出版する際には、既に使用されているペンネームを表示するに際し、わざわざ著作者の同意は必要ない、ということである。ただし、著作者が、事前に表示名を変えてほしいという特段の意思表示があればそれに従わなければならないことは当然である。

②公正な慣行に反しない限度での省略（法19条3項）

　氏名表示については、公正な慣行に反しない限度で省略をすることができる。例えば、高級レストランにてBGMとして楽曲をメドレーで演奏する場合などには、いちいち各曲の著作者名を表示しなくとも、氏名表示権侵害にならないと考えられる。

③著作物を行政機関等に提供したときに表示していた著作者名を、当該著作物が情報
　公開法などに基づき公開されるときに表示する場合（法19条4項）

同一性保持権

　著作者は、その**著作物及びその題号**の同一性を保持する権利を有し、その意に反してこれらの変更、切除その他の改変を受けない（法20条1項）。簡単にいえば、著作物または題号について著作者の意に反する改変を行った場合は、同一性保持権侵害、つまり著作者人格権の侵害になるということである。

　前記の「題号」とは、例えば書籍の「題名」、絵画の「絵画名」など、著作物のタイトルのことである。**一般に題号そのものは著作物と認められない**であろうが、その改変は同一性保持権侵害となるということはぜひ押さえておいていただきたい。

　なお、同一性保持権侵害行為となる「改変」と、翻案権侵害行為となる「翻案」とは区別しなければならない。

　「翻案」とは、第2章3節「二次的著作物」の項で説明したように、原著作物に新たな創作性を付与する場合をいう。

　他方**「改変」とは、新たな創作性を付与するに至らない場合も含まれる。**また、改変行為は、著作物の原作品に対してなす場合はもちろん、著作物の複製物に改変を加える行為（コラージュ）の場合も含まれる。

ゲームソフトにおける同一性保持権
——ときめきメモリアル事件（最高裁 平成13年2月13日判決）

　　　ゲームソフトにおいては、それまでのゲームの経過を保存するいわゆるセーブデータが存在することが多い。このセーブデータは、それまでのゲームの経過を保存するのに必要な数値（ゲームによっては、それが膨大なものとなる）が記録されることになる。

　　　例えば、主人公のキャラクターに各種パラメータが設定されている場合において、セーブデータを改変して通常のゲームの進行では絶対にあり得ないパラメータを保持するセーブデータを作成してこれを読み込ませた場合、当該ゲームソフトの通常の進行では絶対にあり得ない経過をたどってエンディングを迎えさせることができる場合がある。

　　　しかし、セーブデータそのものは、当該ゲームソフトそのものではなく、当該ゲームソフトに読み込ませる一定の数値の集合体にすぎない。つまり、セーブデータを改変しても、当該ゲームソフト（プログラム）そのものは改変していない、ということを重視すれば、同一性保持権を侵害しない、という考えも成り立つ。

ゲームソフト作成者としては、ゲーム上の一日一日をコツコツこなして各種パラメータを上下動させ、用意した各種イベントを経験した上でエンディングを迎えてもらうことで、当該ゲームのおもしろさを味わってもらいたいと考えており（ゲームは当然、その過程のおもしろさが、売れ行きや評判につながる重要な要素である）、通常の過程をすっ飛ばしていきなりエンディングを迎えさせるようなセーブデータの改変は、当該ゲームの同一性を失わしめるものであるといえる場合もあろう。

　最高裁は、恋愛シミュレーションゲームとして有名な「ときめきメモリアル」というゲームソフトにおいて、上記のようなセーブデータを供給する行為を同一性保持権の侵害と認めている。

　他方、戦国シミュレーションゲームである「三国志Ⅲ」において、登場武将に設定された武力や知力といった各種パラメータを、本来設定された上限値100を超えるものに設定し直すようなセーブデータの場合には、上記のような当該ゲームの同一性を失わしめるとは評価されていない。

　例えば、知力99の諸葛孔明がいる場合のゲーム性と知力120の諸葛孔明がいる場合のゲーム性では、思い入れは異なるかもしれないが、全体としてのゲーム性は異ならないであろう。また、武力がやたら低い呂布奉先や、魅力がやたら低い劉備玄徳が登場したとしても、三国志（または三国志演義）から発するイメージとは異なるにしてもゲーム性を損なうものとはいいがたい。

　同じパラメータ改変のセーブデータでも、ときめきメモリアル事件はストーリーの進行に直接大きな影響をもたらす主人公のパラメータの改変であるのに対し、三国志Ⅲの方は100人を超える武将一人一人のパラメータの改変である、という点が大きく異なる。

　また、格闘ゲームである「DEAD OR ALIVE 2」において、登場する女性キャラクターにつき、本来選択することができないコスチュームである「裸体」（モデリングとしてゲームソフト内部にデータとして存在する）を選択することができるようにしたセーブデータを供給する行為については、同一性保持権の侵害が認められている。

プログラム開発委託契約と著作者人格権不行使特約

　著作者人格権は譲渡できない（著作権法59条）。そこで、著作権の移転を伴う契約において、譲受人サイドが予防法務の見地から、著作者人格権の不行使特約を提案してくることがある。その典型的な例は、著作権譲渡を伴うプログラムの開発委託契約である。

　委託者は成果物であるプログラムの著作物を自由に複製し、公衆送信し、あるいは翻案（バージョンアップ含む機能追加向上）することができるように、受託者（開発者）たる著作者から、翻案権を含むすべての著作権の譲渡を受け

ることになる（著作権法61条2項により、その旨特掲しなければならないが、この点は別項で説明する）。しかし、それだけでは、著作者から同一性保持権を行使されてしまい、翻案行為に支障が生ずる可能性もある。したがって、著作者人格権（特に同一性保持権）が行使されないように特約を入れておく必要性が生じる、ということである。

　このような特約は、プログラム開発契約の実務上はよく見られ、特に問題になっていない。その背景には、プログラムは「機能」が最も重要であるという特殊性を有し、著作者の人格を反映した著作物として保護することには、反対論も強かったという事情がある。しかし、イラストや文章などの著作物においては、こうした契約の法的効力に疑問も呈されている（本章1節「著作者人格権とは」の項**＜著作者人格権の不行使を包括的に定める事前の契約＞**を参照）。

　同一性保持権侵害についても、他の著作者人格権と同様、一定の例外がある。

①教育目的の改変（法20条2項1号）

　教科書等に掲載する場合（法33条）などの教育目的の場合に、難しい漢字をひらがなにするなどの改変については、同一性保持権侵害とならない。

②建築物の増改築等（法20条2項2号）

　建築物も著作物であるが（法10条1項5号）、建築物の増改築による改変については、同一性保持権侵害とならない。

③プログラムのバグ修正、移植のための改変（法20条2項3号）

　特定のコンピューター用のプログラムを他のコンピューター用のプログラムに移植する場合や、プログラムのバグの修正あるいはバージョンアップのための改変については、同一性保持権侵害とならない。

④その他著作物の性質やその利用の目的態様に照らしやむを得ない改変（法20条2項4号）

　例えば、複製（コピー）の際にもともとのカラーが白黒になるとか、録音の際にバイオリンの精緻な音質がテープの品質上困難であるとか、テレビ放送のために必要最小限のトリミングをするなどである。

4-3 著作者人格権が侵害された場合の対応

著作者人格権が侵害された場合の対応

　著作者人格権を侵害した者に対して、著作者が行える請求としては、①**差止請求**、②**損害賠償請求**、及び③**名誉回復等の措置請求**がある。このうち、差止請求と損害賠償請求は、著作権の侵害の場合も同様に認められているが、名誉回復等の措置請求は、人格権に基づく請求であり、著作者人格権（及び実演家人格権）が侵害された場合にのみ認められる請求である。

①差止請求、②損害賠償請求

　以上の点は、著作権侵害の場合と同様である。

　なお、侵害とみなされる行為（みなし侵害。法113条）についても、基本的に著作権侵害の場合と同様である。この点は、著作権侵害の場合の侵害と救済手段（第11章）で詳述する。

　ただ、著作者人格権侵害に特有なみなし侵害として「**名誉・声望を害する著作物の利用**」行為がある（法113条11項）。

　すなわち、著作者の名誉または声望を害する方法によりその著作物を利用する行為は、その著作者人格権を侵害する行為とみなす、というものである。例えば、画家が描いた裸体画を購入した者が、これをポルノ映画入り口に立て看板として利用するような行為である。

　確かに、絵画の原作品の所有者は、絵画の著作者ないし著作権者の許諾ないし同意なくして、この原作品を公に展示し公表することができる（法18条2項2号、45条1項）。しかし、裸体画の著作者（画家）としては、自己の作品をポルノ映画の立て看板として利用された場合には、その名誉や声望を害されるであろう。このような場合には、著作者人格権の侵害とみなされることになる。

③名誉回復措置請求

　著作者は、故意または過失によりその著作者人格権を侵害した者に対し、損害の賠償に代えて、または損害の賠償とともに、著作者であることを確保し、または訂正その他著作者の名誉もしくは声望を回復するために適当な措置を請求することができる（法115条）。

　これは、典型的には、原状回復、あるいは謝罪広告の掲載である。

著作者の死後における人格的利益の保護のための措置

　著作権法60条は、「著作物を公衆に提供し、又は提示する者は、その著作物の著作者が存しなくなつた後においても、著作者が存しているとしたならばその著作者人格権の侵害となるべき行為をしてはならない」旨定めている（第4章1節「著作者人格権とは」の項を参照。なお実演家人格権にも101条の3にて同様の規定がある）。

　この規定に違反した場合に、著作者の遺族による差止めないし名誉回復等の措置の請求について定めたのが、法116条である。

著作者人格権と著作権の制限規定

　著作権については、私的使用のための複製（法30条）といった著作権の制限規定が設けられている（法30条〜49条）。しかし、著作者人格権には著作権の制限規定の適用はないため、著作者人格権の侵害になることがある（法50条）。

問 題 著作者人格権に関する次の記述のうち、正しいものはどれか。

ア▶ 小説のタイトルは、通常、著作物とは認められないので、タイトルを無断で変更する行為は、同一性保持権を侵害しない。

イ▶ シミュレーションゲームにおいて、当該ゲームプログラム自体を改変するのではなく、ゲームプログラムが読み込む設定データを改変することで、そのゲームが本来予定していない展開が生じるようにした場合でも、同一性保持権侵害になり得る。

ウ▶ インストールしたプログラムの動作が一部不安定な場合に、これを修正するためにプログラムを部分的に改変するには、プログラムの著作者の同意を得なければならない。

エ▶ ペンネームを表示して著作者が公表した小説を、文庫本として発行する際には、どのような氏名表示をするか必ず著作者に確認しなければならない。

正答・解説は 211 ページ参照

5-1　総論

重要まとめポイント

▶ 著作権は、法21条から法28条までに定められた権利の集まりであること

▶ 著作物の利用にあたり、複数の著作者の権利が重畳的に関係することが多いこと

▶ 著作権の原始的帰属主体は、著作者であるが、その全部または一部を譲渡できること

著作権とは何か

1 著作権

　著作権は、著作者人格権と区別して『著作財産権』と呼ばれることもある。著作権は、法17条にて「第21条から第28条までに規定する権利（以下「著作権」という）」と規定されている通り、法21条から法27条までの各権利と法28条の二次的著作物の利用に関する原著作者の権利により構成されている。なお、これらの一つ一つの権利を「支分権」という。

　このように著作権は、法21条の複製権を中心に法28条までの異なる権利により構成される『権利（支分権）の束』である。

　著作権を構成するこれらの権利は限定列挙であり、これらの権利だけが著作権法による保護を受ける。

　したがって、著作権法に規定のない権利は著作権法上保護されないため、著作物の保護や利用に不都合な事態が生じた場合、著作権法を改正することによりこの不都合

な事態に対応するための新たな権利を追加してきた。ゆえに、インターネットやデジタル技術の発達に伴い著作物の保護や利用に不都合な事態が生じた場合には、今後も法改正によって新たな権利が創設されることもあり得るので、著作権法の改正の動向を注視しておく必要がある。

　なお、現在の著作権法を構成する権利は次の図の通りである。

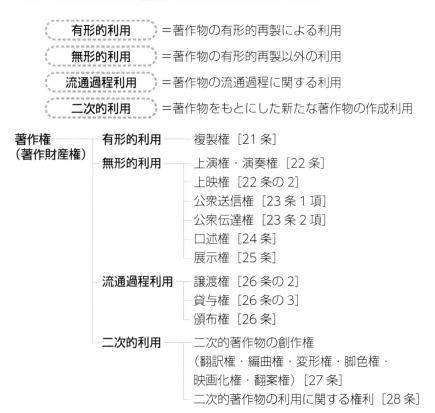

② 著作権の性質

　著作権は、先に述べたように『権利（支分権）の束』である。したがって、ある著作物が公衆に提供される段階では、多くの著作者の権利が重畳的に関係していることが多い。例えば、ある小説を原作とした映画を映画館で上映するにあたっては、その映画の著作者の頒布権や上映権、映画の原作となった小説の著作者の翻案権や二次的著作物の利用に関する原著作者の権利、映画に出演した俳優としての実演家の権利などが関係してくる。

③ 各支分権を専有する主体 ……………………………………………………………………………

　法21条から法28条で、各支分権を専有する主体を「著作者」と定めているが、これは著作者が、「第21条から第28条までに規定する権利（以下「著作権」という）を享有する」（法17条1項）と規定されている通り、各支分権が著作者に原始的に帰属するからである。

　ただ、著作者は、その専有する著作権の全部または一部を譲渡することができる（法61条1項）ので、著作者から著作権の全部または一部（支分権）の譲渡を受けた者やその譲渡を受けた者からさらにその権利の譲渡を受けた者も、その譲渡を受けた権利を専有することができる。

　このように、著作者、著作者から著作権の全部または一部（支分権）の譲渡を受けた者及びさらにその譲渡を受けた者は、その権利を専有し、これら以外の者が、著作物を複製するなど各支分権を利用するにあたっては、その支分権を有する者の許諾（法63条）が必要となる。

　もっとも、支分権たる著作権が制限される場合には、支分権を有する者の許諾なく利用することができるが、詳しくは第6章「著作権の制限」を参照されたい。

　このように、この支分権の利用の許諾を受けた者は、その支分権を利用することができる。ただ、これはあくまでも利用の許諾であり、その利用を許諾された者はその許諾された支分権を利用する権利を有するにすぎず、利用許諾された複製権などの支分権を取得するわけではないので注意されたい。

5-2　支分権

重要まとめポイント

▶各支分権の内容及び対象を理解すること

複製権

1 複製権

　法21条は、「著作者は、その著作物を複製する権利を専有する」として複製権について定める。

　複製権とは、著作物を有形的に再製する権利をいい、例えば、小説を複写機でコピーするような場合に複製権が働く。

　もっとも、複製権は、私的使用のための複製（法30条）などその権利が制限されることがあるが、詳細は第6章「著作権の制限」を参照されたい。

　ちなみに、著作権は「Copyright」と英訳されるように、複製権は著作権の支分権の最も典型的な権利であり、©マークも「Copyright」の頭文字に由来する。

2 複製の意義

　複製の意義については、法2条1項15号で定められている。

(1)法2条1項15号前段

　法2条1項15号前段は、「複製」とは、「印刷、写真、複写、録音、録画その他の方法により、有形的に再製すること」をいうと規定している。

　まず、「有形的に再製」とは、紙やハードディスクなどの有形物に著作物と同一のものを固定することをいう。

　そして、有形的再製のうち、①印刷、②写真、③複写は、直接目で見ることができる形の著作物の複製であり、④録音、⑤録画は、直接目に見えるわけでないが、機械的な方法で再生することができる形の著作物の複製である。また、電子データをハードディスクやDVDなどに記憶させることも、そのデータをパソコンやDVDビデオデッキなどにより再生することが可能なので、機械的な方法で再生できる形の複製に

該当する。

　なお、①から⑤までは、複製形態の例示にすぎず、例えば、絵画の模写など、①から⑤以外の「その他の方法」による著作物の有形的再製も複製にあたる。

(2)法2条1項15号イ・ロ

　法2条1項15号後段は、「次に掲げるものについては、それぞれ次に掲げる行為を含むものとする。」として、同号イ及びロの行為も「複製」であると規定している。

[ア] 演劇用の著作物の上演、放送または有線放送を録音、録画する行為

　法2条1項15号後段イは、「脚本その他これに類する演劇用の著作物」について、「当該著作物の上演、放送又は有線放送を録音し、又は録画すること」と規定し、演劇の脚本などをもとに行われた演劇を録音または録画したり、その行われた演劇の放送や有線放送を録音または録画したりする行為は、演劇の著作物の複製にあたるとしている。

　この規定は、上演、放送または有線放送された演劇用著作物を録音または録画する行為は、演じられているものを録音または録画しているのであって、演劇用著作物自体をストレートに録音または録画しているとはとらえにくいため、上演された演劇やその演劇を放送、有線放送したものを録音または録画する行為も複製に含まれることを明らかにしたものである。

　なお、演劇の著作物が言語で表現されている場合は、これをコピー機などで複写する行為は、通常の「複製」にあたり複製権の対象となる。また、演劇の著作物を公に上演すれば、上演権（法22条）の対象となる。

[イ] 建築に関する図面に従って建築物を完成する行為

　法2条1項15号後段ロは、「建築の著作物」について、「建築に関する図面に従って建築物を完成すること」と規定し、建築の著作物の建築図面に従って建築物を完成させる行為は、建築の著作物の複製にあたるとしている。

　この規定の趣旨は、建築の著作物はまだ完成しておらず、その設計図があるだけと

いう状況下で、第三者がその設計図をもとに建物を先に完成させた場合、まだ完成していない建築の著作物を完成したものと同様に評価して、第三者が設計図をもとに建物を完成させた行為も複製に含めようとした点にある。なお、完成した建築の著作物の設計図をもとに別に新たに建物を完成させる行為も、本規定の複製にあたるのは当然である。

ただし、ここで注意したいのは、本規定の適用があるのは、図面に書かれた建物が「建築の著作物」（法10条1項5号）に該当する場合だけという点である。したがって、建築の著作物に該当しない建物の図面をもとに建物を完成させたとしても、本規定の適用はない。

ちなみに、完成した建築の著作物自体をもとに、同じ建物を完成させる行為は15号前段の通常の「複製」に該当する。また、建物の設計図が「学術的な性格を有する図面、図表」（法10条1項6号）といえ著作物に該当するときは、これをコピー機などで複写する行為は法2条1項15号前段の通常の「複製」に該当する。

③ 依拠性と類似性 ··

著作物の複製といえるためには、既存の著作物に基づいて複製されること、すなわち、既存の著作物に依拠したものでなければならない。例えば、別々の人物が異なる時期に偶然にも同じ著作物を創作した場合、後に著作物を創作した者は、先に創作された著作物に依拠して創作したわけではないから、後に創作した者の創作行為が、先に創作した者の著作物の複製行為に該当しないことは明らかであり、後に創作した者にも同一の著作権が発生する。

また、複製とは、印刷などその他の方法により有形的に再製することをいうが、元の著作物と固定された著作物は完全に同一である必要はなく、実質的に同一であればよい。例えば、暗号化された文章の通常文章化、講演の原稿化、即興曲の楽譜化なども複製にあたる。

なお、元の著作物に変更を加え、その変更部分に創作性が認められれば、この変更行為は翻案（法27条）にあたり、この変更された著作物は、原著作物の二次的著作物となる。

最高裁判所も「著作物の複製とは、既存の著作物に依拠し、その内容及び形式を覚知させるに足りるものを再製すること」（ワン・レイニー・ナイト・イン・トーキョー事件、最高裁　昭和53年9月7日判決）として、「依拠」性と「既存の著作物の内容・形式の覚知」すなわち、元の著作物との完全な同一性は不要だが、元の著作物の内容・形式が覚知できる程度の同一性（「実質的類似性」と表現されることが多い）

が必要であるとしている。

「ワン・レイニー・ナイト・イン・トーキョー事件」
（最高裁昭和53年9月7日判決）

「The Boulevard of Broken Dreams」と題する楽曲（以下、X曲）の著作権者が、「ワン・レイニー・ナイト・イン・トーキョー」と題する楽曲（以下、Y曲）が、X曲を複製したものであるとしてY曲の著作者らに対し、著作権侵害を理由とした損害賠償請求をした事案である。

判決は、上記の複製の要件を述べた上で、「既存の著作物と同一性のある作品が作成されても、それが既存の著作物に依拠して再製されたものでないときは、その複製をしたことにはあたらず、著作権侵害の問題を生ずる余地はないところ、既存の著作物に接する機会がなく、したがって、その存在、内容を知らなかった者は、これを知らなかったことにつき過失があると否とにかかわらず、既存の著作物に依拠した作品を再製するに由ないものであるから、既存の著作物と同一性のある作品を作成しても、これにより著作権侵害の責に任じなければならないものではない。」と判示した。

そして、Y曲が作曲された当時、X曲は音楽の専門家や愛好家であれば誰でもこれを知っていたほど著名ではなく、Y曲の作曲者がその作曲当時、X曲の存在を知っていたとしなければならないような特段の事情もなく、X曲とY曲の類似部分もいわゆる流行歌においてよく用いられている音型に属し、偶然類似のものが現れる可能性が少なくないなどとして、依拠性を否定し、原告の複製権侵害の主張を排斥した。

----

4 複製の対象

複製の対象となる著作物は、何か目に見える有形物に固定された著作物である必要はなく、例えば、ライブ演奏などをデジタルレコーダーに録音することは、演奏されている楽曲の複製となり、楽曲の著作権者の複製権が及ぶ。

また、著作物の一部の有形的複製も、その複製部分に創作性が認められる限り複製となり、その著作物の著作権者の複製権が及ぶ。

上演権及び演奏権

1 上演権及び演奏権

法22条は、「著作者は、その著作物を、公衆に直接見せ又は聞かせることを目的と

して上演し、又は演奏する権利を専有する」として上演権及び演奏権について定める。上演権とは、著作物（演劇の脚本など）を公に上演する権利をいい、例えば、演劇の台本をもとに大勢の観客の前で演じたりする場合に上演権が働く。また演奏権とは、著作物（楽曲など）を公に演奏する権利をいい、ピアノ用の楽曲を大勢の観客の前でピアノ演奏したりする場合などに演奏権が働く。

　なお、上演権及び演奏権も、上演や演奏が非営利、無償、無報酬の場合はその権利が制限されるが（法38条1項）、詳細は第6章5節の「著作権の制限（非営利無償）」を参照されたい。

② 上演・演奏の意義

　法2条1項16号は、「上演」とは、「演奏（歌唱を含む。以下同じ）以外の方法により著作物を演ずることをいう。」と規定しており、音楽的な実演を除いた著作物の実演はすべて「上演」に含まれる。

　また、「演奏」については、著作権法は定義規定を置いていないが、上記の通り「演奏」には歌唱を含むとされていることから、楽曲をピアノで弾いたり、歌詞付きの楽曲を歌唱したりすることなど音楽の著作物を演じることをいう。

　もっとも、「上演」や「演奏」には、生の上演や演奏だけでなく、既に著作物を録音・録画したものを再生すること（ただし、公衆送信または上映に該当するものは除く）も「上演」や「演奏」に含まれる（法2条7項）。したがって、例えば、音楽が録音されたCDをステレオデッキで再生する行為も「演奏」に含まれる。

　また、著作物の上演や演奏を電気通信設備を用いて伝達すること（ただし、公衆送信に該当するものを除く）も「上演」や「演奏」に含まれ（法2条7項）、コンサートホールでオーケストラが演奏する楽曲を同じ構内にあるロビーなどで電気通信設備を使用して伝達する行為もその楽曲の演奏に該当する。

　ただし、上演権・演奏権の対象となる「上演」・「演奏」は、「公に」対して行うことを目的とするものに限定されているので、著作物の上演や演奏のすべてに上演権や演奏権が及ぶわけではない。

「公に」とは

　　　上演権及び演奏権を定めた法22条は、「公に」とは、「公衆に直接見せ又は聞かせることを目的」とすることをいうと規定し、上映権（法22条の2）、伝達権（法23条2項）、口述権（24条）、展示権（法25条）も「公に」が要件となっている。

これは、これらの権利が、複製権のように著作物を物に固定する有形的な利用形態ではなく、著作物の無形的な利用形態に関する権利であり、無形的な利用形態の場合は、利用したその場でその利用の結果が消滅し、第三者に流出して権利者に損害を与える危険性がないため、公でない利用形態は権利の範囲外としたのである。

ここでいう「公衆」は、「特定かつ多数の者を含む」（法2条5項）と規定されているように、不特定かつ多数だけでなく、特定かつ多数も含む。したがって、不特定多数が出入りする駅の構内はもちろん、出席者が特定されているが多数であるような大企業の入社式なども「公衆」に含まれる。

また「公に」とは、「公衆に直接見せ又は聞かせることを目的」であればよく、この目的で上演などをした以上、上演などの際に観客がいなかったり、観客が招待した知人数人しかいなかったりした場合でも「公に」の要件を満たすことになる。他方、風呂で1人で歌を大声で歌って、それが通行人に聞こえたとしても、これは公衆に聞かせることを目的としていないので、「公に」の要件を満たすことはない。

なお、「公衆に直接見せ又は聞かせることを目的」と規定しているが、必ずしも公衆の面前で上演や演奏をする必要があるということではなく、上演や演奏している場所から有線など電気通信設備によって同時に公衆に見せ、または聞かせる場合も「公衆に直接見せ又は聞かせる」場合にあたる（法2条7項）ので注意されたい。

	不特定	特定
少数	○	×
多数	○	○

○……公衆に該当
×……公衆に不該当

③ 上演権・演奏権の対象となる著作物

上演権の対象は、ドラマの台本などの演劇的な著作物が典型例であるが、「演奏」以外の方法により著作物を演じる場合も「上演」に該当するので、落語や漫才の台本などもその対象になる。

演奏権の対象は、音楽の著作物、すなわち、楽曲や歌詞がその対象となる。

④ 上演、演奏の主体

生の上演や演奏は、人の行為を介して実現されるので、通常、当該上演や演奏を行った者が、上演や演奏の主体である。

また、著作物を録音・録画したものを再生する形態での「上演」や「演奏」の場合についても、その機械を操作して録音・録画したものを再生する行為者が、上演や演

奏の主体となる。

　もっとも、飲食店の店主の指示に従って従業員がピアノを演奏する場合など、現実に生の上演や演奏を行っている者が、雇い主などの手足として上演や演奏を行っている場合もあり、このような場合は手足として利用している者を著作権法上の上演や演奏の主体ととらえるべきである。

　また、バーやスナックなどでカラオケ装置を用いて客に歌唱させるような特に手足として利用されていない他人の演奏行為についても、その演奏行為を実質的に管理支配している者がいる場合で、その者に利益が帰属するときは、その実質的管理支配者が「演奏」の主体となる（「クラブキャッツアイ事件」最高裁昭和63年3月15日判決）。

「クラブキャッツアイ事件」（最高裁昭和63年3月15日判決）

　　　　　　カラオケスナックにおいて、カラオケ装置とカラオケテープを備え置き、ホステスなどの従業員がカラオケ装置を操作して、著作権管理者に無許諾で客に歌唱させていた経営者に対して、演奏権侵害に基づく差し止め及び損害賠償を求めた事案。

　　　判決は、客はカラオケスナックの従業員による歌唱の勧誘、経営者の備え置いたカラオケテープの範囲内での選曲、経営者らの設置したカラオケ装置の従業員による操作を通じて、経営者らの管理の下に歌唱しているものと解され（管理支配性）、他方、経営者は、客の歌唱をも店の営業政策の一環として取り入れ、これを利用していわゆるカラオケスナックとしての雰囲気を醸成し、かかる雰囲気を好む客の来集を図って営業上の利益を増大させることを意図しており（利益帰属性）、客による歌唱も、経営者らによる歌唱と同視し得るとして、スナック経営者の演奏権侵害を認定した。

　　　なお、この演奏権侵害行為の主体認定に関する理論は、一般に「カラオケ法理」と呼ばれ、海外向けの録画送信システムをめぐる事件など下級審レベルにおいて形を変えて適用されており、この法理の妥当性や適用範囲をめぐり様々な議論がなされている。

上映権

① 上映権

　法22条の2は、「著作者は、その著作物を公に上映する権利を専有する」として上映権について定める。

上映権とは、著作物（映画や写真など）を公に上映する権利をいう。例えば、映画や写真などを大勢の観客に見せたりするためスクリーンなどに映写したりする場合にこの権利が働く。

もっとも、上映権も非営利、無償、無報酬の上映の場合は、その権利が制限される（法38条1項）が、詳細は第6章5節の「著作権の制限（非営利無償）」を参照されたい。

② 上映の意義

法2条1項17号は、「上映」とは、「著作物（公衆送信されるものを除く）を映写幕その他の物に映写することをいい、これに伴つて映画の著作物において固定されている音を再生することを含むものとする。」（法2条1項17号）と規定している。

すなわち、上映とは、著作物をスクリーン（映写幕）に映すことが典型例であるが、「その他の物」すなわち、テレビやパソコンのディスプレー、ビルの大型ディスプレー、ビルの壁面に映し出すことも上映となる。

また、著作物を映写幕その他の物に映写するに「伴つて映画の著作物において固定されている音を再生すること」も上映に含まれるとされているが、「映画の著作物において固定されている音」とは、映画のサウンドトラックに固定されている映画音楽などを意味する。したがって、映画をスクリーンなどに映写するのと同時に映画のサウンドトラックに固定されている映画音楽などを再生する場合、この再生行為も上映に該当することになる。なお、単に映画のサウンドトラックのみを単独で再生する行為は、演奏に該当する（法2条7項）。

③ 上映の対象となる著作物

もともと上映は映画の著作物に固有の利用形態であったため、平成11年の著作権法改正前までは、上映の対象は映画の著作物のみであった。

しかしながら、コンピューターグラフィックスをはじめとするデジタル映像技術の進歩などにより、映画だけでなく、写真、美術、言語、音楽などあらゆる著作物が融合した著作物が上映の形態で利用されることになってきたことから、平成11年の著作権法改正により、映画の著作物だけでなく、すべての著作物が上映の対象となったのである。

したがって、プロジェクターで著作物であるプレゼン資料をスクリーンに映し出すことや、デジタルカメラで撮影した写真データをパソコンのディスプレーに映し出すことも上映に該当する。また、自分のパソコンから著作物であるプレゼン資料を社内

LANを通じて、同じ会議室に設置された複数のパソコンに映し出すことも上映に該当する。

　なお、上映の対象となる著作物から「公衆送信されるもの」が除外されている（法2条1項17号）のは、公衆送信された著作物を受信機で公衆に提示する行為は、法23条2項の公衆への伝達権が及ぶので、あえて上映に含める必要がないからである。

　したがって、放送されているテレビドラマを受信して、ビルの壁に設置された大型スクリーンなどにリアルタイムで映し出す行為には、上映権が及ぶのではなく、公衆への伝達権（法23条2項）が及ぶこととなる。

公衆送信権等

① 公衆送信権

　法23条1項は、「著作者は、その著作物について、公衆送信（自動公衆送信の場合にあつては、送信可能化を含む）を行う権利を専有する」として公衆送信権について定める。

　公衆送信権とは、公衆によって直接受信されることを目的として著作物を無線通信または有線電気通信により送信する権利をいい、例えば、楽曲をラジオなどの無線通信により聴取者に放送する場合などにこの権利が働く。

　そして、公衆送信とは、放送、有線放送、自動公衆送信、その他の公衆送信を含む上位概念である。また、公衆送信権が及ぶ自動公衆送信には「送信可能化」も含まれる（法23条1項括弧書き）。

　なお、公衆送信権も学校教育番組の放送（法34条）、視覚障害者等のための公衆送信（法37条2項）、聴覚障害者等のための公衆送信（法37条の2）、時事問題に関する論説の公衆送信（法39条）、政治上の演説の公衆送信（法40条2項、3項）の場合、その権利が制限されるが、詳細は第6章「著作権の制限」を参照されたい。

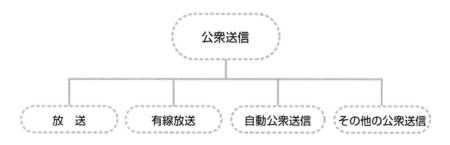

② 公衆送信 ···

⑴公衆送信

「公衆送信」とは、「公衆によつて直接受信されることを目的として無線通信又は有線電気通信の送信」を行うことをいう（法2条1項7号の2）。

　ただし、同じ建物内での音楽放送や有線LAN、無線LANによる動画データの送信など「電気通信設備で、その一の部分の設置の場所が他の部分の設置の場所と同一の構内にあるものによる送信」、すなわち、同一構内での送信は公衆送信から除外されている。（法2条1項7号の2括弧書き）。

　これは、同一構内での送信行為に公衆送信権を及ばせなくても、上演権や演奏権、上映権などの権利が働くからである。

　なお、例えば、同じ建物内に別の会社の事務所がある場合など「その構内が二以上の者の占有に属している場合には、同一の者の占有に属する区域内」のみが「同一の構内」に該当する。

　もっとも、プログラムの著作物については、例外的に同一構内であっても公衆送信となる（法2条1項7号の2括弧書き内の括弧書き）。

　これは、会社でプログラムの複製物（パッケージ販売されているソフトウェアなど）を1つだけ購入し、その会社のサーバーから社内LANを通じて同一構内にある各クライアントコンピューターに送信して、そこに一時的に蓄積する利用形態が生じているところ、このような一時的蓄積行為に複製権を及ぼすことができるかがいまだ明確になっていないため、このような行為に公衆送信権を及ばせる必要があったからである。

　なお、公衆送信は「公衆によつて直接受信」されることを目的とするものでなければならないので、1対1の送信や1対特定少数間の送信は含まれない。したがって、友人への電話やファクス、電子メールは公衆送信に該当しないし、ファクスを数人の友人に同時に送信することも公衆送信に該当しない。

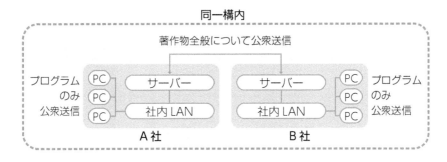

⑵放送・有線放送

「放送」とは、「公衆送信のうち、公衆によつて同一の内容の送信が同時に受信されることを目的として行う無線通信の送信をいう」（法2条1項8号）。

　具体的には、地上波デジタル放送や衛星放送、ラジオ放送などがこれに該当する。

「有線放送」とは、「公衆送信のうち、公衆によつて同一の内容の送信が同時に受信されることを目的として行う有線電気通信の送信をいう」（法2条1項9号の2）。

　具体的には、ケーブルテレビ放送や音楽の有線放送、ラジオの有線放送などがこれに該当する。

　もっとも、無線通信や有線通信による送信であっても、視聴者が自分が見たい番組を見たいときに見ることができるオンデマンド送信などは「同一の内容の送信が同時に受信される」場合ではないので、放送や有線放送には該当しない。

　なお、「送信」の対象は、音や動画だけでなく、文字や静止画なども含むので、文字や静止画だけの送信も「放送」「有線放送」に含まれ得る。

⑶自動公衆送信

［ア］自動公衆送信

「自動公衆送信」とは、「公衆送信のうち、公衆からの求めに応じ自動的に行うもの」をいう（法2条1項9号の4）。

　すなわち、不特定人または特定多数人からの求めに応じて自動的に行う無線または有線で行う送信である。具体例としては、インターネットなどのネット通信を通じた情報の送信（例えば、ホームページで誰でも見ることができるように写真を公開することなど）や、CSを利用したオンデマンド型の動画送信などがある。

　なお、公衆送信権が及ぶ自動公衆送信には、「送信可能化も含まれる」（法23条1項括弧書き）。

［イ］送信可能化

「送信可能化」とは、法2条1項9号の5のイ・ロで定められている行為により自動公衆送信し得るようにすることをいい、簡単にいえば、ネットワークへのアップロード行為や入力行為などを指す。

　なお、あくまでも自動公衆送信の準備行為としてイ・ロで定められている行為をしなければならず、自分や特定個人のみが送信可能化された情報にアクセスすることを可能にするだけでは、「送信可能化」には該当しない。

　以下、イ・ロで定められた送信可能化行為は全部で5類型あり、イの類型は、既にネットワークにつながっているサーバーコンピューターなどに情報を入れる行為であ

り、ロの類型は、まだネットワークにつながっていないが、情報が記録・入力されていていつでもアクセスがあれば送信できる状態にあるサーバーコンピューターなどをネットワークに接続する行為である。そこで、以下では、これらの行為について、「送信可能化の類型図」を引用しつつ説明する。

送信可能化の類型図

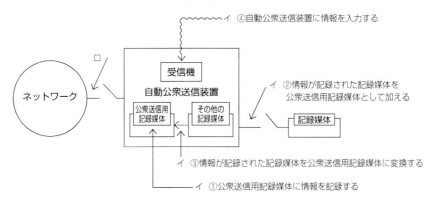

濱口太久未「『著作権法の一部を改正する法律』について」コピライト1997年7月号7ページ

（ア）公衆の用に供されている自動公衆送信装置の公衆送信用記録媒体に情報を記録する行為（法2条1項9号の5［イ］、図イ①）

「自動公衆送信装置」とは、インターネットなどの「公衆の用に供する電気通信回線に接続することにより、その記録媒体のうち自動公衆送信の用に供する部分（これを「公衆送信用記録媒体」という）に記録され、または当該装置に入力される情報を自動公衆送信する機能を有する装置」をいう（2条1項9号の5イ括弧書き）。すなわち、装置に蓄積・入力された情報をネットワークを通じて送信することができる機能を有する装置のことをいう。

　具体的には、インターネットに接続することにより、不特定または特定多数のネット利用者からのアクセスがあれば、その求めに応じ情報を自動的に送信する『サーバーコンピューター』としての機能を有するコンピューターがその典型例であるが、上記のような機能を有する装置であれば、「自動公衆送信装置」に含まれる。

　なお、「公衆の用に供する電気通信回線」は、必ずしもインターネットのような大規模なものでなくてもよく、「公衆」すなわち、不特定の者または特定多数の者が参加しているものであればすべて該当する。

84

また、「公衆送信用記録媒体」とは、そのサーバーコンピューターのハードディスクなどの記録媒体のうち、「自動公衆送信の用に供する部分」（例えば、誰でもアクセスして情報を取り出せる「公開データ領域」）をいう。

　したがって、インターネットに接続されているサーバーコンピューターのハードディスク内の公開フォルダなどに情報を記録する行為（例えば、公開するホームページデータをサーバーに保存することなど）は、「送信可能化」に該当する。

（イ）情報が記録されている記録媒体を自動公衆送信装置の公衆送信用記録媒体として加える行為（図イ②）

　例えば、情報が既に記録されているハードディスクなどの記録媒体をサーバーコンピューターに取り付けて、公衆送信用記録媒体として利用する行為などをいう。

（ウ）情報が記録された記録媒体を、当該自動公衆送信装置の公衆送信用記録媒体に変換する行為（図イ③）

　例えば、サーバーコンピューター内で自動公衆送信の用に供されていなかった記憶媒体（非公開のデータ領域など）を誰でもアクセスして情報を取り出せるような「公衆送信用記録媒体」に変換する行為（非公開データ領域を公開データ領域に変更することなど）などをいう。

（エ）自動公衆送信装置に情報を入力する行為（図イ④）

「公衆送信用記録媒体」に情報を記録せず、情報をサーバーコンピューターに直接入力する行為をいう。例えば、インターネット放送の場合、カメラやマイクからサーバーコンピューターへ情報を入力し、サーバーコンピューターでその情報を固定・蓄積することなくアクセスに応じて送信できるようにする行為などをいう。

（オ）公衆送信用記録媒体に情報が記録され、または情報が入力されている自動公衆送信装置について、公衆の用に供されている電気通信回線への接続を行う行為（図ロ）

　インターネットなどの「公衆の用に供されている電気通信回線」に接続されていないが、接続すればすぐに記録ないし入力されている情報を自動公衆送信ができるような状態にあるコンピューターなど（自動公衆送信装置）をインターネットなどに接続する行為をいう。

　なお、接続について「配線、自動公衆送信装置の始動、送受信用プログラムの起動その他の一連の行為により行われる場合には、当該一連の行為のうち最後のものをいう」（法２条９号の５ロの括弧書き）と規定されているが、これはサーバーコンピューターなどの自動公衆送信装置から情報がインターネットなどに送信される状態になって初めて「接続」ととらえることができることを定めたものである。

85

⑷その他の公衆送信

　公衆のアクセスに応じて情報を送信するが、自動的に送信しない場合、例えば、ユーザーの依頼を受け、情報をFAXで送信することなどが、放送、有線放送、自動公衆送信以外のその他の公衆送信に該当する。

③ 公衆伝達権··

　法23条2項は、「著作者は、公衆送信されるその著作物を受信装置を用いて公に伝達する権利を専有する」と公衆伝達権について定める。

　公衆伝達権とは、公衆送信されてきた著作物をそのまま公に伝達する権利である。

　例えば、放送されているテレビ番組を受信して大型スクリーンに映写して不特定または特定多数人に直接見せたり、インターネット上のサーバーコンピューター内に保存され公開されている動画を受信して、店頭のモニターで通行人に見せたりする行為などに公衆伝達権が働く。

　なお、公衆伝達権も非営利無償の伝達の場合（法38条2項）には、その権利が制限されるが、詳細は第6章2節「著作権の制限（私的使用）」を参照されたい。

　もっとも、公衆伝達権が及ぶのは、生の伝達行為だけであり、放送番組を録画して再生する行為には及ばない。この場合、録画行為には複製権が及び、録画したものを公衆に直接視聴させることを目的として再生する行為については、録画された著作物の性質によって、上演権、演奏権、上映権、口述権が及ぶことになる。

口述権

① 口述権··

　法24条は、「著作者は、その言語の著作物を公に口述する権利を専有する」として、口述権について定める。

　口述権とは、言語の著作物を公に、すなわち、公衆（不特定人または特定多数人）に直接見せまたは聞かせることを目的として口述する権利をいう。例えば、他人の詩を大勢の観客の前で朗読するような場合に口述権が働き、その詩の著作者の許諾を得る必要がある。

　なお、学校その他の教育機関における口述（法35条3項）や非営利無償の口述（法38条1項）については口述権が制限されるが、詳細は第6章の「著作権の制限」を参照されたい。

② 口述の意義··

「口述」とは、「朗読その他の方法により著作物を口頭で伝達すること（実演に該当するものを除く）」（法2条1項18号）をいう。

　例えば、詩を朗読することだけでなく、大学教授が行う講義も言語の著作物を口頭で伝達していることから「口述」に該当する。

　もっとも、口述の形式をとっていても、落語のように演技の要素が含まれれば実演に該当するので、このような場合は「口述」に含まれない。

　また、口述には、口述を録音または録画したものを再生する行為や口述を電気通信設備を用いて伝達することも含まれる（法2条7項）。ただし、公衆送信や上映に該当するものは除外される。

　したがって、フリージャーナリストの講演を録音または録画したものを再生することやフリージャーナリストの講演を同じ建物内の別の部屋で同時中継することも「口述」に該当するので、このような行為を公に行う場合は、このフリージャーナリストの許諾が必要となる。

③ 口述権の内容···

　口述権とは、言語の著作物を公に口述する権利であるから、「言語の著作物」（法10条1項1号）のみがその口述の対象となる。

　また、「公に」すなわち、不特定人または特定多数人に直接見せ、または聞かせることを目的として口述する場合にのみ、口述権が及ぶ。

　したがって、特定の知人数人で行う詩の朗読会で行う詩の朗読には、口述権は及ばない。

展示権

① 展示権··

　法25条は、「著作者は、その美術の著作物又はまだ発行されていない写真の著作物をこれらの原作品により公に展示する権利を専有する」として展示権について定める。

　展示権とは、美術の著作物またはまだ発行されていない写真の著作物をこれらの原作品により、公に、すなわち、公衆（不特定人または特定多数人）に直接見せることを目的として展示する権利をいう。

　例えば、絵画の所有者から借りている絵画の原作品をその所有者の同意を得ずに展

覧会で展示するような場合に展示権が働き、その絵画を展示するにあたっては、その絵画について展示権を有する者の許諾を得る必要がある。

なお、所有者が原作品を展示する場合については、展示権が制限されている（法45条1項）が、詳細は第6章6節の「著作権の制限（その他）」を参照されたい。

② 展示権の対象 ‥‥‥‥‥‥‥‥‥‥‥‥‥‥‥‥‥‥‥‥‥‥‥‥‥‥‥‥‥‥‥‥‥

展示権の対象となるのは、美術の著作物の原作品、または、まだ発行されていない写真の著作物の原作品である。したがって、複製物による展示には、展示権は及ばない。

また、写真の著作物については、展示権が及ぶのは未発行の物に限定される。

「発行」とは、公衆の要求を満たすことができる相当程度の部数の複製物が適法に作成され、適法に頒布された場合のことをいう（法3条1項）。

写真の著作物について展示権が及ぶのが未発行の物に限定されるのは、写真の場合には『ネガ』ではなく、ネガから印画紙に印刷した『ポジ』が原作品と考えられており、大量の原作品が作成される可能性があるため、これらすべてに展示権を及ぼすと写真の著作物の著作者に過大な権利を認めることになってしまうからである。

したがって、写真の著作物は未発行である限り、展示権の及ぶ写真の原作品が複数存在する場合がある。

また、発行済みの場合、例えば、写真誌に掲載されたような場合は、その写真の原作品の貸与を受け、展示会で有料展示する場合であっても、既に発行済みなので、展示にあたり展示権を有する者の許諾を得る必要はない。

なお、美術の著作物でも、版画や鋳造型彫刻などは複数の原作品が存在し得るが、これらは写真の場合ほど大量に原作品が作成されることは少ないため、すべての作品が原作品となる。

③ 展示権の内容 ‥‥‥‥‥‥‥‥‥‥‥‥‥‥‥‥‥‥‥‥‥‥‥‥‥‥‥‥‥‥‥‥‥

展示権は、美術の著作物または未発行の写真の著作物をこれらの原作品により、公に展示する権利である。

したがって、公衆に直接見せることを目的として展示する場合でなければ展示権は及ばず、特定少数人である家族のみが出入りするような自宅に美術の著作物を展示する行為には展示権は及ばない。

また、スライドでスクリーンに映写する行為は、上映に該当するので、展示権は及ばない。

88

頒布権

① 頒布権

　法26条1項は、「著作者は、その映画の著作物をその複製物により頒布する権利を専有する」と頒布権について定める。

　頒布権とは、映画の著作物をその複製物により頒布する権利をいい、映画のフィルムを映画館に貸与したり、映画のDVDを販売する場合などにこの権利が働く。

　また、法26条2項は、「著作者は、映画の著作物において複製されているその著作物を当該映画の著作物の複製物により頒布する権利を専有する。」として、映画において複製されている音楽の著作物や美術の著作物の著作者が、映画の著作物の複製物を介して自己の著作物を頒布する権利を定める。

　これは、映画の著作物の複製物の頒布により、映画において複製されている著作物もその映画の著作物の複製物を介して頒布されることになるため認められた権利である。

頒布とは　　著作権法は、法26条の場面に限らず、「頒布」の用語を使用しており（法3条1項、同条2項、法4条の2、法29条2項2号、同条3項2号、法33条の2、法49条、80条など）、法2条1項19号で「頒布」について定義している。

　　法2条1項19号は、「頒布」について、「有償であるか又は無償であるかを問わず、複製物を公衆に譲渡し、又は貸与すること」として原則的定義を定める。

　　そしてその上で、「映画の著作物又は映画の著作物において複製されている著作物」については、「これらの著作物を公衆に提示することを目的として当該映画の著作物の複製物を譲渡し、又は貸与することを含むものとする」として映画の著作物（映画の著作物に複製されている著作物も含む）についての特例的定義を定める。

　　このように、映画の著作物以外の頒布の場合は「公衆に対して」譲渡または貸与することが必要であるのに対し、映画の著作物についての頒布の場合は、「公衆に提示」することを目的としていれば、譲渡または貸与は直接公衆に行われる必要はなく、特定人または特定少数人に対するものでもよい。

　　かかる映画の著作物についての特例は、映画の著作物の場合、特定人または特定少数人に対してその複製物である映画フィルムを譲渡または貸与する場合であっても、その映画フィルムを映画館で上映して公衆に提示するという譲渡・貸与後の利用実態にかんがみ、公衆に提示することを目的として特定人または特定少数人に譲渡・貸与する場合も頒布権を及ばしめる趣旨で設けられたものである。

2 頒布権の対象 ··

　頒布権の対象は、「映画の著作物の複製物」である（法26条1項）。したがって、映画が記録されたDVDはもちろん、未編集の映画フィルムであっても、それが映画の著作物といえれば、その複製物は頒布権の対象となる。

　また、「映画の著作物」には「映画の効果に類似する視覚的又は視聴覚的効果を生じさせる方法で表現され、かつ、物に固定されている著作物を含む」（法2条3項）ので、ゲームソフトもこの要件を満たし「映画の著作物」に該当すれば、その複製物であるゲームソフトが記録されたDVDなども頒布権の対象となる。

3 頒布権の消尽 ··

　頒布権については、譲渡権のように消尽（消滅）の規定（法26条の2第2項）がないため、消尽の有無は、もっぱら解釈にゆだねられている。なお、権利の「消尽」については、後述の「譲渡権の消尽」を参照されたい。

　この点、最高裁判所は、公衆に提示することを目的としないゲームソフトが映画の著作物に該当する場合であっても、いったん適法に譲渡されると、頒布権のうち、譲渡については権利が消尽すると判断した（「中古ゲームソフト販売事件」〈最高裁平成14年4月25日判決〉）。

··

「中古ゲームソフト販売事件」（最高裁平成14年4月25日判決）

　　著作権者に許諾を得ることなく、ゲームソフトを中古販売する行為が、映画の著作物の頒布権を侵害するかが争われた事案である。

　　判決は、映画の著作物にのみ頒布権が認められたのは、①映画製作には多額の資本が投下されており、流通をコントロールして効率的に資本を回収する必要があったこと、②著作権法制定当時、劇場用映画の取引については、もっぱら複製品の数次にわたる貸与を前提とするいわゆる配給制度の慣行が存在していたこと、③著作権者の意図しない上映行為を規制することが困難であるため、その前段階である複製物の譲渡と貸与を含む頒布行為を規制する必要があったことなどが理由であるとした。

　　そして、公衆に提示することを目的としない家庭用テレビゲーム機に用いられる映画の著作物の複製物の譲渡については、市場における商品の円滑な流通を確保するなどの観点から、当該著作物の複製物を公衆に譲渡する権利は、いったん適法に譲渡されたことにより、その目的を達成したものとして消尽し、もはや著作権の効力は、当該複製物を公衆に再譲渡する行為には及ばない旨判示した。

··

譲渡権

1 譲渡権

　法26条の2第1項は、「著作者は、その著作物（映画の著作物を除く。……）をその原作品又は複製物（映画の著作物において複製されている著作物にあつては、当該映画の著作物の複製物を除く。……）の譲渡により公衆に提供する権利を専有する」として、譲渡権について定める。

　譲渡権とは、映画の著作物を除く著作物について、その原作品や複製物を不特定人または特定多数人に譲渡する権利をいい、例えば、絵画の原作品を展示会で販売することやプログラムを記録したDVD（複製物）をホームページで販売することなどにこの権利が働く。なお、著作権自体を譲渡する権利ではないので注意されたい。

　複製物を譲渡する場合、複製物の作成者がこれを譲渡することがあるが、他人の著作物を許諾なく複製し公衆に譲渡した場合、原則として複製権と譲渡権の二つの権利を侵害することとなる。なお、その複製が許諾を得た適法な場合や第6章で解説する権利制限規定に該当する場合であっても、譲渡について許諾を得ていない場合は、譲渡権の侵害となる場合もある（法47条の7ただし書き）。

2 譲渡権の内容

　「譲渡により公衆に提供する権利」と規定されている通り、譲渡は公衆、すなわち不特定人または特定多数人に対してなされる必要があり、特定人または特定少数人に対する譲渡には譲渡権は及ばない。

　もっとも、公衆への提供は一時になされる必要はなく、例えば店舗に訪れた客に順次譲渡をするような場合も「譲渡により公衆に提供」する行為として譲渡権が及ぶ。

　また、譲渡が有償であるか、無償であるかは問わない。

3 譲渡権の対象

　譲渡権の対象となるのは、映画の著作物を除くすべての著作物である（法26条の2第1項括弧書き）。映画の著作物が除外されているのは、既に頒布権（法26条1項）により保護されているからである。

　また、対象となる著作物は、原作品でも複製物でもよい。もっとも、複製物のうち、「映画の著作物において複製されている著作物にあつては、当該映画の著作物の複製物」は除外される。この場合も、「映画の著作物において複製されている著作物」の

著作者にその映画の著作物の複製物の頒布権が認められている（法26条2項）から、あえて譲渡権を及ぼす必要がないからである。ちなみにここでいう「映画の著作物において複製されている著作物」とは、映画の構成素材として利用され映画に収録されている音楽作品や美術作品などのことである。

譲渡権の消尽

　　譲渡権の消尽とは、譲渡権者またはその許諾を得た者が著作物の原作品や複製物を譲渡した場合に、以後の当該原作品や複製物の譲渡には譲渡権が及ばないことをいう。

　　譲渡権は、著作物の原作品またはその複製物の流通をコントロールできる権利であるため、広くこの権利を認めると著作物の円滑な流通が確保できなくなる。そこで、日常的に大量・広範に行われている著作物の円滑な流通を確保するため、法26条の2第2項は譲渡権の消尽を定めている。

⑴法26条の2第2項1号

　　国内において、譲渡権者またはその許諾を得た者により公衆に譲渡された場合に譲渡権が消尽することを定めている。したがって、この後の再譲渡以降は譲渡権は及ばない。例えば、音楽CDを購入した者が中古音楽CD店に音楽CDを売り渡す行為やこの中古音楽CD店が客にその音楽CDを売り渡す行為には、その音楽CDの譲渡権者の譲渡権が及ばないことになる。

　　このように国内で複製物などが譲渡された場合に、日本の著作権法の権利が及ばなくなることを『国内消尽』という。

　　これは、最初の公衆への譲渡により、譲渡権者が譲渡権を行使する機会を得ているので、その後の再譲渡以降については譲渡権を及ぼさせる必要がないからである。

　　なお、譲渡権が及ぶ譲渡当事者間で、譲渡権が消尽しない旨の契約も有効であるが、この契約はその契約当事者間を拘束するだけで、第三者を拘束することはできない。したがって、譲渡権が消尽しない旨の契約を締結したとしても、第三者との関係では譲渡権は消尽しており、譲受人の第三者への譲渡には譲渡権は及ばない。

譲渡権の行使不可（消尽）

(2)法26条の２第２項２号

　国内において、法67条１項や法69条の文化庁長官の裁定や万国著作権条約の実施に伴う著作権法の特例に関する法律（昭和31年法律第86号）５条１項の規定による許可を受けるなどして公衆に著作物の複製物が譲渡された場合に譲渡権が消尽することを定めている。

　これは、裁定や許可によって公衆への譲渡が認められた著作物の譲受人がさらにこれを公衆に譲渡することができなければ、この著作物の流通が阻害されるからである。

譲渡権の行使不可（消尽）

(3)法26条の２第２項３号

　法67条の２第１項は、法67条１項の裁定申請中に、その申請者に一定の担保金を供託させて申請にかかる著作物の利用を認める規定であるが、この規定の適用を受けて公衆に複製物が譲渡された場合に譲渡権が消尽することを定めている。

　これは、法67条の２第１項によって公衆への譲渡が認められた著作物の譲受人がさらにこれを公衆に譲渡することができなければ、この著作物の流通が阻害されるからである。

譲渡権の行使不可（消尽）

⑷法26条の2第2項4号

　国内において、譲渡権者または譲渡について承諾を得ている者により、公衆以外の特定人または特定少数人に譲渡された場合に譲渡権が消尽することを定めている。

　特定人または特定少数の者への譲渡には譲渡権が及ばないが、この譲渡には前号までの規定の適用はなく譲渡権が消尽しないため、その譲受人が公衆に譲渡する場合、譲渡権が及ぶことになってしまう。しかしながら、これでは著作物の円滑な流通を確保できないため、最初の譲渡が公衆であるか否かを問わず、譲渡権を有する者または譲渡について承諾を得ている者からの譲渡である場合には、譲渡権を消尽させることにしたのである。

　このように著作物の原作品や複製物を他人に譲渡した場合は、同条項1号と本号によりすべて、その著作物の譲渡権が消尽したことになる。

⑸法26条の2第2項5号

　国外において、譲渡権に相当する権利を害することなく、または、譲渡権に相当する権利を有する者もしくはその承諾を得た者により譲渡された場合に譲渡権が消尽することを定めている。このように国外で複製物などが譲渡された場合に、日本の著作権法の権利が及ばなくなることを『国際消尽』という。

　著作物の原作品や複製物は、国境を越えて世界規模で広範かつ大量に流通しているため、国際取引の安全を図り著作物の円滑な流通を確保するため、いったん国外で適法に譲渡された原作品や複製物については、譲渡権を消尽させることにしたのである。

　もっとも、国外で適法に譲渡（頒布）されたレコードが、国内に輸入されて譲渡（頒布）された場合譲渡権が及ばないため、このような還流レコードに関しては、譲渡権の消尽が制限されている（法113条10項）。したがって、この規定が適用される範囲では、国外頒布目的レコードに録音された音楽著作物の並行輸入が事実上制限されることとなる。詳細は、第11章1節の「みなし侵害」の項を参照されたい。

④ 譲渡権の制限・・

　最初の譲渡が適法になされていない場合には譲渡権は消尽しないが、その後、原作品または複製物の譲渡を受けようと第三者にとってこれらが適法に譲渡されたものであるか否かを知ることは困難であり、取引の安全を図り著作物の円滑な流通を確保する必要がある。

　そこで、法113条の2は、原作品または複製物の譲渡を受けたときに、法26条の2第2項各号のいずれにも該当せず譲渡権が消尽していないことにつき善意・無過失である者が公衆に譲渡する行為は譲渡権を侵害する行為でないものとみなす旨定めている。なお、この規定は善意無過失の者を保護するだけであり、譲渡権の消尽を規定したものではないから、善意無過失の者から譲渡を受けた者が、譲渡権が消尽していないことについて悪意または有過失である場合には、その者の公衆への譲渡行為は、譲渡権の侵害となる。

貸与権

① 貸与権・・・

　法26条の3は、「著作者は、その著作物（映画の著作物を除く）をその複製物（映画の著作物において複製されている著作物にあつては、当該映画の著作物の複製物を除く）の貸与により公衆に提供する権利を専有する」として、貸与権について定める。

　貸与権とは、映画の著作物を除く著作物について、その複製物を公衆すなわち不特定人または特定多数人に貸与する権利をいい、例えば、レンタルショップが音楽CDをレンタルする場合などにこの権利が働く。

　なお、非営利かつ無償の貸与については貸与権が制限されるが、詳細は第6章5節の「著作権の制限（非営利無償）」を参照されたい。

② 貸与権の内容・・・

　「貸与」とは、著作物の複製物の所有権を留保しつつ、その占有を移転する行為をいい、上記のようなレンタルショップでのレンタル行為がその典型である。なお、貸与は有償であると、無償であるとは問わない。

　また、「貸与」には、「いずれの名義又は方法をもつてするかを問わず、これと同様の使用の権原を取得させる行為を含むものとする」（法2条8項）として、実質的な貸与行為も「貸与」に含めている。

したがって、例えば、形式上は貸与の形をとらずに複製物の所有権を一定期間経過後に買い戻す約束の下に譲渡し、後日その約束に従い買い戻すような実質的な「貸与」行為も、「貸与」に該当する（下記の図）。

さらに、貸与権とは、著作物の複製物を貸与により公衆に提供する権利であるから、貸与権の及ぶ「貸与」は、公衆に対するものでなければならない。したがって、特定人または特定少数人に貸与する場合、例えば、複製した音楽を弟に貸与する行為には、その音楽の著作者の貸与権は及ばない。

３ 貸与権の対象 ··

　貸与権の対象となるのは、映画の著作物を除くすべての著作物である（法26条の３第１項括弧書き）。映画の著作物が除外されているのは、既に貸与行為にも働く頒布権（法26条１項）により保護されているからである。

　また、貸与権の対象が複製物のみであり、原作品の譲受人が、原作品を貸与し公衆に提供しても、貸与権を侵害することにはならない。

　これは、著作権法上、複製物と分けて特に原作品が概念されるのは、美術、写真、建築の著作物のみと解されており、美術、写真の原作品については著作者が貸与する際に契約により利益を確保することが可能であるし、また、美術、写真の著作物の原作品に仮に貸与権を認めても、所有権との大幅な調整を行い、権利の実態がないこととならざるを得ないと考えられたことによるものである。

　もっとも、複製物のうち、「映画の著作物において複製されている著作物にあつては、当該映画の著作物の複製物」は除外される。これは、「映画の著作物において複製されている著作物」の著作者に複製されている著作物をその映画の著作物の複製物により頒布する権利が認められている（法26条２項）から、あえて貸与権を及ぼす必要がないからである。ただ、「映画の著作物において複製されている著作物」も映画と切り離して、例えば映画のサントラ盤CDのように複製物として貸与される場合には、貸与権が及ぶ。

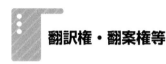

翻訳権・翻案権等

1 翻訳権・翻案権

　法27条は、「著作者は、その著作物を翻訳し、編曲し、若しくは変形し、又は脚色し、映画化し、その他翻案する権利を専有する」として、翻訳権、編曲権、変形権や脚色、映画化、その他の翻案権について定めている。なお、これらをまとめて『広義の翻案権』と呼ぶことがあり、以下の記述でも特に断りのない限り「翻案権」とは『広義の翻案権』を指す。

　翻案権とは、原著作物に依拠し、これを翻訳・翻案などして二次的著作物を創作する権利のことをいい、例えば、小説を翻訳したり、楽曲を編曲したりすることなどにこの権利が働く。また、映画における日本語字幕や吹き替えの場合の会話部分の翻訳についても、この権利が働くことになる。

2 翻訳、翻案等の意義

　翻訳、編曲、変形や脚色、映画化、翻案については、著作権法上これらを定義する規定はないが、これらは下記の通り解釈されている。

　「翻訳」とは、言語の著作物を言語体系の違う他の国の言語に表現し直すことをいう。したがって、暗号化された文章を通常の文章に解読したり、文章を点字化することは、言語体系の違う他の国の言語に表現し直しているわけではないので、翻訳に該当しない。

　「編曲」とは、音楽の著作物について、楽曲をアレンジして原曲に付加的価値を生み出すことをいう。したがって、ロック調の音楽をラップ調の楽曲にアレンジすることは「編曲」に該当するが、ハ調をイ調に移調したり、ピアノ用の楽曲をバイオリン用にすることなどは既存の楽曲に創作性を加えるものではないので編曲に該当しない。

　「変形」とは、美術の著作物について、例えば絵画を彫刻にしたり、彫刻を絵画にするというように、次元を異にして表現する場合や写真を絵画にするように表現形式を変更する場合のことをいう。また、建築の著作物の形を変更することも変形に該当しうる。

　「脚色」「映画化」は「翻案」の一類型であるが、「脚色」とは、小説をもとに脚本を作る場合のように非演劇的な著作物を演劇的な著作物に書き換えることをいう。

　また、「映画化」とは、ある著作物をもとに映画の著作物を製作することをいう。

　さらに、「翻案」とは、既存の著作物の内面形式を維持しつつ、外面形式を変える

場合をいう。例えば、小説を児童向きの読み物に書き換えたり、長い文章を要約したりする場合やプログラムの機能を向上させるためにプログラムに創作的変更を加えることなどのことをいう。

③ 翻案権の及ぶ範囲

法27条に規定されているいずれの行為も、①既存の著作物に依拠し、②その表現上の本質的な特徴の同一性を維持しつつ、③具体的表現に修正、増減、変更等を加えて新たな思想または感情を創作的に表現することにより、④これに接する者が既存の著作物の表現上の本質的な特徴を直接感得することができる別の著作物を創作するものでなければならない（「北の波濤に唄う〈江差追分〉事件」、最高裁平成13年6月28日判決）。

したがって、原著作物の創作性のない部分に変更を加えた場合は原著作物に依拠したとはいえず①の要件を満たさず、また、原著作物に手を加えた結果、最終的に出来上がったものから原著作物の特徴を全く感得し得ない場合は②及び④の要件を満たさないので、これらは翻案等には該当しない。さらに、原著作物からアイデアのみを得て、これを利用して創作行為をする場合も、思想または感情の創作的な表現ではない『アイデア』を利用しただけでは、原著作物の本質的な特徴を直接感得できるとはいえず、②及び④の要件を満たさないので翻案等に該当しない。加えて、ある著作物がどのようなものなのかを紹介する程度の『要旨』としての利用（雑誌での簡単な図書紹介や映画紹介など）は、ある程度の長さの著作物を短く縮める『要約』とは異なり、原著作物の本質的な特徴を直接感得することができないため②及び④の要件を満たさず、翻案等に該当しない。

「北の波濤に唄う（江差追分）事件」（最高裁平成13年6月28日判決）

北海道江差の民謡である江差追分のルーツに関する小説及びノンフィクション書籍の著作者が、無断で自著がテレビ番組のナレーションに翻案されて放送されたとして、損害賠償などを求めた事案。

判決は、上記したように言語の著作物の翻案について定義付けるとともに「著作権法は、思想または感情の創作的な表現を保護するものであるから（同法2条1項1号参照）、既存の著作物に依拠して創作された著作物が、思想、感情もしくはアイデア、事実もしくは事件など表現それ自体でない部分または表現上の創作性がない部分において、既存の著作物と同一性を有するにすぎない場合には、翻案には当たらないと解するのが相当である」として、アイデアなど表現それ自体でない部分または表現上の創作性がない部分において、原著

作物と同一性が認められても翻案に該当しない旨判示している。

その上で、原告著作と被告ナレーションとの間に同一性が認められる部分は、一般的知見やアイデアに属するものであり、著作権法上保護されるべき表現とはいえないなどとして、被告の翻案権侵害を否定し、原告の請求をいずれも棄却した。

④ 同一性保持権（法20条）との関係 ……………………………………………………

権利者から翻案などの許諾を受けている場合には、その権利者も同一性保持権については行使しないことを当然の前提としているといえるので、同一性保持権を行使し得ないことが原則である。

もっとも、権利者が翻案などを許諾したといっても、無制限な翻案などを認めたわけでないので、通常の翻案などでは予定されていないような本質的な改変（悲劇を喜劇にするなど）がなされた場合は、翻案権及び同一性保持権の侵害となる。

また、同一性保持権を侵害する場合でも、その侵害行為が新たに二次的著作物を創作するに至らない場合は、翻案権などの侵害にはならない。したがって、同一性保持権の侵害行為があれば、必ず翻案権などを侵害することになるわけではない。

二次的著作物にかかわる原著作者の権利

① 二次的著作物にかかわる原著作者の権利 ………………………………………………

法28条は、「二次的著作物の原著作物の著作者は、当該二次的著作物の利用に関し、この款に規定する権利で当該二次的著作物の著作者が有するものと同一の種類の権利を専有する」として、二次的著作物にかかわる原著作者の権利について定める。

すなわち、二次的著作物（法2条1項11号）の利用については、原著作物の著作者も二次的著作物の著作権者と同じ種類の著作権を持つということを定めており、二次的著作物を利用する者は、二次的著作物の著作者だけでなく原著作物の著作者の許諾も必要となるのである。

例えば、ある小説が映画化された場合、原著作物である小説の著作者は、その映画の利用（頒布や上映など）についてその映画の著作者と同じ権利を有するため、頒布や上映にあたり小説の著作者の許諾が必要となる。

これは、二次的著作物は、原著作物をもとに創作されたものであるから、二次的著作物を利用することは、必然的にそのもとになった原著作物をも利用することになる

からである。

　なお、原著作物の著作者の権利と二次的著作物の著作者の権利の存続期間は、各著作者の権利ごとに異なる。

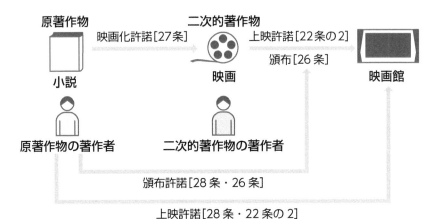

2 原著作物の著作者の権利が及ぶ範囲 ·······························

　二次的著作物からさらに翻案を重ねた三次的、四次的といった著作物の利用についても、これらの著作物において原著作物が実質的に利用されているといえる場合には、法28条により原著作物の著作者の権利が及ぶ。

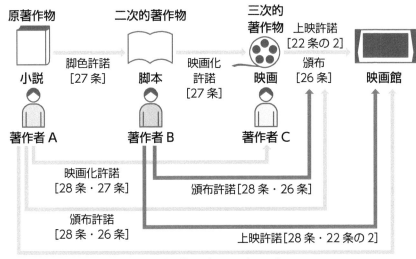

問題 著作物の複製に関する次の記述のうち、正しいものはどれか。

ア▶ 著作物にあたる建築物の設計図をコピー機で複写することは、建築の著作物の複製にあたる。

イ▶ 薬学の論文の記述に従って製薬することは、言語の著作物である薬学の論文の複製にあたる。

ウ▶ テレビで放映している演劇をデジタルレコーダーでその音のみ録音することは、その演劇の脚本の複製にあたる。

エ▶ 小説をデジタルスキャナで読み込み、文字情報のみデータ化してパソコンに保存することは、小説の複製にあたらない。

正答・解説は212ページ参照

第5章 著作権

第6章 著作権の制限

6-1 総論

重要まとめポイント

▶ 著作権の制限規定は、限定列挙である

▶ 著作権の制限規定により、著作者人格権は制限されない

著作権の制限とは

著作権法30条から50条において、著作権の制限規定が定められている。

これらの規定は、①著作物利用の性質、②公益上の理由、③他の権利との調整のため、④社会慣行として行われており著作権を制限しても著作権者の経済的利益を不当に害しないと認められる、などの理由により、それぞれ規定されたものである。

ところで、わが国の著作権法の著作権制限規定は、限定列挙となっていた。すなわち、アメリカ等の国においては、フェアユース規定など、一般条項としての制限規定が置かれている場合もあるが、わが国の著作権法においては、一般条項はなく、個々に規定された制限規定が、著作権制限規定としてのすべてであった。

そのため、デジタル・ネットワーク技術の発展等の社会情勢の変化などにより、新たに著作物の公正、円滑な利用を図るために著作権を制限する必要が生じた場合、従前は、その都度、新たに著作権制限規定を追加する必要があった。そのような事態を緩和するため、平成30年の著作権法改正により著作権制限規定に一定の柔軟性が設けられている。

なお、法30条から法50条の著作権の制限規定は、あくまで「著作権」を制限するものであり、これにより、著作者人格権が制限されるものではない（法50条）。

また、著作権制限規定により著作物を利用できる場合は、複製にとどまらず、翻訳や翻案をして利用できる場合があり（法47条の6）、他方、著作権制限規定により適

著作権の制限

法に複製を行っても、その後、制限規定における目的以外のために頒布などを行った場合、違法複製とみなされる場合がある（法49条）。このように、著作権制限規定によって適法に著作物を利用できる範囲は、個々の著作権制限規定だけでなく、その他の付随規定によっても決まってくるので、その点は注意を要する。

　さらに、著作権の制限規定は、著作隣接権の制限においても準用されており（法102条1項）、著作隣接権においても同様の制限が課されることになる。

6-2 著作権の制限（私的使用）

重要まとめポイント

▶ 私的使用は、個人的または家庭内これに準ずる限られた範囲内で認められる

▶ 私的使用が認められない3つの例外がある

私的使用のための複製

　著作物は、個人的にまたは家庭内その他これに準ずる限られた範囲内において使用すること（私的使用）を目的とするときは、次に掲げる3つの場合を除き、その使用する者が複製することができる（法30条1項）。

① 公衆の使用に供することを目的として設置されている自動複製機器を用いて複製する場合

② 技術的保護手段の回避により可能となり、またはその結果に障害が生じないようになった複製を、その事実を知りながら行う場合

③ 著作権を侵害する自動公衆送信を受信して行うデジタル方式の録音または録画（特定侵害録音録画）を、特定侵害録音録画であることを知りながら行う場合

④ 著作権を侵害する自動公衆送信を受信して行うデジタル方式の複製（録音・録画を除く。）（特定侵害複製）を、特定侵害複製であることを知りながら行う場合

　私的使用のための複製が認められるのは、個人的または家庭内の小規模の範囲の複製については権利者の権利を不当に害するおそれが少なく、また、文化的所産である著作物について個人のレベルでの自由な使用を認めることは文化の発展に寄与する面があると考えられるからである。

　この規定により、例えば、レンタルショップで借りてきた音楽CDを、自己で楽しむために適法にコピーすることができる。

著作権の制限

該当要件

　本条の対象は、「著作権の目的となっている著作物」とされているため、公表された著作物に限定されず、未公表の著作物も含まれる。ただ、本条により未公表の著作物を適法に複製したとしても、そのコピーを公衆に提示した場合は、公表権の侵害になってしまうし（法18条）、また、それが私的使用目的以外の公衆への提示の場合は、複製権の侵害となってしまう（法49条1項1号）。

　また、範囲については、「個人的にまたは家庭内その他これに準ずる限られた範囲内において使用することを目的とするとき」に限られる。すなわち、自分自身で使用する場合や自分の家族に使用させる場合は、典型的な場合として、その範囲に含まれるが、それ以外の場合としては、グループのメンバー相互間に強い個人的結合関係のあるような、小規模のグループの範囲内である必要がある。そのため、大規模のグループのメンバーのために複製を行う場合は、その範囲に含まれない。また、「個人的にまたは家庭内に準ずる」範囲内であるため、いくら少人数であっても、会社など営業で使用するために複製する場合も、その範囲に含まれない。

　さらに、「その使用する者が複製することができる」とされていることから、実際に使用する者以外の者が複製することはできない。そのため、例えば、自分自身で使用するために、自分で本のコピーを行うことはできるが、その本のコピーをコピー業者に委託したような場合、当該複製は違法となる。ただ、「使用する者が複製」といった場合の行為者は、法的な意味での行為者であるため、常にその人自身である必要まではなく、使用者の手足と評価できる者が複製を行った場合も、その範囲に含まれる。例えば、親が機械操作に詳しい子供に頼んでCDのコピーをしてもらうような場合である。

　私的使用のための複製が認められない場合として、4つの場合が規定されているが、その第一は、公衆の使用に供することを目的として設置されている自動複製機器を用いて複製する場合である（法30条1項1号）。

　例えば、（最近ではあまり見かけないが）店舗に設置されている音楽テープやビデオテープの高速ダビング機などで複製する場合が想定されている。

「公衆の使用に供することを目的として」設置されている場合であり、これは店舗に設置されている場合が典型的な場合と言えるが、それに限らず、大学や公民館などの公共施設に設置されている場合も含まれる。また、コンビニエンスストアなどに設置

されている書類コピー機も、本来であれば本条の自動複製機器にあたる。

　しかし著作権法の附則5条の2において、当分の間、（法30条1項1号の）「自動複製機器」には、もっぱら文書または図画の複製に供するものは含まれないとされているため、書類コピー機による複製については、本号の適用はなく、私的使用のための複製が認められる。これは、書類コピーについて、著作権が及ぶとした場合の影響が大きいにもかかわらず、必ずしも権利の集中処理の体制が整っていないからである。

　私的使用のための複製が認められない場合の第二は、技術的保護手段の回避により可能となり、またはその結果に障害が生じないようになった複製を、その事実を知りながら行う場合である（法30条1項2号）。

　「技術的保護手段」については、法2条1項20号に定義されている。すなわち、「技術的保護手段」とは、電子的方法など人の知覚によって認識することができない方法により、著作権などを侵害する行為の防止または抑止をする手段であって、①著作物などの利用に際しこれに用いられる機器が特定の反応をする信号を著作物などに係る音もしくは影像とともに記録媒体に記録し、または送信する方式によるもの、または②著作物等の利用に用いられる機器が特定の変換を必要とするよう著作物等に係る音もしくは影像を変換して記録媒体に記録し、または送信する方式によるもの（暗号化方式）である。

　例えば、①については、音楽CDにおいてデジタルコピーを1世代しかできないようにする「SCMS」や、テレビのデジタル放送のコピーを10回までに制限する「ダビング10」などが該当し、②については、DVDに用いられる暗号化処理の「CSS」などが該当する。

　なお、前記②の暗号方式は、平成24年改正によって、新たに技術的保護手段に追加された。

　このような技術的保護手段を回避することによって可能となった複製を、その事実を知りながら行った場合は、私的使用のための複製と認められず、複製権侵害となる。

　なお、本号は、事実を知っていたことが要件となっていること、また、あくまで複製行為を問題にした規定であって、複製以外の行為を問題にした規定ではないことに注意する必要がある。

　私的使用のための複製が認められない場合の第三は、著作権を侵害する自動公衆送信を受信して行うデジタル方式の録音または録画（特定侵害録音録画）を、特定侵害録音録画であることを知りながら行う場合である（法30条1項3号）。

これは、違法なインターネット配信による音楽や影像のダウンロードが問題となったため、平成21年の著作権法改正で追加された規定である。

　デジタル方式の録音・録画が問題となるため、デジタル情報の音または影像の受信が問題となる。また、本号は、事実を知っていたことが要件となっている。さらに、違法な自動公衆送信には、国外で行われる自動公衆送信も含まれる（法30条1項3号括弧書き）。

　私的使用のための複製が認められない場合の第四は、著作権を侵害する自動公衆送信を受信して行うデジタル方式の複製（録音・録画を除く。）（特定侵害複製）を、特定侵害複製であることを知りながら行う場合である（法30条1項4号）。

　これは、違法にアップロードされた著作物のダウンロード規制の対象を、これまでの音楽・映像（録音・録画）から著作物全般（漫画・書籍・論文・コンピュータプログラムなど）に拡大するため、令和2年の著作権法改正で追加された規定である。

　もっとも、規制の拡大により国民の情報収集等を過度に萎縮させないよう、①漫画の1コマ～数コマなどの「軽微なもの」や、②二次創作・パロディ等の二次的著作物や、③「著作権者の利益を不当に害しないと認められる特別な事情がある場合」のダウンロードは規制対象外とされている。

　私的使用のための複製が認められる場合は、翻訳・編曲・変形・翻案して利用することができる（法47条の6第1項1号）。

　また、私的使用のための複製として適法に複製された複製物であっても、私的使用以外の目的のために当該複製物を頒布し、または公衆に提示した者は、複製を行ったものとみなされる（法49条1項1号）。

　なお、法49条と似た規定として法47条の7があるが、かかる規定は、譲渡権（法26条の2）が新設されたときに、著作権制限規定が適用される場合の譲渡権の処理が規定されたものである。そして、法47条の7では、法49条により複製を行ったものとみなされる場合（複製権侵害となる場合）は、譲渡権の侵害となる旨が規定されている。

　私的使用を目的として、デジタル方式の録音または録画の機能を有する機器により、記録媒体に録音または録画を行う者は、相当な額の補償金を著作権者に支払わなければならない（法30条3項）。

　なお、この補償金は、著作権者に支払うとされているが、かかる補償金（私的録音録画補償金）を受ける権利を有する者のために権利を行使する団体（指定管理団体）

があるときは、その指定管理団体によって権利が行使される（法104条の2）。また、録音または録画を行う者が支払うとされているが、法30条3項の政令で定める機器または記憶媒体を購入する者は、請求があった場合は、購入にあたり私的録音録画補償金を支払う必要がある（法104条の4）。

著作権の制限
（教育・図書館関係）

重要まとめポイント

▶ 図書館等において利用が認められる3つの場合がある

▶ 教育関係では、教科書への使用、授業などでの使用、試験への使用がある

図書館等における複製等、図書館等における複製行為者の概念

1 図書館等における複製

　図書館等においては、次の場合には、その営利を目的としない事業として、図書館等の図書、記録その他の資料（図書館資料）を用いて著作物を複製することができる（法31条1項）。

① 図書館等の利用者の求めに応じ、その調査研究の用に供するために、公表された著作物の一部分（国等が一般に周知させるために作成した広報資料等や、著作物全部の複製物提供を認めると政令で定めるものにあっては、その全部）の複製物を一人につき一部提供する場合

② 図書館資料の保存のため必要がある場合

③ 他の図書館等の求めに応じ、絶版その他これに準ずる理由により一般に入手することが困難な図書館資料の複製物を提供する場合

　図書館等の範囲については、後述する。

　図書館等に「おいて」というのは、複製の場所が図書館等の構内においてであればよいということではなく、複製の主体が図書館等である必要があるということである。そのため、図書館等にコイン式の複写機を設置し、利用者自らが図書館等の所蔵図書を複製する場合は、複製主体は図書館等ではなく利用者であるため、本条の適用範囲に含まれない。もっとも、図書館等の実質的な管理下で行われている実態がある場合は、本条の適用範囲内となる。

　また、営利を目的としない事業として行われる必要があるため、図書館等が利用者

109

から複製の実費を徴収することは問題ないとしても、実費を大幅に超える費用を徴収するような場合は、本条の適用範囲外となる。

また、複製の対象となるのは、当該図書館等において保管している資料などであり、当該図書館以外から持ち込んだ資料などを、当該図書館等の中で複製することは認められない。

さらに、図書館資料の複製とは、文献のコピーに限られず、音声テープの録音や、ビデオの録画や、資料の写真撮影など、複製（法2条1項15号）であれば広く含まれる。

図書館等において複製ができる場合の第一は、利用者に調査研究の用に供するために提供する場合である（法31条1項1号）。

①公表された著作物であること、②著作物の一部分であること、③一人につき一部のみであることが要件とされる点に注意が必要である。著作物の一部分とは、少なくとも著作物全体の半分以下であるということであり、そのため、絵画などの美術の著作物や写真の著作物について、本号により複製を行うことは通常考えられない。

なお、国、地方公共団体、独立行政法人等が一般に周知させるために作成した広報資料、調査統計資料、報告書等や、著作物全部の複製物の提供が著作権者の利益を不当に害しないとして政令で定めるものにあっては、その全部について複製が可能である。令和3年の著作権法改正以前は、発行後相当期間を経過した定期刊行物に掲載された個々の著作物についてのみ、その全部の複製が可能と規定されていたが、令和3年改正により、後述の特定図書館等が公衆送信を行う場合を含めて、対象となる著作物を政令できめ細かく定められるようになった。

かかる法31条1項1号の利用が認められる場合は、著作物を翻訳して利用することができる（法47条の6第1項2号）。

また、本号により適法に複製された複製物であっても、本号以外の目的のために当該複製物を頒布し、または公衆に提示した者は、複製を行ったものとみなされる（法49条1項1号）。

なお、後記の法31条1項2号、3号による利用については、性質上、法47条の6、法49条の適用はない。

図書館等において複製ができる場合の第二は、図書館資料の保存のため必要がある場合である（法31条1項2号）。

収蔵スペースの関係で、資料をマイクロフィルム化するような場合である。

しかし、本号により、マイクロフィルム化などをした場合は、原資料を廃棄する必要がある。また、他に代替できない場合である必要があり、新聞の縮刷版が市販されているような場合には認められない。さらに、保存用の他に閲覧用として、さらに一部複製を行うようなことは認められない。

図書館等において複製ができる場合の第三は、他の図書館等に、入手困難な資料の複製物を提供する場合である（法31条1項3号）。

絶版その他これに準ずる理由により一般に入手困難な場合である必要があり、高価であるから入手困難である場合や、外国文献であるから入手困難であるといった場合に、本号の適用はない。

② 特定図書館等における公衆送信等 ……………………………………………

特定図書館等においては、その営利を目的としない事業として、利用者の求めに応じ、その調査研究の用に供するために、公表された著作物の一部分につき、公衆送信や公衆送信のための複製を行うことができる（法31条2項）。

図書館が利用者に対し、これまでの複写サービスに加え、メール送信サービス等を行えるよう、令和3年の著作権法改正にて規定されたものである。

なお、対象となる著作物について、国等が一般に周知させるために作成した広報資料等や、著作物全部の複製物提供を認めると政令で定めるものにあっては、その全部の公衆送信等が可能であることは、前述の図書館等における複製の場合と同様である（法31条2項）。

また、かかる図書館資料の公衆送信等が行える図書館は、然るべき責任者が置かれ、図書館職員に対して然るべき研修を行い、その他必要な措置が講じられているといった一定の要件を備えた図書館でなければならず、このような要件を備えた図書館が、公衆送信等を行うことができる「特定図書館等」とされる（法31条3項）。

さらに、図書館資料の公衆送信を行う場合、利用者は予め氏名等を登録する、公衆送信に当たって電子データのダウンロード防止措置を講じるといった条件が課されている（法31条2項本文、2号）。

また、特定図書館等が図書館資料の公衆送信を行った場合、特定図書館等は著作権者に対し、相当な額の補償金を支払わなければならない（法31条5項）。

③ 国立国会図書館における複製等 …………………………………………………

国立国会図書館においては、その損傷等を避けて図書館資料を公衆の利用に供する

ため、図書館資料を記録媒体に記録することができる（法31条6項）。

　また、国立国会図書館は、図書館資料のうち絶版等資料（絶版その他これに準ずる理由により一般に入手することが困難な図書館資料）について、図書館等又はこれに類する外国の施設において公衆に提示するため、その複製物を当該図書館等に自動公衆送信することができる（法31条7項本文）。

　そして、自動公衆送信を受けた当該図書館等においては、これまでは、調査研究を目的とする利用者に対して、著作物の複製物を一部提供できるのみとされていた。

　これが、令和3年の著作権法改正によって、当該図書館において、自動公衆送信を受けた著作物を公に伝達することができることとなった（法31条7項2号）。公に伝達できるということは、例えば、利用者が自身のスマホやパソコンなどで、絶版等資料を閲覧できるようにできるということである。

　さらに、国立国会図書館は、前述のように他の図書館等を通じて絶版等資料を提供するだけでなく、利用者に対して直接、絶版等資料の複製物を自動公衆送信できることとなった（法31条8項）。もっとも、国立国会図書館が直接自動公衆送信を行う場合、利用者は予め氏名等を登録する、自動公衆送信に当たって電子データのダウンロード防止措置を講じるといった条件が課されている（法31条8項）。

「図書館」とは

　本条における「国立国会図書館及び図書、記録その他の資料を公衆の利用に供することを目的とする図書館その他の施設で政令で定めるもの」については、著作権法施行令1条の3第1項に定められている。

　そして、国立国会図書館、公共図書館、大学図書館、美術館などの図書室などが、本条の図書館等にあたるが、他方で、小中高校の図書室や、企業が設けている図書室は、本条の図書館等にあたらないことに注意が必要である。

公文書管理法等による保存等のための利用

　国立公文書館等の長等は、公文書管理法等の規定により歴史公文書等を保存することを目的とする場合には、必要と認められる限度において、当該歴史公文書等に係る著作物を複製することができる（法42条の3第1項）。

　また、国立公文書館等の長等は、公文書管理法等の規定により著作物を公衆に提供し、または提示することを目的とする場合には、必要と認められる限度において、当

該著作物を利用すること（例えば、写しの交付等）ができる（同条2項）。これらの規定は、平成24年改正により規定された。

教科用図書等への掲載

①教科用図書等への掲載

公表された著作物は、学校教育の目的上必要と認められる限度において、教科用図書に掲載することができる（法33条1項）。

著作物を教科用図書に掲載する者は、その旨を著作者に通知するとともに、著作物の種類及び用途、通常の使用料の額その他の事情を考慮して文化庁長官が定める算出方法により算出した額の補償金を著作権者に支払わなければならない（法33条2項）。

著作物を掲載できる教科用図書等は、①学校教育法第34条第1項（同法第49条、第49条の8、第62条、第70条第1項及び第82条において準用する場合を含む。）に規定する教科用図書（法33条1項）、並びに、②高等学校の通信教育用学習図書、及び、③教科用図書に係る教師用指導書（法33条4項）である。

ここで、学校教育法第34条第1項に規定する教科用図書とは、(a) 小学校、中学校、義務教育学校、高等学校、中等教育学校、特別支援学校において使用される文部科学大臣の検定を受けた教科用図書、及び、(b) 同学校で使用される文部科学省が著作の名義を有する教科用図書のことである。

大学におけるテキストなどは含まれないことに注意を要する。

また、教科用図書等へ著作物を掲載する場合、学校教育の目的上やむを得ない範囲での、用字または用語の変更その他の改変は同一性保持権の侵害とならない（法20条2項1号）。

なお、著作物を教科用図書等に掲載する場合、著作者（著作権者ではない）への通知、補償金の著作権者（著作者ではない）への支払いが必要となるが、通知や補償金支払いを怠ったからといって、著作物の教科用図書等への掲載が著作権侵害となるものではない。

かかる教科用図書への掲載としての利用が認められる場合は、著作物を翻訳・編曲・変形・翻案して利用することができる（法47条の6第1項1号）。

また、著作物の利用にあたっては、著作物の出所を、その複製または利用の態様に応じ合理的と認められる方法及び程度により、明示しなければならない（法48条1項1号）。

明示すべき出所とは、著作物の題号、著作者名、出版社名などである。

出所の明示にあたっては、これに伴い著作者名が明らかになる場合及び当該著作物が無名のものである場合を除き、当該著作物につき表示されている著作者名を示さなければならない（法48条2項）。

なお、出所明示義務については、出所の明示をしなかったからといって、複製権や著作者人格権の侵害となるものではない。

②教科用図書代替教材への掲載等

令和2年度から、新しい学習指導要項により、これまでの紙の教科用図書に加えて、内容を電磁的に記録した教科用図書（デジタル教科書）を使用できることになった。

それに伴い、平成30年の著作権法改正により、通常の紙の教科書に掲載された著作物を、権利者の許諾を得ずに教科用図書代替教材（デジタル教科書）に掲載し、必要な利用を行うことが認められることになった（法33条の2）。

③教科用拡大図書等の作成のための複製等

教科用図書に掲載された著作物は、視覚障害その他の障害により教科用図書に掲載された著作物を使用することが困難な児童などの学習の用に供するため、教科用図書に用いられている文字、図形などの拡大その他の必要な方式により複製することができる（法33条の3第1項）。

前項の規定により複製する教科用図書その他の複製物（教科用拡大図書等）を作成しようとする者は、あらかじめ教科用図書を発行する者にその旨を通知するとともに、営利を目的として教科用拡大図書等を頒布する場合にあっては、文化庁長官が定める算出方法により算出した額の補償金を著作物の著作権者に支払わなければならない（法33条の3第2項）。

本条により元の教科用図書を発行する者に対して通知する必要があるのは、教科用図書に掲載された著作物の全部または相当部分を複製する場合（ただし、点字により複製する場合を除く）である（法33条の3第2項）。なお、通知は、法33条の教科用図書等への掲載の場合と異なり、あらかじめ行う必要がある。

また、補償金を著作権者に支払わなければならないのは、前記通知義務がある場合のうち、さらに、営利を目的とする場合である。なお、営利の目的とは、収益を構成員に分配することを目的とするような場合であり、ボランティアが実費分を徴収するような場合には、営利を目的とする場合にあたらない。

かかる利用が認められる場合は、著作物を変形・翻案して利用することができる

（法47条の6第1項第3号）。また、利用にあたっては、出所明示義務がある（法48条1項1号）。

　さらに、学校教育の目的上やむを得ない改変は、同一性保持権の侵害とならない（法20条2項1号）。

④学校教育番組の放送等

　公表された著作物は、学校教育の目的上必要と認められる限度にて、学校向けの放送番組または有線放送番組において、放送、有線放送、地域限定特定入力型自動公衆送信、または放送同時配信等を行い、さらに、当該番組用の教材に掲載することができる（法34条1項）。

　なお、放送、有線放送、地域限定特定入力型自動公衆送信、放送同時配信等の意義については、第10章第1節「著作隣接権　総論」にて後述する。

　前項の規定により著作物を利用する者は、その旨を著作者に通知するとともに、相当な額の補償金を著作権者に支払わなければならない（法34条2項）。

　本条は、放送事業者や有線放送事業者が、学校向けの放送番組などで、著作物を利用するための規定である。

　学校向けの放送番組または有線放送番組とは、学校教育に関する法令の定める教育課程の基準に準拠した学校向けの放送番組または有線放送番組であり、いわゆる教育番組と呼ばれるものであれば、必ずこれにあたるというわけではない。

　教育用図書等への掲載と同様、著作者への通知と、著作権者への補償金の支払いが必要である。

　本条により利用が認められる場合は、著作物を翻訳・編曲・変形・翻案して利用することができる（法47条の6第1項1号）。また、利用にあたっては、出所明示義務がある（法48条1項2号）。

　さらに、学校教育の目的上やむを得ない改変は、同一性保持権の侵害とならない（法20条2項1号）。

学校その他の教育機関における複製等

　学校その他の教育機関（営利を目的として設置されているものを除く）において教育を担任する者及び授業を受ける者は、その授業の過程における使用に供することを目的とする場合には、必要と認められる限度において、公表された著作物を複製し、

公衆送信を行い、公衆送信されたものを受信装置を用いて公に伝達することができる。ただし、当該著作物の種類及び用途並びにその複製の部数及び態様に照らし著作権者の利益を不当に害することとなる場合は、この限りでない（法35条1項）。

　学校その他の教育機関の範囲については、後述する。

　複製等を行う者は、「教育を担任する者」または「授業を受ける者」である。「教育を担任する者」とは、実際に授業に関与している者であり、例えば教育委員会の者が、管下の学校に配布するような場合には、これにあたらない。また、「授業を受ける者」とは、学校の児童生徒などである。

　使用目的である「授業の過程における使用」については、後述する。

　複製等ができる範囲は、「必要と認められる限度」であり、また、「著作物の種類及び用途並びに当該複製の部数及び当該複製、公衆送信又は伝達の態様に照らし著作権者の利益を不当に」害しない範囲である。

　まず、複製ができる部数については、実際に授業に必要となる部数であり、クラスの生徒数が限度となる。また、授業のために使用する場合であるので、全校生徒に配布するための部数のコピーは認められないと考えられるし、さらに、著作権者の利益を害さない範囲であるため、マンモス大学で講義の受講者数が数百人に及ぶ場合、いくら一講義のために必要となるものであっても数百部のコピーは認められないと考えられる。

　著作物の種類については、例えば、美術鑑賞用に絵画を複製するような場合は、認められない。

　著作物の用途については、例えば、もともと教育の過程で使用することが想定されている、ドリルなどの補助教材を、授業の過程で使用するために、生徒の人数分複製して用いることは認められない。

　複製の態様については、例えば、複製物を市販したり永久保存したりできるような形で作成することは認められない。

　授業の過程における著作物の利用については、平成30年改正前は、著作物を複製することと、授業を遠隔地の会場に同時中継するために公衆送信することが認められていたが、その他の態様で公衆送信して利用することは認められていなかった。

　しかし、平成30年改正により、公衆送信して利用することが広く認められることになった（法35条1項）。そのため、例えば、授業の予習・復習用の資料をメールで送信したり、オンデマンド授業で講義の映像を送信することができることになった。

　もっとも、平成30年改正により新たに認められた公衆送信による利用を行う場合

著作権の制限

は、相当な額の補償金を著作権者に支払う必要がある（法35条2項）。この点、改正前に無償の利用が認められていた、同時中継するための公衆送信については、引き続き無償での利用が認められている（法35条3項）。

　なお、35条3項における「当該授業を直接受ける者に対して当該著作物をその原作品もしくは複製物を提供し、もしくは提示して利用する場合」とは、主会場で、授業を受ける者に、教材として著作物のコピーを配布するような場合である。また、「当該著作物を第38条1項（営利を目的としない上演など）の規定により上演し、演奏し、上映し、もしくは口述して利用する場合」とは、主会場で、音楽の演奏が行われるような場合である。

　本条により利用が認められる場合は、著作物を翻訳・編曲・変形・翻案して利用することができる（法47条の6第1項1号）。また、利用にあたって、出所を明示する慣行があるときは、出所明示義務がある（法48条1項3号）。

　さらに、本条により適法に複製された複製物であっても、本条以外の目的のために当該複製物を頒布し、または公衆に提示した者は、複製を行ったものとみなされる（法49条1項1号）。

「授業における過程」・「教育機関」とは

　「学校その他の教育機関」とは、まず、営利を目的として設置されているものは除かれる。そのため、民営の予備校などは含まれない。

　「学校」としては、小中学校、高等学校、大学、高専、専修学校、各種学校がある。

　また、「その他の教育機関」としては、公民館や青年の家といった社会教育施設や、職業訓練所といった職業訓練施設などがある。

　「授業の過程における使用」とは、クラスの授業の過程においてということであり、そのため、全校生徒に配布するために複製を行うことは認められない。

　もっとも、授業の過程における「授業」とは、通常の授業だけでなく、特別教育活動である運動会などの学校行事なども含まれる。

試験問題としての複製等

　公表された著作物については、入学試験等学識技能に関する試験または検定の目的

上必要と認められる限度において、当該試験または検定の問題として複製し、または公衆送信（放送または有線放送を除き、自動公衆送信の場合にあっては送信可能化を含む）を行うことができる。ただし、当該著作物の種類及び用途並びに当該公衆送信の態様に照らし著作権者の利益を不当に害することとなる場合は、この限りでない（法36条1項）。

営利を目的として前項の複製または公衆送信を行う者は、通常の使用料の額に相当する額の補償金を著作権者に支払わなければならない（法36条2項）。

本条は、国語の試験問題として、小説を複製して出題するような場合のための規定である。

複製等が認められる試験や検定としては、学校の入学試験など、教育機関による試験だけに限らない。また、非営利目的の場合だけでなく、営利目的の場合も含まれる。ただ、営利目的の場合は、補償金を著作権者に支払わなければならない。

そのため、本条には、学校の入学試験だけでなく、会社の入社試験や、予備校の模擬テスト、また、運転免許試験などの技能検定も含まれることになる。

利用の態様としては、複製だけでなく、公衆送信（放送または有線放送を除き、自動公衆送信の場合にあっては送信可能化を含む）も含まれる。

そのため、インターネットを利用した試験を実施して、著作物が複製された試験問題を公衆送信することができる。ただ、放送または有線放送による試験の実施は除かれている。

また、著作物の種類及び用途並びに公衆送信の態様に照らし著作権者の利益を不当に害することとなるような利用はできない。例えば、IDやパスワードによって、受験者を限定しないで、誰でも解答者として参加できるような態様での利用は認められない。

なお、「公衆送信の態様に照らし」と規定されていることから分かるように、1項ただし書きの規定は、公衆送信としての利用に対する規定であり、複製としての利用に対する規定ではない。

試験問題として著作物を利用する場合、著作者人格権に対する配慮は必要である。もっとも、出題の性格上、虫食い問題は、やむを得ない改変として同一性保持権を侵害するものではなく（法20条2項4号）、作家名を答えさせるために氏名表示を省略することは氏名表示権の侵害とならない（法19条3項）。

本条の利用にあたっては、翻訳して利用することができ（法47条の6第1項2号）、出所を明示する慣行があるときは、出所明示義務を負う（法48条1項3号）。

著作権の制限（引用・転載）

重要まとめポイント

▶ 引用は、公正な慣行に合致し、引用の目的上正当な範囲内でなければならない

▶ 明瞭区別性、主従関係の要件に注意

「引用」とは

　公表された著作物は、引用して利用することができる。この場合において、その引用は、公正な慣行に合致するものであり、かつ、報道、批評、研究その他の引用の目的上正当な範囲内で行われるものでなければならない（法32条1項）。

　国もしくは地方公共団体の機関、独立行政法人または地方独立行政法人が一般に周知させることを目的として作成し、その著作の名義の下に公表する広報資料、調査統計資料、報告書その他これらに類する著作物（国等の周知目的資料）は、説明の材料として新聞紙、雑誌その他の刊行物に転載することができる。ただし、これを禁止する旨の表示がある場合は、この限りでない（法32条2項）。

　法32条1項は、公表された著作物について、引用して利用できる場合の規定である。また、法32条2項は、官公資料を転載できる場合の規定である。

　1項の引用は、原則として著作物の一部を引っ張ってきて利用することが想定されているが、2項の転載は、広く著作物の全部を引っ張ってきて利用する場合も想定されている。

　転載に関しては、時事問題に関する論説の転載など（法39条）の規定もあるが、これについては、後述する。

引用の要件と効果

　引用が認められる対象は、公表された著作物である。

引用が認められるためには、引用が公正な慣行に合致するものでなければならない。

公正な慣行に合致するとは、一般的には、社会において実態的に行われており、かつ、常識的に妥当な範囲ということである。

例えば、報道のために著作物を引っ張ってくる場合や、自己の見解を説明するために、他人の見解を引っ張ってきて批判などを加えることは、社会においてよく行われている。

また、引用の方法として、引用される側と、引用する側とを明確に区別できるようにする必要があり、それがされていない場合は、公正な慣行に合致する引用とは言えない。言語の著作物であれば、引用される部分をカギ括弧でくくるといった方法をとるなどである。

さらに、引用が認められるためには、引用が報道、批評、研究その他の引用の目的上正当な範囲内で行われるものでなければならない。

これは、報道、批評、研究その他の目的のために、他人の著作物を自己の著作物の中に引っ張ってくるだけの必然性がある場合ということである。そのため、例えば、絵画を引用する場合、美術史の研究などのため、資料的な意味で引用することは認められたとしても、引用された絵画を実質的には鑑賞してもらうために引用する場合は、本条の引用とは認められない。

また、引用する側があくまで主であって、引用される側が従となるような、主従関係が存在する必要がある。引用される側が大部分を占めるなどして、引用される側が主となるような場合は、本条の引用と認められない。

さらに、引用される著作物の割合については、通常、批評などの目的のために、著作物全体を引用する必然性はないと考えられるため、著作物の一部分の引用しか認められない場合が多い。しかし、美術の著作物や写真の著作物や俳句のような短い言語の著作物については、一部分の引用では、引用の意味をなさないと言え、その場合は、著作物全部の引用が認められると言える。

引用において、著作物の一部をカットしたり変形したりする場合、同一性保持権侵害が問題となることがある。

本条の利用にあたっては、翻訳して利用することができ（法47条の6第1項2号）、また、出所を明示して利用する必要がある（法48条1項1号及び3号）。

著作権の制限（非営利無償）

> **重要まとめポイント**
>
> ▶ 非営利・無償・無報酬の要件が問題となる
> ▶ 家庭用テレビを用いて、店の客にテレビを自由に視聴させること
> ができる

非営利無償の上映等

　公表された著作物は、営利を目的とせず、かつ、聴衆または観衆から料金（いずれの名義をもってするかを問わず、著作物の提供または提示につき受ける対価を言う）を受けない場合には、公に上演し、演奏し、上映し、または口述することができる。ただし、当該上演、演奏、上映または口述について実演家または口述を行う者に対し報酬が支払われる場合は、この限りでない（法38条1項）。

　かかる規定により、例えば、学校の学芸会で上演したり、文化祭で学生が曲を演奏したりすることが、著作権者の許諾なく行えるようになる。

　要件は、営利を目的とせず、料金を徴収せず、出演者などに報酬が支払われないことである。

非営利、無償、無報酬の要件

　　　要件の第一である営利を目的としないとは、直接営利を目的としないだけでなく、間接的にも営利につながる目的を有しないことである。

　　　例えば、無料の試写会であっても、宣伝用の試写会である場合は、少なくとも、間接的に営利につながる目的を有しているため、営利を目的としないとは言えない。

　　　また、工場においてバックグラウンドミュージックを演奏する場合は、従業員の能率を向上させ、生産性を上げるという会社の営利のために行っていると言え、営利を目的としないとは言えない。同様に、喫茶店において音楽を演奏することも、客へのサービスとして営利のために行っていると考えられる。

　　　要件の第二は、聴衆または観衆から料金を受けないことであるが、ここで、

料金とは、どのような名目であるかを問わず、著作物の提供または提示につき受ける対価である。

いわゆる実費分として、すなわち、収益金を全く見込んでおらず会場費などの諸経費に充当するために集めたものであっても、「料金」にあたる。また、入場料が無料であっても、入場できる者は、一定の会費を支払っている者に限るとされるような場合には、会費の一部が「料金」と考えられる。他方、著作物の提供などに関しない費用、例えば、演奏会の際に配るお菓子代などは、「料金」にはあたらない。

要件の第三は、実演家などに報酬が支払われないことであるが、これは、どのような名目であるかを問わず、実演の提供に対する反対給付である。

そのため、車代や弁当代といった、いわゆる実費分については、「報酬」に含まれない。ただ、車代や弁当代といった名目であっても、実際の費用額以上の額が支払われる場合は、「報酬」にあたる。

なお、録音した音楽を演奏するような場合には、その演奏会に実演家は存在しないため、報酬の支払いは問題とならない。録音を行う際に、実演家に報酬が支払われていたとしても、それは演奏会とは関係がない。

非営利、無償、無報酬の要件を備える場合は、公表された著作物を、公に上演し、演奏し、上映し、または口述することができる。

「公に」とは、公衆に直接見せまたは聞かせることを目的としてということであり（法22条）、「公衆」とは、不特定の者、あるいは、特定多数の者である（法2条5項）。

「公に」上演などしない場合は、そもそも上演権、演奏権、上映権、口述権と接触しないため、著作権侵害が問題とならず、制限規定も問題とならない。

放送される著作物は、非営利かつ無償の場合には、有線放送、または地域限定特定入力型自動公衆送信を行うことができる（法38条2項）。

演奏会のように、その場での実演はあり得ないため、無報酬の要件は問題とならない。

放送、有線放送、特定入力型自動公衆送信、または放送同時配信等が行われる著作物は、非営利かつ無償の場合には、受信装置を用いて公に伝達することができる。通常の家庭用受信装置を用いてする場合も、同様である（法38条3項）。

放送同時配信等には、放送又は有線放送が終了した後に開始されるものは除かれる。すなわち、いわゆる同時配信や追っかけ配信ではない、放送終了後の配信は含まれない。

非営利かつ無償の場合には、大型プロジェクターなど特別に大きな受信装置を用い

て、テレビの放映など公に伝達することができるし、また、家庭用テレビ・ラジオなど通常の家庭用受信装置を用いる場合には、営利を目的としまたは聴衆などから料金を受けても、自由に放送などを視聴させることができるということである。

そのため、飲食店で客にテレビを視聴させるのは、営利目的と言えるが、家庭用テレビを用いて行う限りは、著作権侵害とならない。

「公に伝達」とは、生伝達する場合だけを意味するので、放送などされた著作物をいったん録画し、それを再生して視聴させる場合には、本項の適用はなく、複製権侵害や、上映権侵害（本条1項の適用が問題となる）の問題が生じることに注意が必要である。

公表された著作物（映画の著作物を除く）は、非営利かつ無償の場合には、その複製物の貸与により公衆に提供することができる（法38条4項）。

これにより、非営利かつ無償の場合には、公表された著作物を、適法に貸与することができる。

映画フィルムその他の視聴覚資料を公衆の利用に供することを目的とする視聴覚教育施設その他の施設（営利を目的として設置されているものを除く）は、公表された映画の著作物を、その複製物の貸与を受ける者から料金を受けない場合には、その複製物の貸与により頒布することができる。この場合において、当該頒布を行う者は、当該映画の著作物または当該映画の著作物において複製されている著作物につき、頒布権（法26条）を有する者に相当な額の補償金を支払わなければならない（法38条5項）。

営利を目的としない特定の施設においては、無償を要件とし、補償金を支払った上で、映画の著作物を貸与できるとしたものである。

本項に該当する施設としては、国または地方公共団体が設置する視聴覚教育施設（視聴覚センターなど）や、図書館法における図書館などがある。

本条による利用の場合は、当該著作物をそのままの形で利用することはできるが、翻訳・編曲・変形または翻案などして利用することはできない（法47条の6第1項において、法38条が含まれていない）。また、利用にあたり、出所明示の慣行があるときは、出所明示義務がある（法48条1項3号）。

著作権の制限（その他）

マスコミ関係、プログラムの著作物、美術の著作物、障害者関連、デジタル・ネットワーク関連分野の柔軟な権利制限規定

①時事問題に関する論説の転載等

　新聞紙または雑誌に掲載して発行された政治上、経済上または社会上の時事問題に関する論説は、他の新聞紙もしくは雑誌に転載し、あるいは、放送、有線放送、地域限定特定入力型自動公衆送信、または放送同時配信等を行うことができる。ただし、これらの利用を禁止する旨の表示がある場合は、この限りでない（法39条1項）。

　前項の規定により放送され、有線放送され、地域限定特定入力型自動公衆送信が行われ、または放送同時公衆送信等が行われる論説は、受信装置を用いて公に伝達することができる（法39条2項）。

　本条1項の利用にあたっては、翻訳して利用することができ（法47条の6第1項2号）、出所明示義務がある（法48条1項2号）。

②政治上の演説等の利用

　公開して行われた政治上の演説または陳述及び裁判手続（行政庁の行う審判その他裁判に準ずる手続を含む）における公開の陳述は、同一の著作者のものを編集して利用する場合を除き、いずれの方法によるかを問わず、利用することができる（法40条1項）。

　国もしくは地方公共団体の機関、独立行政法人または地方独立行政法人において行われた公開の演説または陳述は、前項の規定によるものを除き、報道の目的上正当と認められる場合には、新聞紙もしくは雑誌に掲載し、あるいは、放送、有線放送、地域限定特定入力型自動公衆送信、または放送同時配信等を行うことができる（法40条2項）。

著作権の制限

前項の規定により放送、有線放送、地域限定特定入力型自動公衆送信、または放送同時配信等が行われる、演説あるいは陳述は、受信装置を用いて公に伝達することができる（法40条3項）。

本条2項の利用にあたっては、翻訳して利用することができ（法47条の6第1項2号）、本条1項及び2項により利用にあたっては、出所明示義務がある（法48条1項2号）。

③時事の事件の報道のための利用

写真、映画、放送その他の方法によって時事の事件を報道する場合には、当該事件を構成し、または当該事件の過程において見られ、もしくは聞かれる著作物は、報道の目的上正当な範囲内において、複製し、及び当該事件の報道に伴って利用することができる（法41条）。

本条の利用にあたっては、翻訳して利用することができ（法47条の6第1項2号）、出所を明示する慣行があるとき、出所明示義務がある（法48条1項3号）。また、目的外の頒布については複製とみなされる（法49条1項1号）。

④裁判手続等における複製

著作物は、裁判手続のために必要と認められる場合及び立法または行政の目的のために内部資料として必要と認められる場合には、その必要と認められる限度において、複製することができる。ただし、当該著作物の種類及び用途並びにその複製の部数及び態様に照らし著作権者の利益を不当に害することとなる場合は、この限りでない（法42条1項）。

次に掲げる手続のために必要と認められる場合についても、同様とする（法42条2項）。

① 行政庁の行う特許などの技術的な評価または国際出願に関する国際調査などに関する手続
② 行政庁の行う種苗法に基づく種苗の審査に関する手続
③ 行政庁の行う地理的表示法（特定農林水産物等の名称の保護に関する法律）に基づく地理的表示の審査に関する手続
④ 行政庁もしくは独立行政法人の行う薬事に関する審査などに関する手続
⑤ ①から④に類するものとして政令で定める手続

本条1項の利用にあたっては、翻訳して利用することができ（法47条の6第1項2号）、出所明示義務がある（法48条1項1号）。また、目的外の頒布については複製とみなされる（法49条1項1号）。

⑤行政機関情報公開法等による開示のための利用

行政機関の長、独立行政法人などまたは地方公共団体の機関もしくは地方独立行政法人は、情報公開に関する法律などにより著作物を公衆に提供し、または提示することを目的とする場合には、当該法律などに規定する方法により開示するのに必要な限度において、当該著作物を利用することができる（法42条の2）。

本条により作成された複製物の目的外の頒布については複製とみなされる（法49条1項1号）。

⑥放送事業者等による一時的固定

放送事業者は、公衆送信権を侵害することなく放送または放送同時配信等ができる著作物を、自己の手段または当該著作物を放送等する他の放送事業者の手段により、一時的に録音・録画することができる（法44条1項）。

有線放送事業者、放送同時配信事業者においても、同様である（法44条2項、3項）。

本条の規定により作成された一時的な録音・録画物は、録音または録画の後6ヶ月を超えて保存することはできない。6ヶ月内に放送等がされたときは、その放送等の後6ヶ月まで延長されるが、その期間を超えて保存することはできない（法44条4項）。

本条により作成された複製物の目的外の頒布については複製とみなされる（法49条1項1号）。

⑦プログラムの著作物の複製物の所有者による複製等

プログラムの著作物の複製物の所有者は、自ら当該著作物を電子計算機において実行するために必要と認められる限度において、当該著作物を複製することができる。ただし、当該実行に係る複製物の使用につき、法113条5項のみなし侵害の規定が適用される場合は、この限りでない（法47条の3第1項）。

前項の複製物の所有者が当該複製物（同項の規定により作成された複製物を含む）のいずれかについて滅失以外の事由により所有権を有しなくなった後には、その者は、当該著作権者の別段の意思表示がない限り、その他の複製物を保存してはならない（法47条の3第2項）。

これに反して複製物を保存した場合は、複製を行ったとみなされる（法49条1項4号）。

⑧デジタル化・ネットワーク化の進展に対応した柔軟な権利制限規定

インターネットなどを活用した著作物利用の円滑化を図るために、平成21年の著作

権法改正により、新たな制限規定として、「保守、修理等のための一時的複製」（旧法47条の4）、「送信の障害の防止等のための複製」（旧法47条の5）、「送信可能化された情報の送信元識別符号の検索等のための複製等」（旧法47条の6）、「情報解析のための複製等」（旧法47条の7）、「電子計算機における著作物の利用に伴う複製」（旧法47条の8）が追加された。

また、著作権者の利益を不当に害しないような著作物等の利用を認めて、情報利用の円滑化を図るために、平成24年の著作権法改正により、新たな制限規定として、「付随対象著作物の利用」（旧法30条の2）、「検討の過程における利用」（法30条の3）、「技術の開発又は実用化のための試験の用に供するための利用」（旧法30条の4）、「情報通信技術を利用した情報提供の準備に必要な情報処理のための利用」（旧法47条の9）が追加された。

そして、平成30年の著作権法改正により、デジタル化・ネットワーク化の進展に対応して今後の著作物の利用の円滑化を図るために、平成21年改正、平成24年改正で追加された前記規定について、整理・統合が図られた。

すなわち、デジタル化・ネットワーク化の進展に伴い、今後、現時点で把握されていないような新たな技術、ニーズが出てくることが予想される。その際に、新たな立法によって個々の制限規定を追加しなくとも、著作権法において迅速・柔軟に対応できるように、規定の整理統合を行った上で柔軟な制限規定が規定されたのである。

この点について、平成30年改正で規定された制限規定は、「著作物に表現された思想又は感情の享受を目的としない利用」（法30条の4）「電子計算機における著作物の利用に付随する利用等」（法47条の4）、「電子計算機による情報処理及びその結果の提供に付随する軽微利用等」（法47条の5）の3つである。また、「付随対象著作物の利用」（法30条の2）、「検討の過程における利用」（法30条の3）については、従前の規定が残されている。なお、令和2年の著作権法改正により、「付随対象著作物の利用」（法30条の2）の対象範囲が拡大された。

「著作物に表現された思想又は感情の享受を目的としない利用」（法30条の4）は、録音、録画等の技術の開発や情報解析のために著作物を利用するなど、著作物に表現された思想又は感情を享受することを目的としない場合には、必要と認められる限度で著作物を利用することができるというものである。これにより、例えば、人工知能（AI）の開発のための学習用データとして著作物をデータベースに記録することが許諾なく行えるようになると考えられている。かかる規定は、旧法30条の4、旧法47条の7が整理統合されたものである。

「電子計算機における著作物の利用に付随する利用等」（法47条の4）は、電子計算

機において著作物を利用する際に、その利用行為を円滑又は効率的に行うために付随して利用する場合には、一定の場合、必要と認められる限度で著作物を利用することができるというものである。これにより、例えば、ネットワークを通じた情報通信の高速化を行うためにキャッシュを作成することが許諾なく行えるようになると考えられている。かかる規定は、旧法47条の4、旧法47条の5、旧法47条の8、旧法47条の9が整理統合されたものである。

「電子計算機による情報処理及びその結果の提供に付随する軽微利用等」（法47条の5）は、電子計算機による検索結果の提供や情報解析結果の提供等を行う者は、公衆へ提供又は提示された著作物を、提供行為の目的上必要と認められる限度で、提供行為に付随して利用することができるというものである。これにより、例えば、特定のキーワードを含む書籍を検索し、その書誌情報や所在に関する情報と併せて、書籍中の当該キーワードを含む文章の一部分を提供すること（書籍検索サービス）が許諾なく行えるようになると考えられている。かかる規定は、旧法47条の6が整理統合されたものである。

「付随対象著作物の利用」（法30条の2）は、写真を撮影等するに当たって、その本来の対象とする事物等に付随して著作物（付随対象著作物）が写真等の対象に入ってしまったとしても、利益を得る目的や分離の困難性の程度等から正当な範囲内であれば、付随対象著作物を利用することができるというものである（同条1項）。また、付随対象著作物は、撮影等した事物の利用に伴って、その後も利用することができる（同条2項）。例えば、写真を撮影したところ、本来意図した撮影対象だけでなく、背景に小さく絵画が写り込む場合などが、これに当たる。

「検討の過程における利用」（法30条の3）は、著作権者の許諾を得て、また又は裁定を受けて著作物を利用しようとする者は、これらの利用についての検討の過程における利用に供することを目的とする場合には、その必要と認められる限度において、利用することができるというものである。例えば、漫画のキャラクターの商品化を企画するに際し、著作権者から許諾を得る以前に、会議資料や企画書等にキャラクターを掲載する行為などが、これに当たる。

⑨美術の著作物等の原作品の所有者による展示

美術の著作物もしくは写真の著作物の原作品の所有者またはその同意を得た者は、これらの著作物をその原作品により公に展示することができる（法45条1項）。

前項の規定は、美術の著作物の原作品を街路、公園その他一般公衆に開放されている屋外の場所または建造物の外壁その他一般公衆の見やすい屋外の場所に恒常的に設

置する場合には、適用しない（法45条2項）。

⑩公開の美術の著作物等の利用

　美術の著作物でその原作品が屋外の場所に恒常的に設置されているものまたは建築の著作物は、次に掲げる4つの場合を除き、いずれの方法によるかを問わず、利用することができる（法46条）。
①　彫刻を増製し、またはその増製物の譲渡により公衆に提供する場合
②　建築の著作物を建築により複製し、またはその複製物の譲渡により公衆に提供する場合
③　屋外の場所に恒常的に設置するために複製する場合
④　もっぱら美術の著作物の複製物の販売を目的として複製し、またはその複製物を販売する場合
　本条の利用にあたって、出所を明示する慣行があるとき、出所明示義務がある（法48条1項3号）。

⑪美術の著作物等の展示に伴う複製等

　美術の著作物または写真の著作物の原作品により、展示権を害することなく、これらの著作物を公に展示する者は、観覧者のためにこれらの著作物の解説または紹介をすることを目的とする小冊子あるいはタブレット端末等にこれらの著作物を掲載、上映、自動公衆送信することができる（法47条1項及び2項）。また、展示著作物の所在に関する情報を公衆に提供するために必要と認められる限度において、複製または公衆送信ができる（法47条3項）。47条1項または3項の利用にあたっては、出所明示義務がある（法48条1項1号）。

⑫美術の著作物等の譲渡等の申出に伴う複製等

　美術の著作物または写真の著作物の原作品または複製物の所有者その他のこれらの譲渡または貸与の権原を有する者が、譲渡権または貸与権を害することなく、その原作品または複製物を譲渡し、または貸与しようとする場合には、当該権原を有する者またはその委託を受けた者は、その申出の用に供するため、これらの著作物について、複製または公衆送信（送信可能化を含む）を行うことができる（法47条の2）。
　本条の利用にあたっては、出所明示義務がある（法48条1項2号）。また、目的外の頒布については複製とみなされる（法49条1項1号）。

⑬視覚障害者等のための複製等

公表された著作物は、点字により複製することができる（法37条1項）。

公表された著作物については、電子計算機を用いて点字を処理する方式により、記録媒体に記録し、または公衆送信（放送または有線放送を除く。送信可能化を含む）を行うことができる（法37条2項）。

視覚障害者等の福祉に関する事業を行う者は、公表された著作物について、視覚障害者等の用に供するのに必要な限度で、著作物に係る文字を音声にすること、その他必要な方式により、複製し、または自動公衆送信（送信可能化を含む）を行うことができる。ただし、当該著作物について、著作権者等により、当該方式による公衆への提供または提示が行われている場合は、この限りでない（法37条3項）。

本条1項及び2項の利用にあたっては翻訳して利用（法47条の6第1項2号）、本条3項の利用にあたっては翻訳・変形・翻案しての利用ができる（法47条の6第1項4号）。また、出所明示義務があり（法48条1項1号及び2号）、目的外の頒布について複製とみなされる（法49条1項1号）。

⑭聴覚障害者等のための複製等

聴覚障害者等の福祉に関する事業を行う者は、公表された著作物について、聴覚障害者等の用に供するのに必要な限度で、次の2つに掲げる利用を行うことができる。ただし、当該著作物について、著作権者等により、当該方式による公衆への提供または提示が行われている場合は、この限りでない（法37条の2）。

① 当該著作物に係る音声について、これを文字にすること、その他聴覚障害者等が利用するために必要な方式により、複製し、または自動公衆送信（送信可能化を含む）を行うこと。

② もっぱら聴覚障害者等向けの貸し出しの用に供するため、複製すること（当該著作物に係る音声を文字にすることその他聴覚障害者等が利用するために必要な方式による音声の複製と併せて行うものに限る）。

本条の利用にあたっては、翻訳・翻案して利用できる（法47条の6第1項6号）。また、出所明示義務があり（法48条1項2号）、目的外の頒布について複製とみなされる（法49条1項1号）。

著作権等の制限による利用に係る補償金

①私的録音録画補償金

　私的使用を目的として、デジタル方式の録音または録画を行う者が著作権者に対して支払う私的録音録画補償金（法30条3項）に関しては、その制度が、法104条の2から法104条の10で規定されている。

　すなわち、私的録音録画補償金は、文化庁長官が指定した、その権利を行使することを目的とする団体（指定管理団体）があるときは、当該団体によって権利行使が行われる（法104条の2、法104条の3）。

　また、デジタル方式の録音または録画を行う機器または記憶媒体を購入する者は、その購入にあたり、指定管理団体から私的録音録画補償金から一括支払いの請求があったときは、これに応じなければならない（法104条の4）。この一括支払いについては、デジタル方式の録音または録画を行う機器または記憶媒体のメーカーや輸入業者が請求、受領について協力しなければならない（法104条の5）。そのため、通常は、機器などの販売価格に、私的録音録画補償金が含まれている。

②図書館等公衆送信補償金

　法31条5項に規定される、特定図書館等が利用者に著作物の公衆送信を行った場合の補償金に関しては、その制度が法104条の10の2から法104条の10の8で規定されている。

　すなわち、図書館等公衆送信補償金の額は、図書館等の設置者の代表から意見を聞いた上で、指定管理団体が定め、文化庁長官の認可を受けることによって、最終的に決定される（法104条の10の4第1項ないし第3項）。

③授業目的公衆送信補償金

　法35条2項に規定される授業目的公衆送信補償金に関しては、その制度が、法104条の11から法104条の17で規定されている。

　すなわち、授業目的公衆送信補償金は、文化庁長官が指定した、その権利を行使することを目的とする団体（指定管理団体）があるときは、当該団体によって権利行使が行われる（法104条の11、法104条の12）。

技術的保護手段及び技術的利用制限手段の回避

技術的保護手段の意義及び技術的保護手段を回避しての複製については、本章第2節「著作権の制限（私的使用）」の個所で述べた。

なお、技術的利用制限手段については、第11章第1節「著作権の侵害」で後述する。

 問題 次のうち、許諾を得ずに行っても、著作権法上、違法とならないものはどれか。

ア▶ 喫茶店において、集客力向上のために、映画のDVDを上映すること。

イ▶ 飲食店において、顧客へのサービスのために、通常の家庭用テレビ受信機で放送中の番組を見せること

ウ▶ 工場内において、能率向上のために、バックグラウンドミュージックとして、音楽CDを再生すること

エ▶ 会費を支払って会員になることを前提に、無料で音楽CDを貸し出すこと

正答・解説は212ページ参照

著作権の制限

第7章 著作物の保護期間

7-1 保護期間の原則

重要まとめポイント

▶ 保護期間の始期は、すべての著作物において同じである

▶ 保護期間の終期の起算点は、著作物によって異なる

保護期間の始期と存続期間

著作権の存続期間は、著作物の創作のときに始まる（法51条1項）。

すなわち、公表の有無にかかわらず、著作物が創作された瞬間から、著作権が発生する。また、著作権の享有には、いかなる方式の履行も要しないから（法17条2項）（無方式主義）、著作権の発生に、登録など何らの手続も必要ない。

また、著作物が創作されたときというのは、当該著作物が最終的なものとして完成したときではなく、著作物といえるものが形成されたときである。例えば、原稿を書き続けて、最終的に完成した小説が出来上がる場合、完成した小説は、もちろん著作物であり保護の対象であるが、書きかけの原稿も、創作性の認められるレベルにあれば、著作物であり保護の対象になる。

著作物の創作のときに著作権の存続期間が始まるという保護期間の始期については、すべての著作物について共通である。

他方、その後いつまで著作権が保護されるかという保護期間の終期については、著作物の性質によって、それぞれ異なってくる。これについては、後述する。

原則的な場合について見てみると、著作権の存続期間は、創作のときに始まり、著作者の死後70年を経過するまで存続する（法51条2項）。著作者が40歳のときに著作物を創作し、60歳で亡くなったとすると、生前の20年間と死後の70年間の合計90年間著作権が存続するということである。

なお、死後70年といった場合の計算方法については、法57条に規定されている。すなわち、著作者の死後70年、著作物の公表後70年もしくは創作後70年の期間の終期を計算するときは、著作者が死亡した日または著作物が公表されもしくは創作された日のそれぞれ属する年の翌年から起算される（法57条）。

　例えば、著作者が2005年1月10日に亡くなった場合、翌年の初日である2006年1月1日から70年間、著作権が存続するということである。

各著作物の保護期間

　著作物の保護期間、すなわち、保護期間の終期をどのように算定するかは、著作物の性質によって異なってくる。なお、前記したように、著作物の始期は、創作のときであり、各著作物において共通である。

　まず、原則的な場合については、著作権は、著作者の死後70年を経過するまでの間、存続する（法51条2項）。

　原則的な場合とは、まず、自然人が実名で著作物を公表した場合である。また、その他の著作物において、保護期間に関する例外的な規定が適用されない場合は、この原則的な規定によって、終期が算定されることになる。

　次に、共同著作物においては、著作権は、最終に死亡した著作者の死後70年を経過するまでの間、存続する（法51条2項括弧書き）。

　著作権保護の趣旨から、保護期間が何通りか考えられる場合は、保護期間の長い方によったものと考えられる。

　無名または変名の著作物の著作権は、その著作物の公表後70年を経過するまでの間、存続する（法52条1項本文）。

　無名の著作物とは、著作者名が表示されていない著作物であり、変名の著作物とは、実名に代えて用いられる雅号、筆名、略称等（法14条参照）が表示されている著作物である。このように実名が表示されていない著作物については、その著作者を知ることは容易でないため、第三者から判別しやすい公表の時点を基準として、終期を算定するとされたのである。

　ただし、その存続期間の満了前にその著作者の死後70年を経過していると認めら

れる場合は、その著作者の死後70年を経過したと認められるときにおいて、消滅したものとされる（法52条1項ただし書き）。著作者の死後70年を経過していることが分かったときは、原則に戻って、著作権の存続期間は、著作者の死後70年になるということである。

なお、本規定は、公表後70年よりも死後70年の方が先に到来した場合の規定である。無名または変名の著作物について、著作者が判明し、かつ公表後70年よりも死後70年の方が後に到来した場合についての規定はない。しかし、これと同趣旨の場合を規定した、下記例外規定がある。

法52条1項の規定は、次の各号のいずれかに該当するときは、適用しない（法52条2項）。すなわち、下記の場合には、法51条2項の原則的な場合に戻る。

① 変名の著作物における著作者の変名がその者のものとして周知のものであるとき。
例えば、「三島由紀夫」がペンネーム（変名）であったとしても、その者が1970年に自衛隊の庁舎内で割腹自殺を遂げた人物であると分かる場合などである。

② 公表後70年の期間内に法75条1項の実名の登録があったとき。

③ 著作者が公表後70年の期間内にその実名または周知の変名を著作者名として表示してその著作物を公表したとき。

法人その他の団体が著作の名義を有する著作物の著作権は、その著作物の公表後70年（その著作物がその創作後70年以内に公表されなかったときは、その創作後70年）を経過するまでの間、存続する（法53条1項）。

法人において、著作者の死亡ということは観念できないため、死亡とは異なる公表という観念で終期が算定されている。また、公表後70年というだけでは、著作物が公表されなかった場合、永遠に著作権が消滅しないことになるため、創作後70年以内に公表されなかったときは、その創作後70年で著作権が消滅する旨規定されている。

なお、「法人その他の団体が著作の名義を有する著作物」とは、法15条の職務著作の規定により、法人等が著作者となった場合の著作物とイコールではない。法53条1項は、実体的な著作者が誰であるかに関係なく、単に法人その他の団体が著作者として表示された著作物についての規定である。これに対し、法15条の適用がある場合は、実体的な著作者が、法人等であるということである。ただ、法15条1項の職務著作の規定の適用がある場合は、同項で「法人等が自己の著作の名義の下に公表する」ことが要件となっているため、法53条1項の適用範囲内となる。また、法15条2項のプログラムの著作物の職務著作の規定の適用がある場合は、後記の法53条3

項の適用があり、やはり法53条1項の適用範囲となるので、法15条の職務著作の著作物の保護期間は、すべて法53条1項により処理されることになる。

法53条1項の規定は、法人その他の団体が著作の名義を有する著作物の著作者である個人が、同項の期間内にその実名または周知の変名を著作者名として表示してその著作物を公表したときは、適用しない（法53条2項）。

本項は、実体的な著作者が自然人であるのに、法人その他の団体の著作者名義で著作物が作成されていた場合に関する規定である。この場合、著作者である自然人が、実名または周知の変名を著作者名として表示してその著作物を公表したときは、原則に戻り、実名の自然人と同様の算定（法51条1項）が行われる。

法15条2項の規定により法人その他の団体が著作者である著作物の著作権の存続期間に関しては、法53条1項の著作物に該当する著作物以外の著作物についても、当該団体が著作の名義を有するものとみなして同項の規定を適用する（法53条3項）。

前述したとおり、プログラムの著作物においては、職務著作（法15条2項）にて「法人等が自己の著作の名義の下に公表する」ことが要件とはなっておらず、必ずしも本条1項の「法人その他の団体が著作の名義を有する著作物」とは言えないが、それでもなお団体名義の著作物として扱うというものである。

映画の著作物の著作権は、その著作物の公表後70年（その著作物がその創作後70年以内に公表されなかったときは、その創作後70年）を経過するまでの間、存続する（法54条1項）。

映画の著作物の著作者は、職務著作にあたらない限り、制作、監督、演出、撮影、美術等を担当して映画の著作物の全体的形成に創作的に関与した者すべてであるため（法16条）、実際に著作者が誰であるかは第三者から明確でない。そのため、その算定方法が、「著作者の死後」よりも判別のしやすい公表後70年または創作後70年とされた。

なお、映画の著作物の保護期間については、平成15年の著作権法改正（平成16年1月1日施行）により、50年から70年に延長された。平成30年のTPP11（環太平洋パートナーシップに関する包括的及び先進的な協定）発効に伴う著作権法改正の前は、保護期間については原則50年であり、映画だけが例外であったが、同改正により、著作権の保護期間が70年となり、映画は例外ではなくなった。

映画の著作物の著作権がその存続期間の満了により消滅したときは、当該映画の著作物の利用に関する原著作物の著作権は、当該映画の著作物の著作権とともに消滅したものとされる（法54条2項）。

映画の著作物が保護期間の満了により消滅した場合、その映画の著作物は自由に利用できることになるが、その映画の著作物に翻案された小説、脚本などの著作物については、保護期間が満了しているとは限らない。そのため、映画の著作物の利用によって、これら小説など原著作物の著作権を侵害してしまうおそれがある。これを防ぐために、当該映画の著作物の利用に関して、その原著作物の著作権は、当該映画の著作物の著作権とともに消滅するとされたのである。

　なお、原著作物の著作権が消滅したとされるのは、あくまで映画の著作物の利用に関してだけであり、映画とは関係のない利用については、原著作物の著作権侵害の問題が生じる。

　法52条、法53条の規定は、映画の著作物の著作権については、適用しない（法54条3項）。

　この規定により、無名または変名の著作物であっても、また、団体名義の著作物であっても、映画の著作物についてはすべて本条で保護期間が算定されることになる。

　保護期間の算定における公表のときは、冊、号または回を追って公表する著作物については、毎冊、毎号または毎回の公表のときによるものとし、一部分ずつを逐次公表して完成する著作物については、最終部分の公表のときによるものとする（法56条1項）。

　ただし、一部分ずつを逐次公表して完成する著作物については、継続すべき部分が直近の公表のときから3年を経過しても公表されないときは、すでに公表されたもののうちの最終の部分をもって前項の最終部分とみなす（法56条2項）。

　著作物の「公表」については、法4条に定義規定があるが、保護期間における公表の時期に争いが生じないように、継続的刊行物、及び逐次刊行物について、公表の時期が規定されたものである。

　冊、号または回を追って公表する著作物（継続的刊行物）の公表のときは、毎冊、毎号または毎回の公表のときであり、他方、一部分ずつを逐次公表して完成する著作物（逐次刊行物）の公表のときは、最終部分の公表のときであり、両者で、公表とされる時点が異なっている点に注意が必要である。

　継続的刊行物とは、その全部の公表の終わる時期が通常予定されていないものであり、また、毎冊、毎号、毎回の著作物がそれ自体として一つの独立した著作物であるものである。例えば、漫画「サザエさん」のような一話完結式の漫画が長期にわたって新聞に連載されているような場合である。

　逐次刊行物とは、全体が合して初めて内容的に完成した一つの著作物になるもので

137

ある。例えば、新聞の連載小説やテレビの連続ドラマなどである。

　ただ、逐次刊行物において、継続すべき部分が直近の公表のときから3年を経過しても公表されないときは、いつまでたっても保護期間が満了しないことになってしまうので、すでに公表された最終の部分をもって最終部分とみなされる。

7-2 上級 保護期間の例外

> ▶ 相互主義は、本国法の保護期間に合わせることである
> ▶ 戦時加算は、保護期間に戦争期間を加えることである

相互主義

ベルヌ条約は、同盟国が同条約で定めた著作権の保護期間よりも長い保護期間を定めることを許すとともに、ある同盟国の著作物が他の同盟国で保護される場合において、その本国法による著作物の保護期間が、保護を受ける同盟国の著作物の保護期間よりも短い場合には、当該著作物の保護期間は本国法の保護期間を超えることができないと定めている。

そこで、著作権法においても、ベルヌ条約などの条約によって保護の義務を負う著作物について、わが国の著作権法の保護期間より短い保護期間しか定めていない国の著作物の保護期間は、その本国において定められている保護期間によるとされている（法58条）。

戦時加算

戦時加算とは、平和条約（サンフランシスコ講和条約）において、太平洋戦争期間中に日本は連合国の著作物を実際に保護していなかったという前提の下に、保護期間に戦争期間を加算する義務としてわが国に課せられたものである。

これに基づいて、戦時加算法（連合国及び連合国民の著作権の特例に関する法律）により、保護期間の延長が定められている。

加算されるべき期間は、戦争が勃発した昭和16年12月8日から平和条約の批准日まであるが、条約批准日は国によって異なり、米国、英国、フランスなどでは3794日、オランダでは3844日などとなっている。

問題 次の記述のうち、正しいものはどれか。

ア▶ 従業員が創作した著作物の著作者が著作権法の規定により会社等となる場合、著作権の存続期間は、創作した従業員の死後70年までである。

イ▶ 自然人3人の共同著作物の著作権は、共同著作者のうち最初に死亡した著作者の死後70年を経過するまで存続する。

ウ▶ 無名の著作物であっても、その著作権が著作物の公表後70年を超えて存続する場合がある。

エ▶ 公表された映画の著作物の著作権は、映画の創作後70年を経過するまで存続する。

正答・解説は213ページ参照

著作物の保護期間

第8章 著作物の変動と利用

8-1 権利の変動

重要まとめポイント

▶ 著作権は、その全部または一部だけを譲渡することができる

▶ 著作権譲渡契約では、法27条・法28条の権利の特掲に注意

著作権の譲渡

著作権は、その全部または一部を譲渡することができる（法61条1項）。

著作権は、財産権であり、これを譲渡することができる。これに対して、著作者人格権は、人格権であり、著作者の一身に専属する権利であるため、譲渡することはできない（法59条）。

著作権は、売買などにより譲渡（特定承継）することができるし、また、著作権者が死亡した場合は、著作権は相続により移転（包括承継）する。

さらに、著作権は、その全部ではなく一部だけであっても譲渡することができる。例えば、著作権のうち、複製権だけを譲渡する、あるいは、公衆送信権だけを譲渡するなどである。

このように支分権ごとに譲渡することに問題はないが、「一部」といった場合に、譲渡の対象として、どこまで分割できるかは問題である。

この点、支分権である複製権をさらに分けて、録音権だけ、録画権だけを譲渡することは可能と解される。

また、時間的な面から、著作権の期限付き譲渡は可能と解される。

さらに、日本における著作権といった、国ごとの著作権の譲渡は可能と解される。なお、著作権法は、日本での著作権の保護を規定しただけであり、アメリカにおける著作物の利用については、アメリカの著作権法によることになる。しかし、ベルヌ条

約などにより、日本人が日本で著作物を創作したとしても、多くの国で著作権が発生している。

　これに対し、文庫本としてだけの複製権や、大阪市内だけの演奏権といったところまでの細分化は、権利関係が混乱するおそれがあり、認められないと解されている。

　なお、著作権の一部譲渡だけでなく、著作物が可分である場合には、著作物を分割して、分割した著作物についての著作権を譲渡することも可能である。

　共同著作物の著作権その他共有に係る著作権（共有著作権）については、各共有者は、他の共有者の同意を得なければ、その持分を譲渡することができない（法65条1項）。ただし、各共有者は、正当な理由がない限り、その同意を拒むことができない（同条3項）。

　共有著作権は、共有者全員の合意によらなければ行使できないとされているが（法65条2項）、そのことにより著作権の行使が円滑に行えなくなる危険性を排除するため、著作権の共有者相互間で、互いに認め合った者だけを共有者にしようという趣旨に基づくものである。

　著作権の譲渡に関連して、著作権の消滅に関しては、以下の通り規定されている。

　著作権者が死亡した場合において、その著作権が民法第959条（残余財産の国庫への帰属）の規定により国庫に帰属すべきこととなるときは、著作権は消滅する（法62条1項1号）。

　著作権者が死亡した場合、著作権者の相続人が著作権を相続するのが原則であるが、相続人が不在で特別縁故者も存在しないとき、民法の規定によれば、著作権は国庫に帰属することになる。しかし、著作権制度の趣旨からすれば、著作権から生じる財産的利益の享受者が存在しない以上、これをパブリックドメインとして何人も自由に利用できるようにすることが望ましいため、国庫に帰属すべきときは、著作権は消滅するとされたのである。

　著作権者である法人が解散した場合において、その著作権が一般社団法人及び一般財団法人に関する法律第239条第3項（残余財産の国庫への帰属）その他これに準ずる法律の規定により国庫に帰属すべきこととなるときは、著作権は消滅する（法62条1項1号）。

　法人が解散した場合においても、前記自然人において相続人がいない場合と同様、国庫に帰属すべきときは、著作権は消滅するとされた。

　これらの規定により、映画の著作物の著作権が消滅した場合は、法54条2項の規

定の準用により、当該映画の著作物の利用に関する原著作物の著作権も消滅したものとされる（法62条2項）。

映画の著作物の著作権が消滅しても、映画に利用されている小説などの原著作物の映画に関する著作権が消滅しなければ、映画の著作物の自由な利用が妨げられるからである。

譲渡に関する特例（27条・28条の特掲について）

著作権を譲渡する契約において、法27条または法28条に規定する権利が譲渡の目的として特掲されていないときは、これらの権利は、譲渡した者に留保されたものと推定される（法61条2項）。

法27条の権利とは、翻訳、編曲、変形、脚色、映画化、翻案の権利であり、法28条の権利とは、二次的著作物の原著作者の権利である。

また、「留保したものと推定する」とは、反対の証明など推定を覆す事情のない限り、譲渡者から当該権利が移転していないと認められるということである。

本条のもともとの趣旨は、「懸賞小説への投稿」のような場合に、小説の著作権を譲渡したとしても、映画化などの権利まで譲渡したとは考えられず、にもかかわらず、そのような権利まで譲渡されたとすると、著作者の保護に欠けるからとされている。

しかし、前記趣旨が、企業間の譲渡契約や、プログラムの著作物の譲渡契約など、あらゆる譲渡契約に妥当するかは疑問とされている。

もっとも、本項は推定規定であるため、「翻訳権・映画化権その他の翻案権を含むすべての著作権を譲渡する」というように契約に明記（特掲）さえすれば、法27条及び法28条の権利を含むすべての著作権が、契約で譲渡される。ただ、「すべての著作権を譲渡する」や「一切の権利を譲渡する」という表現だけでは不十分であり、「特掲」とは認められない。

著作物の利用

▶ 著作権について、利用許諾、質権の設定ができる

▶ 複製権について、出版権の設定ができる

利用許諾

　著作権者は、他人に対し、その著作物の利用を許諾することができる（法63条1項）。

「著作物の利用」とは、小説の複製や音楽の演奏など、複製権、演奏権といった支分権に対応する利用行為を行うことである。美術品を借りてきて自宅に飾っておくなど、有体物として使用するということではない。

　また、著作権者は、他人に著作物の利用を許諾したとしても、自ら著作物の利用ができなくなるわけではない。さらに、著作権者は、ある者Aに対して、著作物の利用を許諾したとしても、さらに別の者Bに対して、同じ著作物の同じ利用行為を許諾することができる。著作権者は、複数の者に対して、同じ音楽の演奏を行うことを許諾することができるということである。

　Aが著作物を独占的に利用したい場合は、契約によって、著作権者との間で独占的利用許諾の契約を行うことができる。もっとも、これは基本的に、著作権者が契約に違反して別の者に著作物の利用許諾を行った場合、Aは著作権者に対して契約違反を主張できるという、Aと著作権者との間の契約関係にとどまるものと解されている。

　本条第1項の許諾を得た者は、その許諾に係る利用方法及び条件の範囲内において、その許諾に係る著作物を利用することができる（法63条2項）。

　許諾を得た者が、許諾を得た範囲内で著作物を利用できるのは、いわば当然といえる。

　ただ、許諾に係る利用方法及び条件の範囲を超えて著作物を利用してしまった場合に著作権侵害となるかは、以下のように分けて考えられる。

著作物の変動と利用

まず、利用方法や条件が、著作権の内容に関するとき、例えば、著作物を100部複製することが許諾されているときに、それを超えて複製したときは、許諾の範囲を超えて複製権に抵触する行為を行っているので、著作権侵害となる。

　他方、利用方法や条件が、著作権の内容に関しないとき、例えば、対価の支払いが契約で規定されていたのに、それを行わなかった場合（契約解除などがされた後の利用行為については、また別であるが）、対価の不払いやその下での利用行為は、直ちに著作権侵害とはならず、債務不履行の問題となる。

　利用権（第1項の許諾に係る著作物を前項の規定により利用することができる権利をいう。）は、著作権者の承諾を得ない限り、譲渡することができない（法63条3項）。

　利用権は、著作権が譲渡された場合でも、譲受人である第三者に対抗することができる（法63条の2）。

　著作物の放送または有線放送についての本条第1項の許諾は、契約に別段の定めがない限り、当該著作物の録音または録画の許諾を含まない（法63条4項）。

　そのため、放送事業者や有線放送事業者が、録音・録画権の侵害を避けるためには、著作権者から別途録音・録画の許諾を得るか、法44条の規定によって一時的固定を行うにとどめるかしなければならない。

　著作物の放送等について許諾を行うことができる者が、放送事業者等に対して、放送番組での著作物の利用を許諾した場合、その許諾には放送同時配信等の許諾を含むものと推定される（法63条5項）。

　ある放送番組で利用するために視聴者から影像の提供を受けた場合、当該放送番組での影像利用には許諾があったとしても、さらに、ネット配信等による放送同時配信等で利用することにまで視聴者の許諾があったかは明らかでなく、そのため、かかる場合、放送同時配信等での当該影像の利用に支障を来すおそれがあった。このような状況に対応するため、令和3年の著作権法改正にて、かかる許諾推定規定が定められた。

　著作物の送信可能化について本条第1項の許諾を得た者が、その許諾に係る利用方法及び条件（送信可能化の回数または送信可能化に用いる自動公衆送信装置に係るものを除く）の範囲内において反復してまたは他の自動公衆送信装置を用いて行う当該著作物の送信可能化については、公衆送信権（法23条1項）の規定は、適用しない（法63条6項）。

　前述のように、許諾に係る利用方法や条件が著作権の内容に関するとき、その許諾

の範囲を超えて利用した場合は著作権侵害となるのが原則である。しかし、自動公衆送信装置の保守点検などの場合には、接続の切断・再接続が繰り返され、送信可能化の回数が許諾範囲を容易に超えてしまう場合が想定される。そのため、反復してまたは他の自動公衆送信装置を用いて行う著作物の送信可能化については、著作権侵害とならない趣旨で規定された。

出版権の設定

①出版権の設定

　複製権又は公衆送信権を有する者（複製権等保有者）は、その著作物について、次の行為を引き受ける者に対して、出版権を設定することができる（法79条1項）。

(a) 文書又は図画として出版すること（文書又は図画が記録された電磁的な記録媒体の複製物を頒布することを含む。）

(b) 文書又は図画が記録された電磁的な記録媒体の複製物を用いて公衆送信すること（放送又は有線放送を除き、自動公衆送信の場合にあっては送信可能化を含む。）

　(a) の行為は、紙媒体による出版やCD-ROM等による出版であり、(b) の行為は、インターネット送信による電子出版である。平成26年改正前、出版権を設定できるのは、紙媒体による出版についてだけだったが、平成26年改正により、CD-ROM等による出版や、インターネット送信による電子出版について、出版権を設定できるようになった。

　なお、複製権等保有者は、その複製権又は公衆送信権を目的とする質権が設定されているときは、当該質権を有する者の承諾を得た場合に限り、出版権を設定することができる（法79条2項）。

②出版権の内容

　出版権者は、設定行為で定めるところにより、出版権の目的である著作物について、次の権利の全部又は一部を専有する（法80条1項）。

(a) 頒布の目的をもって、原作のまま印刷その他の機械的又は化学的方法により文書又は図画として複製する権利（原作のまま文書又は図画が表示される電磁的記録として複製する権利を含む。）

(b) 原作のまま文書又は図画が表示される電磁的記録を公衆送信する権利

　出版権者は、複製権等保有者から出版権の設定を受けた行為について、権利を専有

著作物の変動と利用

することになる。

　出版権者は、複製権等保有者の承諾を得た場合に限り、設定を受けた出版権の全部又は一部を譲渡し、又は質権の目的とすることができる（法87条）。

　出版権の設定、移転などについては、登録を行えば、第三者に対抗できる（法88条）。登録制度について、詳しくは第9章において述べる。

　また、出版権者は、侵害行為に対して、差止請求権（法112条）、損害賠償請求権を有する（法114条）。

　さらに、出版権においては、著作権制限規定のうち関連する制限規定の準用がある（法86条）。

③出版権の存続期間及び消滅

　出版権の存続期間は、設定行為で定められるが、設定行為に定めがないときは、設定後最初の出版行為等があった日から3年を経過した日において消滅する（法83条）。

　さらに、出版権者が法81条に定める出版の義務に違反したときは、一定の要件の下で、複製権等保有者は出版権を消滅させることができる（法84条）。

④出版権者及び複製権等保有者等の権利・義務

　平成26年改正前は、出版権者は、他人に対し、その出版権の目的である著作物の複製を許諾することができないとされていたが、平成26年改正により、出版権者は、複製権等保有者の承諾を得れば、他人に対し、当該著作物の複製又は公衆送信を許諾することができるとされた（法80条3項）。

　また、出版権者は、原稿を受けたときから6カ月以内に出版又は公衆送信を行う義務、並びに、出版又は公衆送信を継続する義務を負う（法81条）。

　他方、複製権等保有者は、一定の場合に著作物を全集その他の編集物に収録して複製又は公衆送信することができる（法80条2項）。また、著作者は、一定の場合に著作物に修正・増減を加えることができるし（法82条）、自己の確信に適合しなくなったときは、出版行為等の廃絶の請求ができる（法84条3項）。

上級
質権

　著作権は、財産権であり、譲渡性を有することから、これを質権の目的とすることができる（法66条）。

質権の発生、実行などについては、原則として、民法の権利質（民法362条〜366条）の規定によることになるが、著作権法は、質権に関して、いくつかの特別規定を置いている。

　まず、著作権に質権が設定された場合においても、設定行為に別段の定めがない限り、著作権は著作権者が行使するものとする（法66条1項）。

　すなわち、著作権者は、質権を設定しても、なお著作権を自ら使用して利益を上げることができる。

　また、著作権を目的とする質権は、当該著作権の譲渡または当該著作権に係る著作物の利用につき著作権者が受けるべき金銭その他の物（出版権の設定の対価を含む）に対しても、行うことができる。ただし、これらの支払いまたは引き渡し前に、これらを受ける権利を差し押さえることを必要とする（法66条2項）。

　すなわち、質権者は、支払いなどの前に差押えを行えば、著作権に関する代金やライセンス料を受け取ることができる。ただ、差押えを行わなければ、質権者がこれらを受け取ることはできず、著作権者が受け取ることになる。

著作物の変動と利用

問題 次の記述のうち、正しいものはどれか。

ア▶ 著作権者である法人が解散した場合、著作権は国庫に帰属することになる。

イ▶ 著作者でない著作権者（自然人）が死亡した場合は、相続人はその著作権を相続できない。

ウ▶ 著作権が譲渡された場合は、それに伴い著作者人格権も譲渡されたと推定される。

エ▶ 著作権のうち、公衆送信権だけを譲渡することは可能である。

正答・解説は214ページ参照

第9章 著作権の登録

9 著作権の登録

重要まとめポイント

▶ 著作権の移転の登録は、対抗要件である

▶ プログラムの著作物についてだけ、創作年月日の登録ができる

実名、発行年月日等の登録

　無名または変名で公表された著作物の著作者は、現にその著作権を有するかどうかにかかわらず、その著作物についてその実名の登録を受けることができる（法75条1項）。

　これは、無名または変名で公表された著作物の著作者が、著作物に実名を表示することなく、実名著作物と同様の保護を享有できるようにするための規定である。

　著作物に実名が表示された著作物においては、表示された者が著作物の著作者と推定され（法14条）、著作物の保護期間は、著作者の死後70年とされる（法51条2項）。

　これに対し、無名または変名（変名が周知である場合を除く）の著作物においては、著作者の推定はなく、著作物の保護期間は、公表後70年とされる（法52条1項）。

　しかし、著作物に実名を表示しなくとも、著作物について実名の登録を行えば、登録された者は、登録に係る著作物の著作者と推定され（法75条3項）、著作物の保護期間は、著作者の死後70年とされる（法52条2項2号）。

　なお、変名が周知である場合には、著作者の推定があり（法14条）、著作物の保護期間は、著作者の死後70年とされる（法52条2項1号）。このように、周知な変名の場合、実名の著作物と同じ扱いを受けるため、実名の登録を行うメリットはあまりないとも考えられるが、周知度に確信が持てない場合には、実名の登録を行う意味があるといえる。

また、無名または変名の著作物について実名の登録があった場合は、保護期間が延長される効果があるため、実名登録があったときは、公示のために、その旨がインターネットの利用その他の適切な方法により公表される（法78条3項）。

　著作者は、その遺言で指定する者により、死後において実名の登録を受けることができる（法75条2項）。

　著作権者または無名もしくは変名の著作物の発行者は、その著作物について第一発行年月日の登録または第一公表年月日の登録を受けることができる（法76条1項）。

　これは、著作物の最初の発行または公表の年月日を登録によって公示する制度を定めたものである。

　第一発行年月日または第一公表年月日の登録を受けると、これらの登録に係る年月日において最初の発行または最初の公表があったものと推定される（法76条2項）。

　そうすると、無名または変名の著作物、団体名義の著作物、映画の著作物においては、公表後70年が保護期間の終期とされるが、その登録があった年月日から保護期間が算定されることになる。

　なお、著作物は発行されたときに、公表されたものとされるので（法4条1項）、発行に関しても、登録された年月日から保護期間の終期が算定される。

　ただ、実態的には、本条の登録は、第一発行・公表の年月日を登録するためではなく、登録に係る作品が著作物であること、登録に係る権利者が著作権者であることを事実上示すために利用されている場合が多いといわれている。

著作権の移転等の登録

　著作権の移転もしくは信託による変更または処分の制限については、登録しなければ、第三者に対抗することができない（法77条1号）。

　第三者に対抗できないとされており、著作権の移転などについて、登録は効力発生要件ではない。実際上、登録を行わずに、著作権の譲渡が行われている場合は多いといわれている。

「対抗」とは、著作権者Aから、著作権が譲受人Bと譲受人Cに二重に譲渡された場合、BとCとの間で、どちらが著作権を取得したといえるかの問題である。このような状況は少し想像しにくいかもしれないが、AがBとCの二人との間でそれぞれ著作権譲渡契約を締結する場合はあり得るし、また、AがBに著作権を譲渡した後、CがAの

著作権を差し押さえた場合などにも問題となる。

　そして、対抗できるとは、著作権が譲受人Bと譲受人Cに二重に譲渡された場合、仮にBに先に著作権が譲渡され、Cには遅れて著作権が譲渡されたとしても、Cが先に移転登録を行いさえすれば、第三者であるBに対して、Cは自分が著作権者であると主張できる、すなわち、二重譲渡の優劣関係に勝てるということである。

　なお、ここでいう「第三者」とは、登録が存在しないことを主張するについて正当な利益を有する第三者に限られるため、無断で著作権を侵害した者などは含まれない。このような侵害者に対しては、著作権の譲受人は、登録がなくとも権利行使ができる。

　従前、相続を含め一般承継の場合、著作権の移転の登録はできなかった。しかし、平成30年の民法（相続関係）の改正により、法定相続分を超える財産の相続については、対抗要件を備えないと第三者に対抗できないことになった。これに伴い、平成30年の著作権法改正により、相続を含め一般承継の場合にも、著作権の移転の登録ができることになった。

　著作権を目的とする質権の設定、移転、変更もしくは消滅（混同または著作権もしくは担保する債権の消滅によるものを除く）または処分の制限については、登録しなければ、第三者に対抗することができない（法77条2号）。

　本条1号と同様の趣旨で、質権の設定などについても規定されたものである。

．．．

上級

　登録については、文化庁長官が著作権登録原簿に記載し、または記録して行われる（法78条1項）。なお、著作権登録原簿は、その全部または一部を磁気ディスクをもって調製することができる（法78条2項）。

　また、何人も、文化庁長官に対し、著作権登録原簿の謄本もしくは抄本もしくはその附属書類の写しなどの交付を請求することができる（法78条4項）。この場合、請求者は、手数料を納付しなければならない（法78条5項）。ただし、請求者が国の場合は、手数料納付の必要はない（法78条6項）。

．．．

プログラムの著作物の特例

プログラムの著作物の著作者は、その著作物について創作年月日の登録を受けることができる（法76条の2第1項）。

プログラムについては、公表されずに、特定のユーザーや開発者の内部だけで利用される場合が多く、第一発行年月日や第一公表年月日の登録を行えない場合が多いため、創作年月日の登録制度が規定された。

なお、創作年月日の登録は、プログラムの著作物についてしか認められないが、実名の登録や、第一発行年月日・第一公表年月日の登録は、プログラムの著作物を含むすべての著作物について認められるものであることに注意を要する。

第一発行年月日や第一公表年月日の登録について、登録の申請ができる期間は限定されていないが、創作年月日の登録については、登録の申請ができる期間は6カ月以内に限定されている（法76条の2第1項ただし書き）。

これは、第一発行年月日や第一公表年月日は、発行や公表の事実から、事後的に年月日の立証を比較的容易に行えるが、創作年月日を事後的に立証するのは困難であるため、その真実性を高めるために、申請期間が短期間に限定されたものである。

プログラムの著作物について創作年月日の登録がされた場合、その登録に係る年月日において創作があったものと推定される（法76条の2第2項）。

団体名義の著作物において、創作後70年以内に公表されなかったときは、保護期間は創作後70年とされるため（法53条1項）、その場合、登録の年月日から保護期間の終期が算定されることになる。

上級

プログラムの著作物に係る登録については、著作権法のほか、別の法律でも定められる（法78条の2）。

すなわち、「プログラムの著作物に係る登録の特例に関する法律」により、著作権登録原簿の調製方法、登録申請にあたってのプログラムの著作物の複製物提出などについて定められている。

著作権の登録

問題 次の記述のうち、正しいものはどれか。

ア▶著作者は、著作物の種類を問わず、その著作物の創作年月日の登録をすることができる。

イ▶無名で公表された著作物については、著作者以外の者がその著作物の著作者の本名を登録することができる場合がある。

ウ▶著作権については登録制度があるが、著作隣接権についての登録制度はない。

エ▶出版権の設定は、登録しなければ無効である。

正答・解説は214ページ参照

第10章 著作隣接権

10-1 総論

▶ **著作隣接権者は、実演家、レコード製作者、放送事業者、有線放送事業者である**

▶ **著作隣接権に関する定義規定に注意**

著作隣接権とは

著作隣接権者には「実演家」「レコード製作者」「放送事業者」「有線放送事業者」の4者が存在する（法89条1項ないし4項）。そして、これら著作隣接権者が有する権利には、

① 著作権に準じた複製権・譲渡権などといった物権的な権利

② 著作者人格権に準じた実演家人格権という人格権

③ 報酬などを請求する権利である債権的請求権

という3種類の権利がある。この中で、①の物権的な権利が、（狭義の）著作隣接権とされている（法89条6項）。

著作隣接権者の権利（前記①～③の権利）の享有には、いかなる方式の履行も必要ない（法89条5項）。すなわち、著作権と同じく、実演などを行った瞬間から自動的に権利が発生し、権利の発生や享有に登録などの手続は必要ない。

また、実演などを行う際は、楽曲の演奏などのように、著作物を利用することが多いが、その場合に、著作隣接権の発生などは、著作者の権利（著作権等）に影響を及ぼさない（法90条）。すなわち、実演により著作隣接権が発生するとしても、実演家は利用する著作物について、著作権者から利用許諾を得る必要があるし、また、第三者が実演を利用する場合には、実演家の許諾だけでなく、その実演の中で利用されて

いる著作物について、著作権者の許諾を得る必要がある。

　著作隣接権に関する定義については、以下の通り規定されている。

　実演とは、著作物を、演劇的に演じ、舞い、演奏し、歌い、口演し、朗詠し、またはその他の方法により演ずること（これらに類する行為で、著作物を演じないが芸能的な性質を有するものを含む）をいう（法2条1項3号）。

　実演家とは、俳優、舞踊家、演奏家、歌手その他実演を行う者及び実演を指揮し、または演出する者をいう（同項4号）。指揮者や演出家も、実演家に含まれる点に注意を要する。

　レコードとは、蓄音機用音盤、録音テープその他の物に音を固定したもの（音をもっぱら影像とともに再生することを目的とするものを除く）をいう（同項5号）。音であれば、例えば自然の風の音でもよく、必ずしも著作物である必要はない。

　レコード製作者とは、レコードに固定されている音を最初に固定した者をいう（同項6号）。

　商業用レコードとは、市販の目的をもって製作されるレコードの複製物をいう（同項7号）。

　放送とは、公衆送信のうち、公衆によって同一の内容の送信が同時に受信されることを目的として行う無線通信の送信をいう（同項8号）。放送の対象は、定点カメラで撮影した自然の風景でもよく、必ずしも著作物や実演である必要はない。

　放送事業者とは、放送を業として行う者をいう（同項9号）。

　有線放送とは、公衆送信のうち、公衆によって同一の内容の送信が同時に受信されることを目的として行う有線電気通信の送信をいう（同項9号の2）。放送と同じく、その対象は、必ずしも著作物や実演である必要はない。

　有線放送事業者とは、有線放送を業として行う者をいう（同項9号の3）。

　特定入力型自動公衆送信とは、放送を受信して同時に、公衆の用に供されている電気通信回線に接続している自動公衆送信装置に情報を入力することにより行う自動公衆送信をいう（同項9号の6）。情報を「入力」するとは、情報が「蓄積」されないということであり、自動公衆送信装置を情報が経由するだけで、情報が保存されないということである。かかる規定は、特に放送等の難視聴地域のための補完手段としての放送同時再送信について、その内容を明確化するため、令和3年改正において定義規定として規定されたものである。法34条（学校教育番組の放送等）、38条（営利を目的としない上演等）等において、これまでの規定を、内容を明確化した「特定入力型自動公衆送信」との用語に置き換えるためのものであって、規定内容について実

第10章　著作隣接権

155

質的な変更を図るものではない。

　地域限定特定入力型自動公衆送信とは、特定入力型自動公衆送信のうち、専ら当該放送に係る放送対象地域において受信されることを目的として行われるものをいう（法34条1項）。

　放送同時配信等とは、放送番組または有線放送番組の自動公衆送信のうち、放送等が行われた日から1週間以内に、内容を変更しないで、デジタル方式の複製防止等措置を講じた上で行われるものをいう（法2条1項9号の7）。

　放送同時配信事業者とは、人的関係または資本関係において密接な関係を有する放送事業者又は有線放送事業者から放送番組または有線放送番組の提供を受けて放送同時配信等を業として行う事業者をいう（同項9号の8）。

　録音とは、音を物に固定し、またはその固定物を増製することをいう（同項13号）。

　録画とは、影像を連続して物に固定し、またはその固定物を増製することをいう（同項14号）。

著作隣接権

156

著作隣接権（実演家の権利）

重要まとめポイント

▶ **実演家だけが、実演家人格権を有する**

▶ **ワンチャンス主義による制限がある**

実演家人格権

実演家は、人格権（実演家人格権）として、氏名表示権（法90条の2）と、同一性保持権（法90条の3）を有する。公表権は有していない点に注意を要する。

また、著作隣接権者の中で人格権を有しているのは実演家だけであり、他の3者（レコード製作者、放送事業者、有線放送事業者）は人格権を有しない。

氏名表示権については、著作者人格権の氏名表示権（法19条）とほぼ同様の規定となっている。もっとも、実演は多数の実演家によって行われることが多いため、実演を利用しやすくするために、「実演家であることを主張する利益を害するおそれがないと認められる」ときだけでなく「公正な慣行に反しないと認められたとき」にも氏名表示が省略できるとされ、著作者人格権よりも省略できる範囲が広く認められている点に注意を要する。

同一性保持権は、自己の名誉または声望を害する実演の変更、切除その他の改変を受けない権利である（法90条の3第1項）。自己の実演の変更を受けない権利であるため、例えば、同じ影像の中に映っている共演者の実演を変更したり、背景を変更したりすることは、それによって影像の印象が変わったとしても、当該実演家の同一性保持権の侵害ではない。

なお、実演の性質並びにその利用の目的及び態様に照らしやむを得ないと認められる改変、または公正な慣行に反しないと認められる改変については、適用されない（法90条の3第2項）。著作者人格権（法20条2項4号）と異なり、公正な慣行に反しない改変についても、氏名表示権と同様の理由から、同一性保持権侵害とならない

ことに注意を要する。

実演家の著作隣接権

①総論

　実演家が有する著作隣接権には、録音権・録画権、放送権・有線放送権、送信可能化権、譲渡権、貸与権がある。以下、順に見ていく。

②録音権・録画権

　実演家は、その実演を録音し、または録画する権利を専有する（法91条1項）。

　前項の規定は、録音権・録画権を有する者の許諾を得て映画の著作物において録音され、または録画された実演については、これを録音物（音をもっぱら影像とともに再生することを目的とするものを除く）に録音する場合を除き、適用されない（法91条2項）。

　実演家が有する権利は、録音・録画する権利であって、複製権ではない。そのため、録音・録画以外の、例えば、実演を写真撮影することに実演家の権利は及ばない。また、録音・録画とは、実演を最初に物に固定することだけでなく、録音物・録画物を複製（増製）することを含む（法2条1項13号、14号）。さらに、著作物の複製においては、多少の改変を加えて原著作物と類似したものを作成する場合も複製の範囲に含まれるが、実演の録音・録画は、実演そのものを録音・録画することだけに限定される。そのため、著名人そっくりの物まねは、いくら実演として似ていても、これに実演家の権利は及ばない。

　実演家は、実演の録音・録画をいったん許諾すると、その後の権利行使ができなくなる場合が多い。このように、権利行使できる機会が、最初の録音・録画の一度きりであることを指して、「ワンチャンス主義」といわれる。

　録音権・録画権においても、ワンチャンス主義が規定されているが、その認められる範囲は、後述の放送権や送信可能化権よりも狭いものとなっている。

　すなわち、法91条2項でワンチャンス主義が規定されているが、その認められる範囲は、映画の著作物において録音・録画された実演についてである。そのため、映画の著作物以外の、音楽の著作物などでは、実演家が実演の録音を許諾したとしても、それをさらに増製する場合には、改めて実演家の許諾を得る必要がある。

　また、映画の著作物の中でも、録音物を録音する場合は含まず、この場合には、改

著作隣接権

めて実演家の許諾が必要になる。映画の中の歌唱を録音したレコードを製作するような場合である。ただ、音をもっぱら影像とともに再生することを目的とする場合は、ワンチャンス主義の範囲内となる。

この規定により、映画の著作物については、前記例外を除き、実演家の許諾を得ずに増製することができる。

③放送権・有線放送権

実演家は、その実演を放送し、または有線放送する権利を専有する（法92条1項）。

前項の規定は、次に掲げる場合には、適用しない（法92条2項）。

① 放送される実演を有線放送する場合（同項1号）

② 次に掲げる実演を放送し、または有線放送する場合（同項2号）

ⅰ）録音権・録画権を有する者の許諾を得て録音され、または録画されている実演

ⅱ）法91条第2項の実演で同項の録音物以外の物に録音され、または録画されているもの

実演家は、放送権・有線放送権を有する。しかし、実演家の放送権・有線放送権については、いくつかの制限が課されている。

まず、放送される実演を有線放送する場合には、実演家の有線放送権は及ばない（法92条2項1号）。ここで、「放送される実演」とは、現在放送されている実演であり、本号は、放送を同時再送信で有線放送する場合についての規定となっている。そのため、放送を一時的に固定した上で、異時再送信で有線放送を行う場合には、実演家の有線放送権が及ぶことになる。また、放送される実演を有線放送する場合、有線放送事業者は、実演家に相当な額の報酬を支払わなければならない。ただし、営利を目的とせず、聴衆などから料金を受けない場合は除かれる（法94条の2）。

次に、法92条2項2号において、ワンチャンス主義が規定されている。このワンチャンス主義の規定は、放送権・有線放送権だけでなく、送信可能化権（法92条の2）や、譲渡権（法95条の2）でも同様の規定が繰り返されるので、注意が必要である。

ワンチャンス主義の規定の第一は、録音権・録画権を有する者の許諾を得て録音され、または録画されている実演である。実演を広く含むもので、映画の著作物に限らず、音楽の著作物の実演など、すべての実演である。ただ、録音・録画「されている」実演とは、実演家の許諾の下に録音・録画された当該テープなどといった当該固定物である。その当該固定物から、実演家の許諾によらずに増製された固定物は含まれず、そのような増製物による放送は、特に規定がない限り、放送権の侵害が問題となる。

159

第二は、録音権・録画権を有する者の許諾を得て映画の著作物に録音・録画された実演である。第一の場合と異なり、実演の種類については、映画の著作物に録音・録画された実演に限定される。しかし他方で、増製物が含まれるかについては、実演家の許諾の下に録音・録画された当該固定物に限らず、当該固定物から増製した増製物も対象に含まれる。

④放送事業者等の便宜のための規定

　実演を放送などする場合の放送事業者の便宜のために、録音権・録画権、及び放送権・有線放送権を制限するいくつかの規定が置かれている。

(1)　実演の放送について、放送権を有する者の許諾を得た放送事業者は、その実演を放送及び放送同時配信等のために録音し、または録画することができる。ただし、契約に別段の定めがある場合及び当該許諾に係る放送番組と異なる内容の放送番組に使用する目的で録音し、または録画する場合は、この限りでない（法93条1項）。

　　　本項は、放送もしくは放送同時配信等のための固定に限った規定であり、有線放送のための固定は認められない点に注意を要する。また、本項とよく似た規定に、著作隣接権の制限規定として、法102条1項で準用される法44条の「放送事業者などによる一時的固定」の規定があるが、これについても、放送だけに限られており、有線放送のための一時的固定は認められていない。

　　　次に掲げる者は、前項の録音または録画を行ったものとみなされる（法93条2項）。

　　①　前項の規定により作成された録音物または録画物を放送もしくは放送同時配信等の目的以外の目的、または異なる内容の放送番組に使用する目的のために使用し、または提供した者

　　②　前項の規定により作成された録音物または録画物の提供を受けた放送事業者または放送同時配信等事業者で、これらをさらに他の放送事業者または放送同時配信等事業者の放送等のために提供した者

(2)　放送権を有する者がその実演の放送を許諾したときは、契約に別段の定めがない限り、当該実演は、当該許諾に係る放送のほか、次に掲げる放送において放送することができる（法93条の2第1項）。

　　①　当該許諾を得た放送事業者が法93条1項（放送のための固定）の規定により作成した録音物または録画物を用いてする放送

　　②　当該許諾を得た放送事業者からその者が法93条1項（放送のための固定）の

規定により作成した録音物または録画物の提供を受けてする放送

③　当該許諾を得た放送事業者から当該許諾に係る放送番組の供給を受けてする放送（②の放送を除く）

かかる放送が行われたときは、各号に規定する放送事業者は、相当な額の報酬を放送権を有する者に支払わなければならない（法93条の2第2項）。

許諾を得て作成された録音物または録画物を用いてする放送（①の場合）や、キー局からネット局への番組の提供（②、③の場合）ができる旨を規定したものである。また、この場合、相当な額の報酬を放送権を有する者に支払わなければならないが、支配義務を負うのは、提供を受けた放送事業者ではなく、実演家から許諾を得た原放送事業者である。

⑶　放送事業者及び有線放送事業者は、録音権が処理されて実演が録音されている商業用レコードを用いた放送または有線放送を行った場合は、実演家に二次使用料を支払う必要がある。ただし、営利を目的とせず、聴衆などから料金を受けずに、放送を受信して同時に有線放送を行った場合は除かれる（法95条1項）。

録音権が処理された実演の放送・有線放送は、法92条2項2号イの規定によって行うことができるが、その場合でも、実演家の利益保護のために、商業用レコードの使用に二次使用料の支払い義務を課したものである。

⑤送信可能化権

実演家は、その実演を送信可能化する権利を専有する（法92条の2）。

著作権においては、送信可能化は、公衆送信の中に含まれるとされ（法23条）、送信可能化権は独立に規定されていないが、著作隣接権では、送信可能化権が独立に規定されている点に注意を要する。

送信可能化権については、放送権・有線放送権の場合と同様、ワンチャンス主義による制限がある（法92条の2第2項）。

⑥譲渡権

実演家は、その実演をその録音物または録画物の譲渡により公衆に提供する権利を専有する（法95条の2第1項）。譲渡権については、著作権の譲渡権（法26条の2）の場合と同様、消尽の定めがある（法95条の2第3項）。

また譲渡権については、放送権・有線放送権の場合と同様、ワンチャンス主義による制限がある（法95条の2第2項）。

⑦貸与権

　実演家は、実演が録音されている商業用レコードの貸与により公衆に提供する権利を専有する（法95条の3第1項）。

　前項の規定は、最初に販売された日から1月以上12月を超えない範囲内において政令で定める期間を経過した商業用レコード（期間経過商業用レコード）の貸与による場合には、適用しない（法95条の3第2項）。

　商業用レコードの公衆への貸与を営業として行う者（貸レコード業者）は、期間経過商業用レコードを公衆に貸与した場合は、実演家に相当な額の報酬を支払わなければならない（法95条の3第3項）。

　商業用レコードについてのみ、実演家に貸与権が認められる。また、貸与権が認められるのは、長くとも販売開始から1年間だけである。期間経過後は、貸与に関しては報酬請求権のみとなるが、その場合でも、貸与を営業として行う貸レコード業者のみが、相当な額の報酬の支払い義務を負う。

10-3 著作隣接権
（レコード製作者の権利）

重要まとめポイント

▶ 複製権、送信可能化権、譲渡権、貸与権を有する

▶ 貸レコード業者に対する報酬請求権を有する

レコード製作者の権利

　レコード製作者が有する著作隣接権は、複製権（法96条）、送信可能化権（法96条の2）、譲渡権（法97条の2）、貸与権（法97条の3）である。

　なお、レコード製作者には、実演家のように、ワンチャンス主義による制限はない。

　また、貸与権については、実演家の貸与権と同様、期間経過商業用レコードに貸与権はなく、貸レコード業者に対する報酬請求権があるのみである（法97条の3第1項ないし第3項）。

10-4 著作隣接権
（放送事業者、有線放送事業者の権利）

放送事業者、有線放送事業者の権利

　放送事業者が有する著作隣接権は、複製権（法98条）、再放送権及び有線放送権（法99条）、送信可能化権（法99条の2）、テレビジョン放送の伝達権（法100条）である。

　有線放送事業者が有する著作隣接権は、複製権（法100条の2）、放送権及び再有線放送権（法100条の3）、送信可能化権（法100条の4）、有線テレビジョン放送の伝達権（法100条の5）である。

　放送と有線放送とで表現が異なるが、両者の権利は内容的には同じである。

　なお、（有線）テレビジョン放送の伝達権とは、影像を拡大する特別の装置を用いて（有線）放送を公に伝達する権利である（法100条、100条の5）。テレビ放送を、大型プロジェクターなどによって公衆に視聴させる場合には、かかる権利の侵害が問題となる。

　また、令和3年の著作権法改正により、放送事業者等が放送番組のインターネット同時配信等を行う際、権利処理の円滑化を図り、放送同時配信等を行いやすくするための規定が追加された。

　すなわち、集中管理等が行われておらず許諾を得るのが困難なレコード（音源）、レコード実演（音源に収録された歌唱・演奏）について、放送同時配信等の利用を円滑化するため、法94条の3（商業用レコードに録音されている実演の放送同時配信等）、法96条の3（商業用レコードの放送同時配信等）が規定された。

　また、集中管理等が行われておらず許諾を得るのが困難な映像実演（俳優の演技など）について、過去の放送番組の放送同時配信等における利用を円滑化するため、法

著作隣接権

93条の3（放送のための固定物等による放送同時配信等）、法94条（特定実演家と連絡することができない場合の放送同時配信等）が規定された。

▶著作隣接権の存続期間は、発生のときに始まる

▶著作隣接権の制限規定などは、著作権の規定が多く準用されている

保護期間、制限規定等

著作隣接権の存続期間の始期については、次の通り、その発生のときに始まる（法101条1項）。

① 実演に関しては、その実演を行ったとき

② レコードに関しては、その音を最初に固定したとき

③ 放送に関しては、その放送を行ったとき

④ 有線放送に関しては、その有線放送を行ったとき

著作隣接権の存続期間の終期については、実演は、その発生のとき（正確には、その翌年）から70年、放送、有線放送は、50年を経過するまで存続する（法101条2項）。

しかし、レコードについては、その発行が行われたとき（正確には、その翌年）から70年を経過するまで存続する。ただし、その音が最初に固定されたとき（発生のとき）から70年を経過するまでの間に発行されなかったときは、その音が最初に固定されたときから70年を経過するまで存続する（法101条2項）。

このように、実演の著作隣接権の存続期間は発生から70年であるが、レコードの著作隣接権の存続期間は発生から70年よりも長くなる場合があることに注意が必要である。

また、著作隣接権については、著作権の制限規定（法30条ないし法50条）が準用され、あるいは、同様の規定が置かれている。また、著作隣接権については、著作権の譲渡（法61条）、著作権の消滅（法62条）、著作物の利用の許諾（法63条）、共有著作権の行使（法65条）、質権（法66条）、著作権の登録（法77条及び法78条）の規定が準用されている（法102条ないし法104条）。

著作隣接権

問 題　次の記述のうち、正しいものの組み合わせはどれか。

1 ▶ テレビ放送を写真撮影するには、放送事業者の許諾が必要である。

2 ▶ 実演を写真撮影するには、実演家の許諾が必要である。

3 ▶ レストランで音楽CDを営利目的で演奏するときには、作詞作曲家・実演家・レコード製作者の許諾が必要である。

4 ▶ 会社でBGMとして使用するために音楽CDを複製するときには、作詞作曲家・実演家・レコード製作者の許諾が必要である。

ア ▶ 1と2　　イ ▶ 2と3　　ウ ▶ 3と4　　エ ▶ 1と4

正答・解説は215ページ参照

第10章　著作隣接権

11-1 著作権の侵害

重要まとめポイント

▶ 著作権侵害の場合の救済措置は、主に差止請求と損害賠償である

▶ 損害賠償請求は民法709条に基づく

▶ 差止請求は知的財産法ならではの特別の救済手段である

著作権・著作者人格権等の侵害

本書では、第4章で「著作者人格権」、第5章で「著作権」、第10章で「著作隣接権」について解説している。著作者・著作権者・著作隣接権者がそれぞれ著作者人格権・著作権・著作隣接権を有するとはどういうことか。具体的には、これらの権利が侵害された場合に、著作権法によりどのような救済措置があるか、ということに尽きる。

本章では、著作権の侵害があった場合に、著作権者にはどういう救済措置が認められているのかについて説明する。基本的には、著作者人格権や著作隣接権（厳密にいうと、さらに出版権、実演家人格権もこれに含まれる。法112条1項）についても同様と考えてよい。

そして、これらの権利が侵害された場合の救済措置は、主に**差止請求**と**損害賠償請求**の2つである、という点はよく覚えておいてほしい。

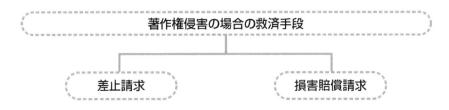

著作権侵害の場合の救済手段

差止請求　　　　損害賠償請求

著作権の侵害と救済

損害賠償請求の根拠条文

損害賠償請求の根拠条文は、実は著作権法ではなく、民法709条である。この点は、特許権侵害、実用新案権侵害、意匠権侵害、商標権侵害のいずれでも同じことである。つまり、権利の侵害に関する損害賠償請求は民法709条が根拠なのである。

したがって、これらの知的財産権の侵害に基づく損害賠償請求権の消滅時効は、特許法や著作権法をいくら探しても見つからない。民法724条により、「被害者が損害及び加害者を知ったときから3年」ということになる。

さらに、会社Aの従業員が社内で業務上使用するビジネスソフトウェアを違法コピーしていた場合、著作権者が会社Aに損害賠償を請求する根拠は、民法715条の使用者責任である。

一度さかのぼって、第1章1節「契約の効力は誰に及ぶか」の記述を読み直してみてほしい。よりよく理解できるはずである。

著作権法では、著作権の侵害の場合に損害賠償請求権が民法709条により認められることを前提に、「著作権の侵害」の場合ならではの特別の規定がある、という立て付けになっている。例えば、著作権法114条は**損害額の推定等の規定**であるが、民法上このような損害額の推定規定は存在しない。民法上ではこのような推定はないので、著作権法の適用がない通常の民事事件の場合、権利者の方で損害額を一から立証しなければならない。

しかし、知的財産権の侵害につきいちいち一から損害の額を立証しなければならないのでは、立証の煩雑さゆえに損害賠償請求権の行使に萎縮が生じかねない。そこで、知的財産権を十分に保護する観点から、民法にはない特別の推定規定を置いている、というわけである。

他方、もう一つの**差止請求は、民法にはない知的財産権ならではの救済手段**である。逆にいうと、知的財産権の侵害の場合に差止請求という特別の救済手段があるからこそ、知的財産権はその保護が手厚いということができる。

もう文脈上お分かりだと思うが、特許法、実用新案法、意匠法、商標法、不正競争防止法、種苗法そして著作権法にはすべてこの差止請求が認められている。

なお、著作者人格権、実演家人格権に固有の救済手段としては、名誉回復措置請求（法115条）、著作者（実演家）の死後における人格的利益の保護のための措置（法116条）が挙げられる。この点は、第4章3節「著作者人格権が侵害された場合の対応」の項を参照。

不当利得返還請求権

　　　著作権等の権利が侵害された場合の救済措置は、主に差止請求と損害賠償請求の２つであることは前述したとおりであるが、そのほかに、不当利得返還請求というものもある。

　　　不当利得返還請求とは、法律上の原因なく他人の財産により利得を得た場合にはこれを返還しなければならないというものである。したがって、他人の著作物を無断で複製して利益を上げた場合、この不当利得返還請求も可能である。

　　　ここで注意してほしいのは、不当利得返還請求も損害賠償請求も、同じく著作権侵害があった場合の金銭的救済措置であるが、その法的構成が異なる、ということである。どうして同じ金銭的請求なのに複数の法的構成があるのか、という素朴な疑問もあろうかと思うが、ここに深入りすると非常に難しくなるので、次のことだけ覚えておいてほしい。

①著作権侵害があった場合の金銭的請求には、損害賠償請求のほか、不当利得返還請求という別の方法もある。

②ただし、損害賠償請求と不当利得返還請求を両方行使して二重取りできないことは当然である。

③通常は、前記の損害額の推定規定のある損害賠償請求の方法を用いる。逆にいえば、不当利得返還請求には前記の推定規定を用いることはできない。

④ただ、損害賠償請求は、本章３節「損害賠償請求」で述べるように、３年の消滅時効にかかるが、不当利得返還請求の時効は10年であるため（民法167条１項）、損害賠償請求が消滅時効にかかってしまった場合に、不当利得返還請求を行使することが多い。

⑤また、不当利得返還請求は、侵害者に過失がなくても行使が可能である。

著作権侵害の要件

　XがYに対し、著作権侵害に基づき、侵害行為の差止請求や損害賠償請求をしようという場合（これを**権利行使**あるいは**エンフォース**ということがある）、どのような要件を満たせばそれが認められるのか。かいつまんでいえば、以下の通り。

①対象が著作物であること

　これは、いわゆる「著作物性」の問題といわれている。これについては、第２章を参照してほしい。

②Xが著作権者であること

　これについては、次のいずれかによる。

・②－１…X自ら当該著作物の著作者であること（原始的な著作権者）、つまりXが

当該著作物を創作したこと

を証明するか、

・②－2…他の第三者が当該著作物の著作者ないし著作権者であること、及びその者
からXが著作権の譲渡（相続等の移転を含む）を受けたこと

を証明すればよい。これについては、第3章を参照してほしい。

③侵害行為が存在すること

これは、問題となっている著作権の支分権ごとに様々である。

複製権の場合

複製権の侵害であれば、

（ⅰ）Yが作成したものが当該著作物と**同一（実質的に同一であることも含む）**
であること

（ⅱ）Yがそれを作成する際、当該著作物に**依拠**したこと

の2つを立証する必要がある。

ここで、「同一」というのはいわゆるデッドコピーのことをいい、「実質的に
同一」というのは創作的でない（簡単にいえば、著作物であるゆえん以外のど
うでもいい）ところ以外は同一である、ということを意味する。

創作性があるからこそ著作物といえる、ということからすると、**著作権法上
の「複製」とは創作性のある個所を再製すること**をいう、ということになる。
逆にいえば、創作性がある個所以外の端々の部分が異なるとしても、創作性の
ある個所が同一であれば、それは「複製」の範疇に入る、これを**実質的同一性**
という。

また、依拠とは、簡単にいえば、**当該著作物にアクセスしたこと**、当該著作
物に基づいて被疑侵害物を作成したこと、ということである。

この点については、第1章3節「知的財産権とは」の項において『独自著作
の抗弁』の個所を参照してほしい。つまり、著作権は登録などの必要なくして
創作によりそれだけで著作権が発生するため、同じ内容の著作物が、お互いに
影響なくして独立に創作された場合には、出願という形式的な行為がない以上、
同様の内容の著作権が併存することになる。

逆にいえば、一方が他方の影響を受けて（＝アクセスして）同一のものを創
作した場合に、この「他方」の著作物に関する複製権の侵害ということになる。

依拠の立証

前記の「依拠」は、通常、著作権者からは分からないところで行われている
ため、「依拠」の具体的行為を直接立証することは著しく困難である。

171

そこで、通常は、

（ⅰ）YがXの著作物に接する機会があったこと（アクセスの機会）

（ⅱ）通常、独自に創作したとは考えられない点が酷似していること

　などといった間接事実（分かりやすくいえば、いわゆる状況証拠）を積み上げて立証することになる。

　（ⅱ）については、例えばプログラムの著作物の複製権侵害が問題となった場合、プログラムそのものではない注釈部分（例えば、担当者のクセで注釈の末尾に「（^^）」といった顔文字）を入れてある場合に、全く同じ個所に同じ注釈と顔文字が存在すれば、それは他者のプログラムをコピーしたことの強い立証になる。また、プログラム中に微少なバグあるいは意図的に入れたダミーデータがある場合に、そのバグやダミーデータの存在個所などが複数にわたって一致している場合などもコピーしたことの強い立証になる。

　逆にいえば、プログラム中に、一見意味はないが個性的な注釈文、あるいはダミーデータを挿入しておくことは、当該プログラムがコピーされて使用されたこと（＝複製権侵害）の重要なエビデンス（証拠）となる。

　なお、上記①〜③がXにより立証されても、

・④－１…XがYに対し、当該著作物の複製等を許諾したこと

・④－２…Yの当該行為は、著作権法30条以下の著作権の制限規定に該当する行為（例えば、30条の私的使用）にあたること

のどちらかをYが立証すれば、結局著作権の侵害とならない。④－１は「許諾の抗弁」、④－２は「制限規定の抗弁」ということもある。

カラオケ法理（第5章2節「支分権」を参照）

　前記においては、侵害行為者が直接侵害行為をした場合の権利行使を念頭に置いている。通常は、かように直接侵害行為をした者に対して、差止請求ないし損害賠償請求をすることになる。

　しかし、場合によっては、直接侵害行為をしていない者に対して、差止請求や損害賠償請求をしないと、自己の権利の保護を全うすることができないことがある。

　この点が争われた事例として、**クラブキャッツアイ事件**（最高裁　昭和63年3月15日判決）がある。この事件は、いわゆるカラオケ店にて、従業員が店内のカラオケ装置を作動させて伴奏を流して客自身が歌唱を楽しむ行為について、個々の客に対してではなく、カラオケ店の経営者に対し演奏権の侵害を主張した事件である（個々の名も知れない客を訴訟の相手方にしても仕方がない）。

　この点、最高裁は、主旨として、カラオケ店の経営者について、客のカラオ

著作権の侵害と救済

ケ歌唱（カラオケ装置による伴奏）に対し、①**管理支配性**、②**利益帰属性**があれば、演奏権侵害の行為主体であると判示している（この理論を、「**カラオケ法理**」ということがある）。

① 管理支配性とは、上記の例でいえば、客によるカラオケ装置の操作や歌唱が、カラオケ店の管理下にあるかどうか、ということである。

② 利益帰属性とは、上記の例でいえば、客によるカラオケ装置の操作や歌唱によって、カラオケ店が利益を上げているといえるかどうかである。

このようなカラオケ法理は、インターネットなどを介した著作権侵害をサポートする（サポートする結果となる）ケースについて、その法理の適用があるかどうかがしばしば問題となっている。

共同著作物の場合

上記は、著作権（著作者人格権）を単独で保有する者による権利行使を念頭に置いている。

では、共同著作物のように、著作権が共有にかかる場合（詳しくは第2章3節「共同著作物」の項を参照）には、全員でこれを行使すべきかどうかが問題となるため、著作権法では、この点についての特則を置いている（法117条）。簡単にいうと、以下の通り。

① 差止請求については、各共有者が他の共有者の同意なくして、単独で行使できる。

② 損害賠償については、各共有者が他の共有者の同意なくして、自己の持分に応じてのみ単独で行使できる（共有持分3分の1の者は、3分の1についてだけ損害賠償請求できる）。

なお、共同著作物でなく単独著作物でも、例えば著作権者が死亡して複数の遺族がその著作権を共有することになるケースもあるが、その場合でも前記と同様である。

みなし侵害

前項では、著作権侵害の要件として、「侵害行為があること」について説明した。これはつまりは、第5章において説明した支分権の侵害行為である。

著作権法は、上記の支分権侵害行為のほか、以下の行為につき、著作権を侵害したものとみなす旨の規定を置いている（法113条）。

①頒布目的での侵害品の輸入行為

輸入時に国内で作成されたならば著作権侵害品となる物（いわゆる海賊版）を、国

内において頒布する目的をもって輸入する行為（法113条1項1号）である。

　次の②のように、「情を知って」という要件はないので、著作権侵害品であることを知らなくとも、侵害とみなされる。

- -

水際規制　　税関において覚せい剤や拳銃のようないわゆる禁制品を、輸入段階の水際で規制することを、いわゆる「水際規制」と呼ぶ。関税法は、著作権の侵害品も禁制品（輸入・輸出してはならない貨物）である旨規定している。

- -

②侵害品の頒布・所持・輸出行為

　著作権侵害行為によって作成された物（前記①により著作権侵害とみなされた場合も含む）を、情を知って頒布あるいは業として輸出し、または情を知って頒布の目的あるいは業として輸出する目的をもって所持し、もしくは頒布する旨の申出をする行為（法113条1項2号）。

　なお、輸出行為については、これまでみなし侵害とはされていなかったが、平成18年著作権法改正により、みなし侵害の対象となっている。

　「情を知って」とは、著作権を侵害する行為によって作成された物であることを知っていることをいう。条文の文言上分かりにくいが、「情を知って」の要件は、この条項のすべての行為にかかる修飾語である。

　なお、入手の時点では著作権侵害品であることを知らなくても、後にこれを知るに至った場合、「情を知って」の要件に該当する。

③リーチサイト・リーチアプリによる侵害著作物等の利用容易化行為

　公衆を侵害コンテンツに殊更に誘導すると認められるウェブサイト・アプリや、主として公衆による侵害コンテンツの利用のために用いられると認められるウェブサイト・アプリ（リーチサイト・リーチアプリ）を提供する行為は、侵害行為とみなされる（法113条2項）。

　また、リーチサイト運営者やリーチアプリ提供者がリンク提供を放置する行為も、侵害行為とみなされる（法113条3項）。

　これら規定は、インターネット上の海賊版対策を強化するため、令和2年の著作権法改正で追加された。

④違法プログラムの業務上使用行為

　プログラムの著作物について、著作権侵害行為によって作成された複製物（いわゆる許諾なくコピーされたソフトウェアがその典型）を、その使用権限を取得した時点で情を知って業務上使用する行為（法113条5項）である。

業務上使用することが要件であるので、ゲームのプログラムの著作物について個人がゲームを楽しむことは含まれない。ただ、業務上というのは、営利を目的とする場合に限らず、反復継続して行う事務を含む概念であり、営利を目的としない公的な機関（学校や行政機関）の場合、本項に含まれる。

　前記②の場合とは異なり、使用権限を取得したとき（＝よくあるパターンとしては、違法コピー品購入時）に「情を知って」いることが要件であり、使用権限取得時には著作権侵害品であることを知らなかったものの、後にこれを知るに至った場合は本項の適用はない。とはいえ、道端でチンピラ風の者が露店を広げて高価なビジネスソフトウェアを、何の装飾もない真っ白なディスクの状態で、考えられないほどの格安の値段で販売している場合には、これが違法コピー品であると知らなかった、というのは通らないであろう。

　なお、著作権法は著作物を使用すること自体は何ら規制していないが、この条項はその例外となる。

⑤技術的利用制限手段の回避

　技術的利用制限手段により制限されている著作物等の視聴を制限手段の効果を妨げることにより可能とする行為である（法113条6項）。

　平成30年のTPP11（環太平洋パートナーシップに関する包括的及び先進的な協定）発効に伴う著作権法改正により、技術的利用制限手段の回避について、規定がなされた。技術的利用制限手段とは、著作物等の視聴（プログラムの利用を含む。）を、電磁的方法による技術的手段（いわゆる「アクセスコントロール」）によって制限するものである（法2条1項21号）。例えば、テレビ放送の影像に暗号化処理を施し、契約者以外は視聴ができないようにすることなどである。技術的利用制限手段の回避は、著作権者等の利益を不当に害しない場合を除き、著作権等を侵害する行為とみなされる。

⑥ライセンス認証を回避するための不正なシリアルコードの提供行為

　ライセンス認証などを回避するための不正なシリアルコードを公衆に提供する行為は、侵害行為とみなされる（法113条7項）。

　かかる行為を規制するため、技術的保護手段、技術的利用制限手段の定義において、「機器が特定の反応をする信号を著作物、実演、レコード若しくは放送若しくは有線放送に係る音若しくは影像とともに記録媒体に記録」の部分が、単に「機器が特定の反応をする信号を記録媒体に記録」とされた（法2条1項20号、21号）。これは、CD・DVDの場合、不正利用防止のための信号がコンテンツとともに記録されていたが、コンピュータソフトウェアのライセンス認証の場合、不正利用防止のための信号は、コンテンツとは別に送信・記録されるものであるため、これに対応するためである。

これら規定は、令和2年の著作権法改正で追加された。

⑦権利管理情報の改変

権利管理情報として虚偽の情報を故意に付加・除去・改変するなどの行為である（法113条8項）。

⑥国外頒布用商業用レコードの還流（輸入）

国外頒布目的の商業用レコードを日本国内に逆輸入（還流、並行輸入）する行為である（法113条10項）。国外ならではの格安の値段の商業用レコードが国内に逆輸入されることにより国内権利者の利益が失われることを防止するために規定されている。この規制は、国内頒布目的商業用レコードが国内で最初に頒布されてから4年以内の場合だけに発動される（著作権法施行令66条）。

なお、複製とみなす行為を列挙した規定として、著作権法49条が挙げられる。また、著作者人格権侵害に特有なみなし侵害として「**名誉・声望を害する著作物の利用**」行為がある（法113条11項。第4章3節「著作者人格権が侵害された場合の対応」の項を参照）。

11-2　差止請求

重要まとめポイント

▶差止請求を行使するには、侵害行為者の故意または過失は必要とされない

▶差止請求にあたって、除却請求が認められることがある

▶差止請求をした場合でも、損害賠償請求は妨げられない

差止請求とは

差止請求とは、ごく簡単にいえば、著作権侵害行為がなされた場合（または侵害行為がなされるおそれのある場合）に、侵害者に対してその侵害行為の差止め（または侵害行為の予防）を求めることである。

著作権法112条1項では差止請求につき、「著作者、著作権者、出版権者、実演家又は著作隣接権者は、その著作者人格権、著作権、出版権、実演家人格権又は著作隣接権を侵害する者又は侵害するおそれがある者に対し、その侵害の停止又は予防を請求することができる」と定めている。

これを整理すると以下の通り。

主　　体	著作者、著作権者、出版権者、実演家、著作隣接権者
対象権利	著作者人格権、著作権、出版権、実演家人格権、著作隣接権
相手方	侵害する者または侵害するおそれのある者
請求内容	①侵害の停止 ②侵害の予防 ③侵害行為組成物、侵害行為作成物、専ら侵害行為に供された機械もしくは器具の廃棄、その他必要な措置

●注意点

①　差止請求権の行使にあたっては、相手方の侵害行為があれば足り、侵害行為についての故意または過失は問わない（**故意または過失がなくても差止請求は認められる**）。

177

この点は、後記の損害賠償とは大きく異なる点であり、しっかりと把握してほしい。

② 侵害の停止を求める場合、現在の時点（訴訟の場合には事実審口頭弁論終結時）で侵害行為が継続している場合でなければ認められない。侵害行為が終了してしまっている場合、あるいは侵害行為の準備がなされている段階にすぎない場合、当然、「侵害の停止」を求めることはできない。しかし、再び侵害行為がなされる可能性が高い場合、あるいは侵害行為の準備がすべて完了し侵害行為がなされる直前までにきているような場合のように「侵害するおそれのある場合」には、侵害予防措置を求めることができる。前者の例としては、海賊版DVDの作成及び販売自体は終了してしまっていたとしても、DVDコピーツールをいまだ所有しているような場合などがその典型である。

③ 上記の差止請求（ないし予防措置請求）をするにあたり、同時に、

　・侵害行為組成物 ─────────┐
　　　　　　　　　　　　　　　　├──── 例：海賊版DVDなど
　・侵害行為による作成物 ───────┘

　・もっぱら侵害行為に供された機械・器具──例：DVDコピーツール、
　　　　　　　　　　　　　　　　　　　　　　　　ダビング機器

の廃棄その他必要な措置を求めることができる。これを除却請求という（法112条2項）。

なお、「もっぱら侵害行為に供された器具」の「もっぱら」とあるのは、例えば、音楽CDの複製に通常のノートパソコンを使用した場合には、このノートパソコンには違法コピー以外の使用方法もあるところから、このノートパソコンの廃棄までは求めることはできない、という意味である。

損害賠償請求

▶ 損害賠償請求には、侵害者の故意または過失が必要である

▶ 損害額については推定等の規定が存在する

▶ 損害賠償請求権は、3年の消滅時効にかかる

損害賠償請求

著作権侵害に基づく損害賠償請求権の根拠規定は、「故意又は過失に基づいて他人の権利又は法律上保護される利益を侵害した者は、これによって生じた損害を賠償する責任を負う」と規定されている民法709条による。

そして、著作権法は、知的財産権の一種である著作権の侵害について、民法709条の特則を定めている、という関係にある。なお、著作権法に規定のない事項は民法の規定に従うことになるため、著作権侵害に基づく損害賠償請求権は、不法行為責任の消滅時効と同じく3年の消滅時効にかかる（民法724条）。

以下に述べる点は、侵害発覚後において、主に訴訟を提起する場合を念頭に置いた規定であり、訴訟法の知識がないと全般的に理解することは難しい。そういう前提で読んでいただきたい。なお、訴訟以前の交渉段階でも、当然、これに基づいた権利行使をすることもあるため、大づかみで理解することが肝要である。

●注意点1──過失について

民法709条による以上、当然、侵害者の故意または過失が必要である。

特許法・意匠法・商標法といった産業財産権（実用新案法を除く）については、特許権・意匠権・商標権の侵害があった場合、侵害者には一般に過失があったものと推定する規定があるが、**著作権法には、このような「過失の推定規定」は存在していない**。これは、著作権の発生につき、実体審査を経て公告されていないことによる。

　民法709条に基づく損害賠償を請求する場合、被侵害者（賠償請求権者）は、当該権利侵害行為によって生じた損害を具体的に立証しなければならない。しかしながら、著作権の侵害に限らず知的財産権の侵害の場合、被った損害（及びその額）を立証することが非常に困難であることが多い。

　このように知的財産権の侵害行為があったとしても、損害額の立証が困難であるがゆえに、訴訟を起こしても敗訴するか非常に僅少な額の賠償額しか立証できないのでは、知的財産権については「侵害のやり得」となってしまいかねない。そこで、著作権法をはじめ知的財産権に関する法律には、以下のように、損害額の立証の負担を軽減する規定が置かれている。

　以下、著作権法の規定について簡単に説明する。なお、以下の規定は、損害賠償の推定等の規定であるため、侵害者において別途の立証手段によって推定を覆すことができるのは当然である。

　以下では、「違法コピー品のソフトウェアの販売」という侵害事例を念頭に置いて説明する。

①法114条1項…損害額＝違法コピー品の販売（譲渡）数量×単位当たりの権利者の利益──と算定

「違法コピー品の販売数量×単位当たりの侵害者の利益」ではない、ということには注意してほしい。侵害者の利益を基準に考えると、違法コピー品などは、権利者の販売額よりも非常に安価な額で販売しているかあるいは無償で配布しているケースもあるため、そのような賠償額の認定では権利者に対する賠償額としては不十分となる。その趣旨から、「権利者の利益」を基準に賠償額を推定する、ということである。

②法114条2項…損害額＝侵害者が違法コピー品の販売により得た利益の額──と推定

　前述の①法114条1項とは異なり、侵害者が違法コピー品の販売により得た利益そのものを、権利者の損害と推定するという規定である。

③法114条3項…損害額＝（最低額として）受けるべき著作物使用料

　これは、当該著作権を第三者に利用許諾（ライセンスの付与）する場合の利用許諾料（ライセンス料）を権利者の損害額とする旨の規定である。

　なお、法114条3項については、同項による金額を支払えば損害の賠償として十分であるということになると、当初から適正に許諾を受けているものと同額を支払えば済むことになり、結果、いわゆる「侵害のやり得」（侵害が発覚して訴訟になっても、最初から適正に許諾料を支払っている者と同額さえ支払えばよい）ということになっ

てしまう。

　そこで、本項による損害額は、最低限の賠償であり、それ以上の賠償額を立証して請求することを妨げないということになっている（法114条5項）。つまり、法114条3項による賠償額は、最低限の賠償額ということになる。なお、著作権や著作隣接権が著作権等管理事業法に基づく管理事業者によって管理されている場合は、その管理事業者が定める使用料規定のうち最も高い金額が本項の損害額となる（114条4項）。

④法114条の5

　損害額を立証するために必要な事実（例えば海賊版の侵害数量などは、侵害者自身が把握していないこともある）を立証することが当該事実の性質上極めて困難であるときや余儀ない値下げをしたときなど、裁判所が弁論の全趣旨及び証拠調べの結果に基づき、相当な損害額を認定することができる、との定めである。

　具体的には、露店で販売する海賊版ソフトについて、侵害行為発覚前の違法販売数の立証は極めて困難である。そこで、侵害行為発覚後の内偵調査によって得た一定期間の違法販売数の証拠に基づいて、過去の侵害についても相当な損害額の認定が可能となる。その他、侵害行為によって余儀なく値下げをした場合や著作物全体の中で自己の著作物自体の価値がそもそも不明なときもこの規定によることがある。

● **注意点3──訴訟上の主張・立証に関する特則** ··

　前記の注意点2では、損害賠償の推定規定について説明したが、その他、著作権侵害事件に特有の訴訟上の主張・立証に関する特則について、主立ったことのみ簡単に説明する。なお、特許法など他の知的財産法にも同様の特則が置かれている。

①侵害の具体的態様の明示

　著作権侵害に基づく損害賠償を請求する訴訟においては、権利者（通常は原告となる）は被疑侵害者（通常は被告となる）による権利侵害の具体的態様を主張し、他方で、被疑侵害者は、これに対し認めるか、否認するかしなければならない。

　法114条の2は、被疑侵害者が、権利者の主張する侵害行為の具体的態様を否認するときには、単純にこれを否認するのではなく、原則として、自己の行為の具体的態様を明らかにしなければならない、と定めている。

②侵害・損害立証のための書類提出命令

　著作権侵害に基づく損害賠償を請求する訴訟において、権利者の申立てにより、裁判所は、被疑侵害者に対し、侵害の有無あるいは損害の立証のために必要な書類の提出を求めることができる（法114条の3）。

　ただし、被疑侵害者において、当該文書が自社にとっての営業秘密等に該当するなど、正当な理由がある場合には提出を拒むことができる。

181

刑事罰

▶ 著作権侵害の場合、民事上の救済とは別に、刑事罰に処せられることがある

▶ 刑事罰であるので、侵害行為者に故意があることが必要である

▶ 会社などの代表者・従業員による侵害の場合、法人自体も処罰されることがある

著作権侵害罪

前記において、著作権を侵害した場合の民事的な救済について説明した。そして、著作権法は、著作権を侵害した場合の刑事罰についても規定がある。つまり、著作権の侵害の場合、民事上の責任（主に損害賠償請求）と刑事上の責任（処罰）を負うことになる。

著作権法上の処罰規定のあらましは、次の表の通りである。

もちろん、これらの規定すべてを把握することは困難であるし、あまり意味のあることではない。以下の基本的事項を押さえておいていただきたい。

なお、平成24年著作権法改正（平成24年10月1日施行）により、いわゆる「違法ダウンロード」（私的使用の目的をもって、有償著作物等の著作権等を侵害する自動公衆送信を受信して行うデジタル方式の録音または録画を、自らその事実を知りながらなす行為）が刑罰化された。

●典型例 ‥‥‥‥‥‥‥‥‥‥‥‥‥‥‥‥‥‥‥‥‥‥‥‥‥‥‥‥‥‥‥‥‥‥

典型的には、海賊版を複製・販売するなど著作権侵害行為を行った者は、10年以下の懲役もしくは1000万円以下の罰金（あるいはこれらの併科）に処せられる。

●故意犯 ‥‥‥‥‥‥‥‥‥‥‥‥‥‥‥‥‥‥‥‥‥‥‥‥‥‥‥‥‥‥‥‥‥‥

これは刑法の大原則なのであるが、**著作権侵害罪も犯罪行為である以上、その成立には行為者の故意が必要であって、過失があるにとどまる場合には犯罪が成立しない。**

著作権の侵害と救済

対象となる行為	刑事罰の内容	親告罪（※）
著作権・出版権・著作隣接権の侵害（私的複製の例外違反、輸入・頒布〈輸出〉・プログラム・権利管理情報・環流防止対象レコードに係るみなし侵害を除く）	10年以下の懲役もしくは1000万円以下の罰金またはこれらの併科（法119条1項）	親告罪（例外あり）
著作者人格権・実演家人格権の侵害	5年以下の懲役もしくは500万円以下の罰金またはこれらの併科（法119条2項1号）	親告罪
著作権・出版権・著作隣接権の侵害物品の頒布目的の輸入行為、情を知って頒布または頒布目的の所持行為、業としての輸出または輸出目的の所持	5年以下の懲役もしくは500万円以下の罰金またはこれらの併科（法119条2項3号）	親告罪
侵害著作物等利用容易化ウェブサイト等の公衆への提示	5年以下の懲役もしくは500万円以下の罰金またはこれらの併科（法119条2項4号）	親告罪
侵害著作物等利用容易化プログラムの公衆への提供等	5年以下の懲役もしくは500万円以下の罰金またはこれらの併科（法119条2項5号）	親告罪
プログラムの違法複製物を業務上電子計算機において使用する行為	5年以下の懲役もしくは500万円以下の罰金またはこれらの併科（法119条2項6号）	親告罪
営利目的による自動複製機器の供与	5年以下の懲役もしくは500万円以下の罰金またはこれらの併科（法119条2項2号）	親告罪
私的使用の目的をもって、有償著作物等の著作権等を侵害する自動公衆送信を受信して行うデジタル方式の録音または録画を、自らその事実を知りながらなす行為	2年以下の懲役もしくは200万円以下の罰金、またはこれらの併科（法119条3項）	親告罪
私的使用の目的をもって、有償著作物の著作権を侵害する自動公衆送信を受信して行うデジタル方式の複製（録音・録画を除く。）を、自らその事実を知りながら継続的又は反復してなす行為		親告罪
著作者及び実演家が死亡後の、著作者・実演家人格権侵害	500万円以下の罰金（法120条）	非親告罪
技術的保護手段の回避もしくは技術的利用制限手段の回避を行う専用装置またはプログラムを公衆へ提供する行為、業として前記回避を行う行為	3年以下の懲役もしくは300万円以下の罰金またはこれらの併科（法120条の2）	非親告罪
侵害コンテンツへのリンクの提供		親告罪
不正なシリアルコードの提供等		親告罪
営利目的による権利管理情報の改変など		親告罪
営利を目的として、国外頒布目的商業用レコードを情を知って輸入し、国内において頒布し、頒布目的で所持し、著作権などを侵害する行為とみなされる行為		親告罪

対象となる行為	刑事罰の内容	親告罪(※)
著作者名を偽って著作物の複製物を頒布する行為	1年以下の懲役もしくは100万円以下の罰金またはこれらの併科（法121条）	非親告罪
国内の商業用レコード製作業者が原盤の提供を受けて作成した商業用レコード、及び外国で製作された外国原盤の商業用レコードを、商業用レコードとして複製し、その複製物を頒布する行為	1年以下の懲役もしくは100万円以下の罰金またはこれらの併科（法121条の2）	親告罪
出所の明示を怠ったまま、著作物の引用などを行う行為	50万円以下の罰金（法122条）	非親告罪
秘密保持命令に違反した行為	5年以下の懲役もしくは500万円以下の罰金またはこれらの併科（法122条の2）	親告罪

※親告罪…殺人罪や窃盗罪などの通常の刑法犯と異なり、公訴提起のために捜査機関に対する被害者の告訴が必要となる犯罪。著作権侵害に対する刑事罰の多くは親告罪である。次項の親告罪の説明を参照。

　ただ、侵害者が「私は著作権侵害となることについて知らなかった」といい張っただけでは、故意がないことにはならない。この点は、刑事裁判で「故意があったかなかったか」との認定の問題となる。

●親告罪··

　表にある通り、ほとんどの著作権侵害罪は、親告罪である。つまり、権利者の告訴があって初めて刑事事件となる。しかし、法119条1項の罪については、利益を得る目的、又は、権利者の利益を害する目的で、有償著作物等について原作のまま譲渡・公衆送信又は複製を行った場合（当該有償著作物等の提供・提示により得ることが見込まれる権利者の利益が不当に害される場合に限る）は非親告罪となる。

　なお、有償著作物等とは、有償で公衆に提供又は提示されている著作物等である。

●両罰規定··

　株式会社などの法人の代表者や従業者が前記の著作権侵害行為を行った場合には、当該代表者や従業員のほか、併せて当該法人にも3億円以下の罰金刑が科される。代表者や従業員などの個人の処罰と併せて法人も処罰されることから「両罰規定」といわれている。

184

問題 著作権が侵害された場合に関する次の記述のうち、正しいものはどれか。

ア▶ 著作物の複製物が、著作権者の許諾なく作成され販売されていることを見つけた場合、侵害行為が故意または過失によるものでなくても、著作権者はその複製物の廃棄を求めることができる。

イ▶ 故意ではなく、過失によって著作権を侵害してしまったにすぎない者に対しては、損害賠償の請求を求めることはできないが、侵害の差し止めを求めることはできる。

ウ▶ 著作権侵害行為があった場合、特許法の場合と同じく、著作権法でも過失の存在が推定される。

エ▶ 著作権法に規定のある著作権侵害罪は、侵害者に故意がなくとも成立し得る。

正答・解説は216ページ参照

第11章　著作権の侵害と救済

第12章 著作権の周辺問題

12-1 肖像権・パブリシティ権など

重要まとめポイント

- ▶ 著作権と所有権は、概念の異なる別個の権利である
- ▶ 肖像権と著作権の問題は、個別に検討する必要がある
- ▶ パブリシティ権は著名人などの名称や容貌の利用をコントロールする権利である
- ▶ 物のパブリシティ権は、現在のところ認められていない

著作権法の周辺問題

ここまで著作権法について説明してきたが、以下、著作権法の周辺問題について、簡単に説明する。

●著作権と所有権

例えば、絵画などの著作物の場合、絵画そのものの所有権と、絵画に関する著作権との関係は整理しておきたい。この点は、第1章2節の「著作権と所有権の相違」にて説明した。

なお、ビジネスソフトウェアのパッケージを購入した場合において、ソフトウェアが記録されているDVDなどの所有権は、通常購入者に帰属するものと思われる（DVDなどの媒体の所有権を権利者に留保する旨定めているケースもある）。この場合、DVDを所有しているからといって、当該ソフトウェアのプログラムの著作物の著作権まで取得したことにならないのは、いうまでもなく当然のことである。DVDを所有しているにしても、これを利用して自分のコンピューターにインストールしてこれを利用することができる利用許諾を得ただけにとどまる。

●肖像権

肖像権とは「**個人の私生活上の自由の一つとして、何人も、その承諾なしに、みだりにその容貌・姿態を撮影されない自由**」のことをいう（「京都府学連事件」最高裁昭和44年12月24日判決）。

具体的には、無断で撮影された顔写真を無断でホームページや雑誌に掲載することは、肖像権の侵害となる、ということである。このことは、当該写真につき著作権を有するかどうかとは別の問題である。

例えば、被写体を登山家A、撮影者を写真家B、ホームページ掲載者をCとする。

この場合に、Bが登山家Aの登山の様子をその広大な風景とともに撮影した場合には、その写真は著作物となるであろうし、Bは著作権者となろう。そして、CがBの許諾を得て、この写真をホームページに掲載することは、Bの写真の著作物の公衆送信権を侵害することはないが、Aとの関係は別である。Bがその撮影に際し、またはCがその掲載に際し、Aの同意を得ていない場合には、BもCもそれぞれAの肖像権を侵害することになる。

上記にほど近い事例として、いわゆる「映り込み」の問題がある。例えば沖縄の美しい海辺の様子を写真に収めた場合に、ちょうど居合わせて写真に写ってしまった観光客が十数人いるとして、その写真を出版しようという場合には、個別の観光客の同意を得ておく必要があるだろうか、という問題である。これは非常に難しい問題であり、映り込みの態様やその人数などにもかかわる問題であるので、こういう問題点があるという指摘のみにとどめておく。

●パブリシティ権

パブリシティ権とは「顧客吸引力のある人の氏名・容貌・姿態等の有する経済的利益ないし価値を排他的に支配する権利」といわれる。"顧客吸引力のある人の氏名・容貌・姿態等"とは仰々しいが、要するに有名人の名前や容貌はそれだけでコマーシャル的価値がある、ということである。

例えば、同じ野球用グラブでも「イチローモデル」あるいは「松井秀喜モデル」という商品名を付せば、それだけでその商品価値は跳ね上がる、といえば分かりやすいだろうか。他の例でいえば、同じカレンダーでも、AKB48の写真を掲載したりするなど有名芸能人の容貌を掲載するだけで、その価値は格段に跳ね上がる。

これが、例えば、他者の有名な商品名（商標）の冒用であれば商標登録により商標権によって保護されるし、人気のアニメキャラの画像の冒用であれば著作権によって保護される。

しかし、「著名人の名称」については、ぴったり当てはまる知的財産権はない。また、「著名人の容貌」については写真の著作物でカバーできることが多かろうと思われるが、その権利者は被写体自身ではなくカメラマンであるという問題点がある。

そこで、こういった著名人の名称や容貌について、当該著名人自らコントロールする権利をパブリシティ権と呼んでいる、そういう理解でよい。

一般に著名人のパブリシティ権については、当該著名人と所属団体との間の契約により、各芸能事務所（芸能人の場合）や所属球団（プロ野球選手の場合）に管理が委託されているケースも多い。

物のパブリシティ権

パブリシティ権とは、顧客吸引力のある個人識別情報の有する経済的利益ないし価値を排他的に支配する権利、というのは前記の通りである。そこでは、「個人識別情報」という通り、「著名人」のそれを前提としている。

それでは、オグリキャップやトウカイテイオーのような著名な「競走馬」にも（正確には著名な競走馬のオーナーにも）同様のパブリシティ権が認められるであろうか。

法律上、人間以外の動植物は、「物」として取り扱われるので、この問題はいわゆる「**物のパブリシティ権**」（物パブ）の問題といわれている。この点、著名な競走馬の場合その名称に顧客吸引力があることは明白であって、だからこそ、競走馬育成シミュレーションゲームでも、実名を表記されたものの方が（同じゲーム性であれば）価値が高く購買意欲もそそられるであろう。

しかしながら、この点に関して争われた「**ギャロップレーサー事件**」（最高裁　平成16年2月13日判決）では、結論として**物のパブリシティ権は否定されている**。その根拠とするところは、競走馬のオーナーは、競走馬の所有権を有しているところ、それは有体物としての面に対する排他的権利であって、名称などの無体物としての面に対する排他的権利ではない、というところにある。

12-2 〔上級〕 著作権法上の保護が及ばない場合の不法行為責任

重要まとめポイント

▶ 著作権法の保護が及ばない場合でも、不法行為責任を負うことがある

著作権法上の保護が及ばない場合の不法行為責任

あるものが著作物に該当しない結果、その無断利用（複製など）について著作権法上の保護が及ばない場合でも、その無断利用者に対して不法行為責任を追及することができる場合がある。例えば、単なるデータの集合体（ファクトデータベース）については、たとえどんなにデータの収集に多大な労力・費用がかかったとしても、データベースの著作物ではない以上、著作権法上の保護を受けることはできない。

しかし、そのような他人の労力にフリーライドする行為が全面的に許されるものではなく、このような場合、**民法709条の「保護に値すべき利益」の侵害**として、賠償責任が認められることがある。このことは、第2章3節「データベースの著作物」の項にて前述した。

自動車整備業用データベース事件（東京地裁平成14年3月28日判決）

　　実在の自動車につき、車検証に記載されている項目と車種に関する情報を、型式番号の古いものから取りまとめたデータベースを作成・販売するX社が、同様のデータベースを販売するY社に対し、著作権侵害などを主張した事件。

　　Y社のデータベースには、X社のデータベースにおける誤入力やダミーデータまでもがそのまま包含されており、Y社のデータベースはX社のデータベースを複製したものであった（※この点については、第11章1節「著作権侵害の要件」の項〈依拠の立証〉を参照）。

　　しかしながら、「実在の自動車につき、車検証に記載されている項目と車種に関する情報を、型式番号の古いものから取りまとめたデータベース」というX社のデータベースは、「情報の選択または体系的構成」のいずれにも創作性がないため、データベースの著作物とは認められず、X社の著作権侵害に基づく請求は認められなかった。

しかしながら、裁判所は、「人が費用や労力をかけて情報を収集、整理することでデータベースを作成し、そのデータベースを製造販売することで営業活動を行っている場合において、そのデータベースを複製して作成したデータベースを、その者の販売地域と競合する地域において販売する行為は、公正かつ自由な競争原理によって成り立つ取引社会において、**著しく不公正な手段を用いて他人の法的保護に値する営業活動上の利益を侵害するものとして、不法行為を構成する場合がある**」と判示し、Y社の不法行為責任を認めている。

他の例として、「記事の見出し」のような極めて短い文章を無断で流用する場合などがある。

記事の見出しのような極めて短い文章は、それ自体著作物となることはほとんどないといってよい。しかし、その記事の見出しの利用の方法いかんによっては、不法行為責任を負うことがあり得る。

ヨミウリオンライン事件（知財高裁 平成17年10月6日判決）

インターネット上に記事を配信する新聞社Xが、その記事の見出しを無断で流用し、その見出しに対応するインターネット上の記事部分にリンクを張るYに対し、著作権侵害などを主張した事件。

X社は、著名ポータルサイトYahoo!に対し、記事見出しの使用と当該記事へのリンク行為について有償で許諾しており、その記事見出しは「Yahoo!ニュース」のサイトに掲載され、同見出しにはヨミウリオンラインというX社のサイト上に掲載されている当該記事へのリンクが張られていた。こういった事情下で、Yは、「Yahoo!ニュース」上に掲載されている記事見出し及びその見出しに張られているリンク情報をもとに、自らのサービス（ライントピックスサービス）を更新していた。

裁判所は、記事の見出し自体については創作性を否定し、著作権侵害に基づく主張を認めなかった。しかし、当該記事見出しの生成過程には取材などの多大な労力・費用がかかっていること、X社には記事見出しの使用と当該記事へのリンク行為について有償で許諾しているという実績があること、Y社の行為はX社に無断で行われ、営利目的で反復継続して行われていたことなどを勘案して、Y社の不法行為責任を若干の額ながら認めている。

問題 Aさんは、ある著名なアイドルグループの写真集を無断でコピーし、さらに、自社製品のイメージキャラクターとして勝手にアイドルグループの名称も出してパンフレットなどを作成して配布していた。この事例に関する次の記述のうち、正しいものはどれか。

ア▶ 有名な人物の写真は、著作権で保護されず、パブリシティ権の侵害ともならない。

イ▶ 著名なアイドルグループの人気に無断で便乗して自社製品の売り上げ増を図ったもので、パブリシティ権の侵害となるが、写真の著作権侵害は問えない。

ウ▶ 人物写真であっても写真の著作物となり得るが、この場合はパブリシティ権の侵害とはならない。

エ▶ 写真の著作権の著作権侵害であり、アイドルグループのパブリシティ権の侵害でもある。

正答・解説は216ページ参照

著作権・著作隣接権に関する国際条約等

13-1 上級 国際条約（ベルヌ条約、万国著作権条約）

重要まとめポイント

▶ ベルヌ条約、万国著作権条約の概要

▶ 国際条約と著作権法の適用関係

国際条約（ベルヌ条約、万国著作権条約）

① 著作権等に関する国際条約

　日本の漫画本やアニメーションDVDが海外でも販売されているように、著作物は国を越えて流通し利用されているが、わが国の著作権法は、日本国内のみでしか効力が及ばない。このようなことから、国際間における著作物の円滑な流通・利用と著作者をはじめとする権利者を保護するための著作権等に関する条約が存在し、数多くの国が加盟している。

　著作権法に関連する国際条約は下記の通りである。ここでは、その中でも主要な条約であるベルヌ条約、万国著作権条約、TRIPS協定の概要を説明する。

著作権に関する条約
ベルヌ条約、万国著作権条約、WIPO著作権条約
著作隣接権に関する条約
実演家等保護条約、レコード保護条約、WIPO実演・レコード条約
その他
TRIPS協定、ブラッセル条約、タイプフェースの保護及びその国際寄託に関するウィーン協定、視覚障害著作物の国際登録に関する協定

⑴ベルヌ条約

　正式名称は「文学的及び美術的著作物の保護に関するベルヌ条約」。1886（明治19）年に成立し、1971（昭和46）年のパリ改正条約まで数度の改正を経ている。日本は1899年に加盟している。2010（平成22）年3月時点で、英国、フランス、ドイツ、米国、中国など164カ国・地域が加盟している。ベルヌ条約の概要は以下の通りである。

［ア］保護の対象となる著作物

　保護の対象となる著作物は、表現の方法または形式のいかんを問わず、文芸、学術及び美術の範囲に属するすべての製作物を含むとされている（ベルヌ条約2条⑴）。

　また、①本条約加盟国の国民（非加盟国の国民でも加盟国に常居所のある者は締結国国民とみなされる）の著作物、または、②非加盟国国民のものであっても、加盟国で第一次発行された著作物が保護される（同条約3条）。

　例えば、加盟国である米国の国民の著作物は、日本においても保護の対象となる。

［イ］ベルヌ条約の原則

（ア）内国民待遇の原則

　著作者が加盟国の国民である場合は、他の加盟国においてその国が自国民に与える保護と同等の保護を受けることができる（同条約5条⑴）。

　例えば、著作者が日本国民であっても、米国においては米国の著作権法による保護を受けることができる。

（イ）無方式主義の原則

　著作権の享有や行使には、登録などのいかなる方法も必要とされない（同条約5条⑵1文）。

（ウ）権利独立の原則

　著作権の享有や行使には、当該著作物の本国における保護の存在にかかわらない（同条約5条⑵2文）。

（エ）属地主義の原則

　著作物の保護の範囲及び著作権を保全するために保障される救済の方法は、もっぱら保護が要求される締結国の法令の定めるところによる（同条約5条⑵3文）。したがって、権利者は、その著作物が利用される国の著作権法により権利主張することとなる。

（オ）遡及原則

　条約の発行前に創作された著作物であっても、条約が発効したときにその本国において保護期間の満了により公有となったものを除き、保護することとされている（同

第13章　著作権・著作隣接権に関する国際条約等

条約18条)。

[ウ] ベルヌ条約に定められた権利

〈著作者人格権〉

　著作者は、著作者が創作者であることを主張する権利（氏名表示権）及び著作物の改変やその他の行為により名誉または声望を害されることを防ぐ権利（同一性保持権など）を有する（同条約6条の2(1)）。

　また、これらの権利は、著作者の死後においても、複製権などの財産的権利が消滅するまで存続する（同条約6条の2(2)）。

〈財産的権利〉

　①翻訳権、②複製権、③上演権・演奏権等、④放送権等、⑤朗読権等、⑥翻案権・編曲権、⑦映画化権・上映権、⑧追求権

(2)万国著作権条約

　方式主義を採用しているなど国内法の関係で、無方式主義などを採用するベルヌ条約に加盟できない国のために、ベルヌ条約加盟国と架橋するものとして国際連合教育科学文化機関（ユネスコ）が中心となり1952（昭和27）年に成立した条約である。日本は1956年に加盟している。

　2010（平成22）年3月時点で、米国、英国、フランス、ドイツ、中国など100カ国が加盟している。もっとも、米国をはじめとする方式主義を採用していた国などの多くも国内法を改正して無方式主義を採用するなどして、ベルヌ条約に加盟している。

　万国著作権条約の概要は、以下の通りである。

[ア] 内国民待遇の原則

　加盟国国民の著作物や加盟国で第一次発行された著作物は、他の加盟国において、その加盟国の国民と同一の保護を受ける（万国著作権条約2条）。

[イ] ⓒ表示

　国外で第一次発行された他国民が著作者である著作物について、最初の発行のときから、①著作権者名、②最初の発行年、③記号「ⓒ」の表示をしていれば、方式主義の国においても著作物として保護される（同条約3条）。

[ウ] 不遡及原則

　条約の効力発生の日において、当該加盟国において保護期間の満了により公有となっている著作物や、保護を受けたことのない著作物については適用されない（同条約7条）。すなわち、条約発効後に創作されたり、発行された著作物のみが保護の対象となるのである。

194

［エ］ベルヌ条約と万国著作権条約の適用関係

　ベルヌ条約と万国著作権条約の両方の条約が適用される場合には、ベルヌ条約が優先適用される（同条約17条）。

⑶ TRIPS協定…「知的所有権の貿易関連の側面に関する協定」（Trade-Related Aspects Of Intellectual Property Rights）

　著作権、特許権、商標権、意匠権等の知的所有権全般の国際的保護のための基準及びその確保のための手段について規定した協定であり、世界貿易機関（WTO）設立協定の附属書の一つである。

　この協定は、既存の条約では権利執行規定が不十分であり、保護の実効性を上げにくいこと、既存の条約では国際紛争を解決する手続としては国際司法裁判所への提訴などがあるだけであり、機動性に欠けるなどの事情があったことから設けられたものといわれている。

　TRIPS協定の著作権関連部分の概要は以下の通りである。

［ア］内国民待遇（3条）

　加盟国は、他の加盟国国民に対して、自国民よりも不利でない待遇を与えること。

［イ］最恵国待遇（4条）

　他のある国に与える利益などは、他の加盟国にも同様に付与すること。

［ウ］ベルヌ条約に規定する保護内容の遵守（9条）

［エ］プログラムに対する保護（10条）など

② **国際条約と著作権法の関係性**･･

　法5条は、「著作者の権利及びこれに隣接する権利に関し条約に別段の定めがあるときは、その規定による」と規定しており、わが国の著作権法と条約の定めが抵触する場合は、条約の定めが優先することとなる。

　もっとも、わが国の著作権法は、締結している条約の内容に適合するよう著作権法を整備しており、条約が優先して適用されることは原則としてない。

外国人が創作した著作物の取り扱い（著作権法による保護を受ける著作物）

▶ 日本人と外国人の共同著作物も「日本国民の著作物」に該当すること

▶ 条約関係にない外国人が創作した著作物であっても、最初に国内で発行されれば、著作権法の保護を受けることができること

外国人が創作した著作物の取り扱い（著作権法による保護を受ける著作物）

① 保護を受ける著作物

法6条は、「著作物は、次の各号のいずれかに該当するものに限り、この法律による保護を受ける」として、

「一　日本国民（わが国の法令に基づいて設立された法人及び国内に主たる事務所を有する法人を含む。以下同じ）の著作物

二　最初に国内において発行された著作物（最初に国外において発行されたが、その発行の日から三十日以内に国内において発行されたものを含む）

三　前二号に掲げるもののほか、条約によりわが国が保護の義務を負う著作物」

と、著作権法により保護を受ける著作物について定めている。

② 日本国民の著作物（法6条1号）

法6条1号は、日本国民の著作物の保護を定める。したがって、日本国民が創作した著作物は、未発行のものでも、海外で発行したものでも、日本国民が海外で創作したものであっても、著作権法による保護を受ける。

また、日本の法令に基づいて設立された法人及び国内に主たる事務所を有する法人も日本国民に含まれる（法6条1号括弧書き）。

さらに、共同著作者の中にベルヌ条約などの条約を締結していない外国の国民が含まれているような共同著作物であっても、共同著作者の中に一人でも日本国民がいれば、「日本国民の著作物」に該当する。例えば、外国で創作された共同著作物の共同

著作者に日本人がいれば、「日本国民の著作物」となり、日本国内では、著作権法により保護される。

③ 最初に国内において発行された著作物（法6条2号）......................................

　法6条2号は、最初に日本国内において発行された著作物の保護を定める。したがって、日本と条約関係にない外国人が創作した著作物であっても、日本において最初に発行されたものは、日本国民の著作物と同様の著作権法による保護を受ける。

　また、「最初に国外において発行されたが、その発行の日から三十日以内に国内において発行されたもの」は、日本と条約を締結していない国と日本で、同時に著作物を発行したものとして、日本で最初に発行されたものと同視する。

　したがって、日本と条約関係にない外国人が、①外国で創作した著作物を最初に日本で発行したときや、②日本国内で創作した著作物をまず日本と条約関係にない外国で発行し、その日から30日以内に日本で発行したときも、著作権法による保護を受けることができる。

④ 条約により日本が保護の義務を負う著作物（法6条3号）....................................

　法6条3号は、条約による著作物の保護を定める。

　したがって、前節で述べた日本が加盟するベルヌ条約などにより保護が義務付けられている著作物は、著作権法による保護を受ける。

　すなわち、加盟国の国民が創作した著作物であっても、ベルヌ条約などの内国民待遇の規定により、わが国の著作権法の保護を受けることができる。

問題 保護を受ける著作物に関する次の記述のうち、正しいものの組み合わせはどれか。

1 ▶ 中国の観光ガイドブックを共同で作った3人の著作者のうち1人でも日本人が含まれていれば、そのガイドブックは日本の著作権法による保護を受ける。

2 ▶ インドにおいて日本人プログラマーが作成したプログラムは、未公表であっても日本の著作権法の保護を受ける。

3 ▶ 最初に外国で発行された楽曲は、その20日後に日本においてその楽曲の音楽CDが発売されても、日本の著作権法による保護は受けない。

4 ▶ 米国の会社が米国で製作した映画は、日本で公開されない限り、日本の著作権法による保護は受けない。

ア ▶ 1と2　　イ ▶ 2と3　　ウ ▶ 3と4　　エ ▶ 1と4

正答・解説は217ページ参照

著作権・著作隣接権に関する国際条約等

14-1 [上級] ビジネス類型毎の留意点

重要まとめポイント

▶ 各ビジネス類型毎に登場する関係者と、その関係者がどのような
権利を有しているのかを把握すること

■ ビジネス類型毎の留意点

1 著作権ビジネス

著作権ビジネスとは、著作物を利用したビジネスのことをいうが、主なものでは、出版ビジネス、音楽ビジネス、映画ビジネス、放送ビジネス、ソフトウェアビジネスなどがある。

これら著作権ビジネス全般の特徴は、著作物が無体物であるため、一つの著作物を何度でも利用できること、商品やサービスの流通のための契約に加えて著作権の利用についての契約が必要であることなどがある。

以下、これらのビジネス類型ごとに著作権にかかわる留意点について触れることとしたい。

2 出版ビジネス

小説や漫画などの出版の際には、作家と出版社との間で出版契約が締結されるが、この契約は複製、頒布の許諾などを内容とする『出版許諾契約』による場合と出版権の設定と頒布の許諾などを内容とする『出版権設定契約』のいずれかによりなされることが多い。

出版権の設定は、対抗力を備えることができ準物権的効力を有するので、出版の許諾の場合よりも、作家に支払う対価が一般的には高いといわれている。したがって、

雑誌などでの短期の利用の場合は、出版許諾契約、長期の利用の場合は、出版権設定契約が適する。

3 音楽ビジネス ·······

音楽ビジネスには、多くの関係者がいるため、どの関係者がどのような権利を有しているのかを把握する必要がある。また、著作権と著作隣接権では、認められる権利が異なるため、著作権者から許諾を得る必要があるが、著作隣接権者はその必要がない場合も生じる。

例えば、スーパーで音楽CDを商品の販促目的で再生する場合、その音楽の著作権者から演奏権の許諾を得る必要があるが、著作隣接権者である実演家、レコード製作者には演奏権がないため、これらの者から許諾を得る必要はない。

4 映画・放送ビジネス ·······

映画の著作物の場合、著作者については法16条の定めが、著作権者については法29条の定めがあるので、関係者の内、誰が著作者、著作権者なのか注意が必要である。

ちなみに、ある一定規模の映画ビジネスの場合は、映画を自ら製作した会社が著作者である場合（法15条）や、映画製作者に著作権が帰属する場合（法29条）が多い。

また、映画やテレビ番組のDVDビデオ化など、映画の著作物を二次的に利用する場合には、著作権者（原作、脚本、映画音楽の著作権者など）の許諾だけでなく、実演家などの著作隣接権者の許諾も必要となる場合がある。

もっとも、映画を製作する際に、録音・録画の許諾を受けてなされた実演については、映画をDVD化するにあたっては、実演家の許諾は不要である（法91条2項）。

他方、テレビ番組の製作においては、録音・録画の許諾を得ずに放送の許諾（法92条）のみを得て収録されている場合が多いため、このテレビ番組をDVD化するにあたっては、実演家の許諾が必要となる。

5 ソフトウェアビジネス ·······

ソフトウェアビジネスとしては、ソフトウェアが記録されたCDなどを使用許諾を受ける権利を付けて販売したり、ソフトウェア開発の委託・受託などが考えられる。

前者については、ソフトウェア製作者が、そのソフトウェアの使用許諾を受ける権利が付いた複製物を販売者に譲渡し、販売者がユーザーに対しその複製物を販売するという取引形態がとられるケースが多い。

著作権法上は、適法に複製された著作物の複製物を使用すること自体は本来自由であるため、ソフトウェア製作者は、ユーザーとの間で使用に制限を加える契約を締結する必要がある。

　もっとも、ソフトウェア製作者は販売店を通じてユーザーにソフトウェアを提供する場合、直接契約書を交わすことは困難である。そこで、パッケージを開封することにより使用許諾契約が成立する（シュリンクラップ契約）としたり、ソフトウェアを最初に起動した際に、使用許諾契約を表示させ、ユーザーが承諾する場合は承諾するボタンをクリックすることにより使用許諾契約が成立する（クリックオン契約）とする場合が多い。

　なお、これらの契約については、包装を開封したり、ボタンをクリックする行為がユーザーによる承諾といえないなどとその契約の有効性が問題となることがある。ソフトウェア製作者としては、ユーザーがこれらの行為を行う前に使用許諾契約の内容を十分に知ることができるように、その内容を明確に表示する必要があるといえよう。

　なお、ソフトウェア開発の委託・受託の留意点については、第15章を参照のこと。

重要まとめポイント

▶ 信託とはどういうものかを理解すること

▶ 著作権信託のメリット

著作権信託について

信託とは、一定の目的のために財産や権利などを第三者に移転して管理を委託し、委託を受けた者（受託者）がその目的のために財産などを管理することをいう。

著作権の場合、例えば、著作権を受託者に移転させて、受託者に著作権を管理させ、受託者がその著作権の利用を有償で許諾するなどして、利用者から支払われる利用料を著作権者に分配する場合などである。

著作権者としては、自己が著作権を有する著作物がどのように利用されているかを把握したり、利用者に個別に対応するには、その著作物の性格や利用態様によっては大変な労力を要するところ、著作権管理についてのノウハウや物的人的設備を有する者に自己の有する著作権を信託することにより、簡便に自己の著作権の管理をすることができるというメリットがある。

| | 信 託 | | 利用許諾 | |
| 著作権者 | 利用料を分配 | 受託者 | 利用料支払い | 利用者 |

平成16年の信託業法の改正により、著作権を含む知的財産権についても信託が可能となり、受託者も金融機関だけでなく事業会社も参入が可能になった。なお、信託財産の処分を目的とする信託業務を行うには、信託業法に基づく免許（信託業法3条）または登録（同法7条1項）が必要となる。

ただ、受託者に著作権を信託譲渡した場合に受託者が侵害者に請求できる損害賠償額をどのように算定するのかなどの問題があり、信託制度は十分に利用されているとはいえないのが現状である。

著作権ビジネス

第15章

著作物の製作を委託・受託する際の留意点

一般的な著作物
（Webサイト・ポスターなど）の場合

▎重要まとめポイント

▶ 成果物に関する権利が、委託者、受託者のいずれに帰属するのか
を把握すること

▶ 受託者に著作権が権利帰属する場合、委託者が権利を利用するに
あたっての権利処理方法を理解すること

著作権の帰属、納品物の権利帰属・権利処理の問題点

1 はじめに

ポスターの製作など著作物の作成を依頼した場合（ソフトウェアの製作の依頼は除外する。これについては次節で述べる）、その成果物としては、印刷されたポスターやポスターのデータなどが考えられる。

これらの著作物の製作を委託・受託するにあたり、その製作による成果物についてどのような権利が発生し、誰に帰属するのかが、委託者及び受託者の重大な関心事となる。

この点、成果物がポスターなどの著作物であれば、その著作物について著作者人格権や著作権が発生するし、ポスターを印刷したものやポスターの電子データをDVD-Rなどに記録したものが納品物である場合は、これら有体物については、物の支配権たる所有権が発生する。

2 著作権・著作者人格権の帰属

「著作物を創作する者」（法2条2号）である「著作者」が著作者人格権及び著作権を取得する（法17条1項）。

したがって、ポスターなどの著作物の製作委託においては、製作を受託した者がその著作権及び著作者人格権を取得することになる。もっとも、委託者もポスターの製作に深くかかわり、共同して製作したといえるような場合は、そのポスターは共同著作物となり、委託者及び受託者がその著作権の共有者となることもあろう。

　また、委託者が撮影した写真をポスターに利用しているような場合であれば、そのポスターは、委託者の写真の著作物の翻案物に該当する場合もある。このような場合、ポスターは写真の著作物の二次的著作物に該当し、二次的著作物の著作権は受託者が取得するが、その原著作物の著作者である委託者も二次的著作物の利用に関する受託者の権利と同じ権利を取得することとなる。

　受託者に委託者の依頼に基づき製作された著作物の著作権が帰属するとなると、委託者がこれを複製して頒布したり、ポスターのデータを委託者の運営するホームページに掲載したり、そのポスターに手を加えたりする場合などに、受託者の許諾を得る必要が出てくる。

　そこで、委託者としては、受託者と製作委託契約を締結する際、その成果物の著作権を自己に譲渡する旨の条項を盛り込むこととなる。

　もっとも、受託者から著作権の譲渡を受けることが難しい場合は、著作権の一部を譲り受けたり、予想される利用行為についてあらかじめ許諾を受けるなどして対応せざるを得ない。

　なお、著作権を譲渡する際、法27条（翻案権）及び法28条（二次的著作物の利用に関する原著作者の権利）が譲渡の目的として明記されていない場合は、これらの権利は譲渡した者に留保される（法61条2項）ことになる。したがって、委託者が成果物であるポスターなどの翻案を予定している場合は、必ず契約書に法27条及び法28条の権利も譲渡の対象であることを明記しておくべきであろう。また、著作者人格権は譲渡できず（法59条）、著作者である受託者がその権利を有したままになるので、契約実務上著作者人格権の不行使を定めておくことが多い。

③ 納品物の権利帰属

　納品物が印刷されたポスターや電子データが記録されたDVD-Rなどの有体物の場合、これらを受託者が用意したものであれば、受託者に所有権が帰属していることになるので、委託者は契約によりその所有権を自己に移転させることとなる。

　なお、所有権の移転時期については、「納品時」ないしは「委託料完済時」とすることが一般的である。

ソフトウェアの場合

▶ 成果物に関する権利が、委託者、受託者のいずれに帰属するのか を把握すること

▶ ソフトウェア委託契約の特徴を踏まえた、権利処理方法を理解す ること

著作権の帰属、納品物の権利帰属・権利処理の問題点

① ソフトウェアとは

ソフトウェアとは、ハードウェア（コンピューターを構成する電子回路や周辺装置 など形のあるものを指す）を制御したり動作させたりする技術や情報をいう。そして、 プログラムとは「プログラム言語を使って記述された処理命令や手順」のことをいう。

なお、ソフトウェアとプログラムという用語は同じ意味で使われることが少なくな いが、ソフトウェアはプログラムだけでなく、プログラムを利用するためのマニュア ルやプログラム作成過程でできたシステム設計書なども含む。これらのプログラム以 外の資料は、文書（言語の著作物）や図面（図形の著作物）として著作権の対象となる。

また、プログラムであっても、誰がプログラミングしても同じになるようなものに は創作性があるとはいえないので、このようなプログラムは「プログラムの著作物」 に該当せず、著作権の帰属の問題は発生しない。

② 著作権・著作者人格権の帰属

ソフトウェア開発の過程で生じる著作物としては、上記の通り、プログラムの著作 物やマニュアルなどの言語の著作物、フローチャートなどの図面などの図形の著作物 などがある。

そして、「著作物を創作する者」（法2条2号）である「著作者」が著作権及び著作 者人格権を取得する（法17条1項）ことから、プログラムやマニュアルを作成した 者がこれらの著作権を取得する。

したがって、ソフトウェアの開発委託においては、開発を受託した者がこれらの著作権を取得することになる。もっとも、委託者もソフトウェアの開発に深くかかわり、共同して開発したといえるような場合は、プログラムやマニュアルなども共同著作物となり、開発委託者及び受託者がその著作権の共有者となることもあろう。

　受託者にソフトウェアの著作権が帰属するとなると、委託者がこれを複製して頒布したり、バージョンアップさせて別個の創作性を有するプログラムを作成したりする場合などに、受託者の許諾を得る必要があり、煩雑であるだけでなく、許諾を得ることができない場合、そもそもソフトウェア開発した目的が達成されない場合もありうる。

　そこで、委託者としては、受託者と開発委託契約を締結する際、開発するソフトウェアの著作権を自己に譲渡する旨の条項を盛り込むこととなる。

　なお、著作権を譲渡する際、法27条（翻案権）及び法28条（二次的著作物の利用に関する原著作者の権利）が譲渡の目的として明記されていない場合は、これらの権利が譲渡した者に留保される（法61条2項）ことになるので、委託者がソフトウェアの翻案を予定している場合は必ず、契約書に法27条及び法28条の権利も譲渡の対象であることを明記しておくべきであろう。

　また、著作者人格権は譲渡できず（法59条）、著作者である受託者がその権利を有したままになるので、契約実務上著作者人格権の不行使を定めておくことが多い。

　他方、受託者の立場からすると、ソフトウェア開発の際、これまでに今回の開発とは別に開発したプログラムを利用している場合や今後も他の開発に利用できるような汎用性のあるプログラムを開発したような場合には、このプログラムの著作物の著作権を自己にとどめておきたいということも少なからずある。

　そこで、受託者としては、従前から受託者が著作権を有するプログラムや汎用性のあるプログラムについては著作権譲渡の対象とせず、これらについては今回開発するプログラムを利用するために必要な限りで利用を認める条項を開発契約に盛り込むこととなる。

3 納品物の権利帰属

　ソフトウェア開発にあたり、その構成物であるプログラムがDVD-Rに記録されて納品されたり、マニュアルなどが紙ベースで納品されることが少なくない。

　このような有体物については、物の支配権たる所有権が生じる。これら有体物を受託者が用意したものであれば、受託者に所有権が帰属しているので、委託者は契約によりその所有権を移転させることとなる。なお、所有権の移転時期については、「納

品時」ないしは「委託料完済時」とすることが一般的である。

問題 コンピュータソフトウェアの開発委託契約に関する次の記述のうち、明らかに<u>誤っているもの</u>はどれか。

ア▶ 開発委託契約は締結されているが、契約条項には成果物の納品日と「成果」の概要のみ設定されているだけで「成果物」の具体的中身および発注金額が記載されていない場合、発注者は、早急に「成果物」を具体的に特定し、発注金額が確定できるよう覚え書きを締結すべきである。

イ▶ 開発委託契約に「成果物の著作権は代金支払いと同時に委託者に移転する」との文言を入れておけば、バージョンアップする権利、つまり翻案権も問題なく当然発注者が取得することになる。

ウ▶ ソフトウェアを創作する受注者が著作者となる関係で、受注者が後日、発注者や発注者の取引先に著作者人格権を行使しないように、開発委託契約には著作者人格権の不行使特約を挿入しておくべきである。

エ▶ 発注者と受注者の双方の担当者間では、開発委託内容は十分に把握して承知しているところであるが、後日、紛争が起こらないとも限らないので、早急に開発委託契約書を作成し、記名押印しておくべきである。

正答・解説は217ページ参照

16 情報社会と情報モラル

重要まとめポイント

▶情報モラルがなぜ必要なのかを理解すること

情報社会と情報モラル

1 **情報社会と情報モラル**

　コンピューターや携帯電話、インターネットなどのネットワークの普及した現在の高度情報化社会では、誰でも迅速かつ手軽に情報にアクセスできるとともに、自分から広く情報を発信することもできるようになっている。

　しかしながら、このような利便性の一方で、インターネットを利用した著作権の侵害、インターネット上の情報への不正なアクセス、ネット上での誹謗中傷などの情報化社会特有の新しい問題が発生しており、ネット上に一度その情報が流れると瞬く間に世間に知れ渡り、甚大な被害が発生する可能性がある。

　このような問題が発生する原因としては、情報が無体物であるため、これをネット上で容易に入手し利用することができ、その情報の不正な入手や利用に対する倫理意識が低いことや、ネットの匿名性や被害者と直接対面することがないことから問題となるような発言に対する倫理意識が低いことなどが考えられる。

　このような問題の発生に対応するべく、著作権法上の罰則や不正アクセス防止法などの法律による対処がなされているが、法律だけではすべての問題に対応できない。そこで、社会において情報を扱う上で必要とされる道徳、すなわち、『情報モラル』を個々人が身につけ、情報社会においてやっていいことと悪いことの判断ができ、さらにその倫理に伴った行動ができることが重要となってくる。

② 情報モラルの内容 ···

　情報モラルがかかわる問題は、多岐にわたる。大まかには、以下の４つの問題ととらえることができる。

①著作権など知的財産権にかかわる問題

②個人情報とプライバシーにかかわる問題

③コンピューターセキュリティーに関する問題

④ネットワーク上でのルールやマナーの問題

　①は著作権法上違法ではないが、著作権者の保護の観点から控えるべき行為の問題などである。例えば、インターネット上で違法にアップロードされているプログラムの著作物を、パソコンにダウンロードして個人で使用する行為は、著作権法上違法な行為ではない。だが、使用許諾契約に反する行為であり、その契約を締結していないとしても情報モラル上してはならない行為でもある。

　②は、個人情報は一度社会に出て知られてしまうと、もはや以前の知られていなかった状態には戻せない性質のものなので、いかにその個人情報の流出を防止するかが問題である。例えば、自分の情報だけでなく、知人の情報を安易に他人に提供することなどは情報モラル上してはならない行為である。

　③は、重要な情報を守るために求められるコンピューターセキュリティー対策の問題である。情報は形がないものであり、常に流出や改変のおそれがある。

　したがって、個人情報などの重要な情報を取り扱う者は、その取り扱いのルールを定めるほか、必要に応じて情報を暗号化したり、コンピューターウイルス対策などのセキュリティー対策を行うことが求められている。

　このような対策を講じなかったことにより、情報漏洩などが発生した場合は、民法上の不法行為責任（民法709条）を負う可能性があるが、民事上責任を負わない場合でも、このような対策を講じないことは情報モラルに反する行為である。

　④は、電子掲示板や電子メールの使い方などのいわゆる『ネチケット』の問題で、電子掲示板で他人を不快にさせたり、誤解を招くような発言を書き込むことは、情報モラルに反する行為である。

演習問題の正答・解説

第1章 ビジネスと法

正答 **エ**

解　説

　契約とは、当事者の意思表示が合致することにより成立する。必ずしも書面による合意である必要はなく、口頭での合意でも契約が成立する（民法521条〜528条）。通常、契約で定めなかった事項については、民法や商法の規定が適用される。

第2章 著作物

正答 **ウ**

解　説

　二次的著作物とは、著作物を翻訳し、編曲し、若しくは変形し、又は脚色し、映画化し、その他翻案することにより創作したものをいう（2条1項11号）。

アについて……マンガBは恋愛シミュレーションゲームAの二次的著作物であり、映画CはマンガBの二次的著作物である。映画Cは恋愛シミュレーションゲームAのいわば三次的著作物であるが、これらはすべてもとの著作物の二次的著作物である。

イについて……曲Cは曲Bの二次的著作物であるが、曲BはポエムAをイメージして創作したにすぎない。ポエムAは、いわば曲Bの着想のきっかけにすぎず、曲BはポエムAの二次的著作物ではない。そのため、曲CはポエムAをもとにした二次的著作物には該当しない。

ウについて……翻訳物は、原著作物の二次的著作物の代表的なものの一つである。

エについて……二次的著作物の原著作物の著作者は、当該二次的著作物の利用に関し、この款に規定する権利で当該二次的著作物の著作者が有するものと同一の種類の権利を専有する（28条）ので、原著作物である小説Aの著作権者の許諾も必要である。

第3章 | 著作物

 正答 イ

解　説……………………………………………………………………………………

アについて……共同著作物とは、二人以上の者が共同して創作したものであつて、各
　　人の寄与を分離して個別的に利用することができないものをいう（2条1項12号）。
　　小説と挿絵は分離して利用できるので、共同著作物にあたらず、小説家とイラスト
　　レーターは共同著作者とならない。

イについて……著作者とは、著作物を創作する者（2条1項2号）であり、著作物を
　　無名で発表してもその地位は変わらない。無名の著作物の著作者の実名登録制度は
　　あるが（75条1項）、登録をすると、当該登録に係る著作物の著作者と推定される
　　（75条3項）のであって、登録をしなくても著作者としての権利は享受できる。

ウについて……この知人は、小説のアイデアおよび素材を提供したにすぎず、実質的
　　な創作行為を行っていないから、小説の著作者とはならない。

エについて……著作者とは、著作物を創作する者（2条1項2号）であるから、契約
　　により著作者を変更することはできない。

第4章 | 著作者人格権

 正答 イ

解　説……………………………………………………………………………………

アについて……著作者は、その著作物及びその題号の同一性を保持する権利を有し、
　　その意に反してこれらの変更、切除その他の改変を受けない（20条1項）ので、
　　タイトルも著作者の同意なく改変することはできない。

イについて……プログラムそのものの改変を行わなくても、表現に改変が生じる場合
　　に、同一性保持権侵害を認めた判例がある（「ときめきメモリアル事件」最判平成
　　13年2月13日）。

ウについて……特定の電子計算機においては実行し得ないプログラムの著作物を当該
　　電子計算機において実行し得るようにするため、又はプログラムの著作物を電子計
　　算機においてより効果的に実行し得るようにするために必要な改変（20条2項3

号）は、同一性保持権侵害にあたらない。

エについて……著作物を利用する者は、その著作者の別段の意思表示がない限り、その著作物につきすでに著作者が表示しているところに従つて著作者名を表示することができる（19条2項）ので、文庫本の発行にあたり、いかなる氏名表示をするか、必ずしも著作者に確認する必要はない。

第5章 | 著作権

 ウ

解 説

複製とは、印刷、写真、複写、録音、録画その他の方法により有形的に再製することをいう（2条1項15号柱書き）。

アについて……建築に関する図面に従つて建築物を完成することは、建築の著作物の複製にあたるが（2条1項15号ロ）、設計図をコピー機で複写することは、その設計図の複製にすぎず、建築の著作物の複製にはあたらない。

イについて……アイデアを利用しているだけなので、複製にあたらない。

ウについて……脚本の放送を録音することは、脚本の複製にあたる（2条1項15号イ）。

エについて……デジタルスキャナで文字情報のみデータ化してパソコンに保存することは、その保存したデータをパソコンの出力装置等を介して再製することが可能であり、「その他の方法により有形的に再製」といえるので、小説の複製にあたる。

第6章 | 著作権の制限

 イ

解 説

アについて……公表された著作物は、営利を目的とせず、かつ、聴衆又は観衆から料金（いずれの名義をもってするかを問わず、著作物の提供又は提示につき受ける対価をいう。以下この条において同じ。）を受けない場合には、公に上演し、演奏し、上映し、又は口述することができる。ただし、当該上演、演奏、上映又は口述につ

いて実演家又は口述を行う者に対し報酬が支払われる場合は、この限りでない（38条1項）。集客力向上のための場合は、営利目的があると認められ、許諾なく著作物の上映をすることはできない。

イについて……放送され、又は有線放送される著作物（放送される著作物が自動公衆送信される場合の当該著作物を含む。）は、営利を目的とせず、かつ、聴衆又は観衆から料金を受けない場合には、受信装置を用いて公に伝達することができる。通常の家庭用受信装置を用いてする場合も、同様とする（38条3項）。したがって、通常の家庭用受信装置を用いて、許諾を得ずに、放送される著作物を公に伝達することができる。

ウについて……工場での能率向上のための演奏も営利目的と認められ、営利を目的としない上演等にあたらない（38条1項）。

エについて……公表された著作物（映画の著作物を除く。）は、営利を目的とせず、かつ、その複製物の貸与を受ける者から料金を受けない場合には、その複製物（映画の著作物において複製されている著作物にあつては、当該映画の著作物の複製物を除く。）の貸与により公衆に提供することができる（38条4項）。会費等名目にかかわらず、貸与に関して料金が発生している場合は、許諾なく著作物の複製物を貸与することはできない。

第7章 | 著作物の保護期間

正答 **ウ**

解説……………………………………………………………………………………………

アについて……法人その他の団体が著作の名義を有する著作物の著作権は、その著作物の公表後70年（その著作物がその創作後70年以内に公表されなかつたときは、その創作後70年）を経過するまでの間、存続する（53条1項）。第15条第2項の規定により法人その他の団体が著作者である著作物の著作権の存続期間に関しては、第1項の著作物に該当する著作物以外の著作物についても、当該団体が著作の名義を有するものとみなして同項の規定を適用する（同条3項）。いわゆる職務著作として法人名義で公表された著作物については、団体名義の著作物として、その保護期間は公表後70年までとなる。

イについて……著作権は、この節に別段の定めがある場合を除き、著作者の死後（共同著作物にあつては、最終に死亡した著作者の死後。）70年を経過するまでの間、存続する（51条2項）。共同著作物の保護期間は、最終に死亡した著作者の死後70年までである。

ウについて……無名又は変名の著作物で公表後70年を経過するまでの間に第75条第1項の実名の登録があつたときは、当該著作物の保護期間は公表後70年までとはしない（52条2項2号）。無名の著作物であっても、公表後70年以内に実名を登録した場合は、保護期間は著作者の死後70年までとなる。

エについて……映画の著作物の著作権は、その著作物の公表後70年（その著作物がその創作後70年以内に公表されなかつたときは、その創作後70年）を経過するまでの間、存続する（54条1項）。

第8章 | 著作物の変動と利用

 正答 エ

解　説……………………………………………………………………………………

アについて……相続人不存在により著作権が民法の規定により、国庫に帰属する場合は、著作権は消滅する（62条1項1号）。

イについて……著作権は財産権として相続することができる。

ウについて……著作者人格権は譲渡できない（59条）。

エについて……著作権を部分的に譲渡することはできる（61条1項）。

第9章 | 著作権の登録

 正答 イ

解　説……………………………………………………………………………………

アについて……プログラムの著作物の著作者は、その著作物について創作年月日の登録を受けることができる（76条の2第1項）と規定されており、創作年月日の登録をすることができるのはプログラムの著作物のみである。

イについて……無名又は変名で公表された著作物の著作者は、現にその著作権を有す

るかどうかにかかわらず、その著作物についてその実名の登録を受けることができる（75条1項）。著作者が死亡していても、著作権の存続期間が満了していても実名の登録をすることはできる。当然、登録者は著作者本人である必要はない。

ウについて……第77条及び第78条（第3項を除く。）の規定は、著作隣接権に関する登録について準用する（104条）と規定されており、権利の移転（77条1号）や質権の設定（77条2号）等について登録をすることができる。

エについて……出版権の設定は、登録しなければ、第三者に対抗することができない（88条1項柱書き）のであって、登録しなくても出版権の設定自体は有効である。

第10章 | 著作隣接権

 正答 エ

解 説

1について……放送事業者は、その放送又はこれを受信して行なう有線放送を受信して、その放送に係る音又は影像を録音し、録画し、又は写真その他これに類似する方法により複製する権利を専有する（98条）。放送事業者の複製権は、その放送の写真的複製にも及ぶことが明示的に規定されている。

2について……実演家は、その実演を録音し、又は録画する権利を専有する（91条）が、録画とは影像を連続して物に固定し、又はその固定物を増製することをいう（2条1項14号）ので、実演家は実演の写真による固定に対し著作権法上の権利を有しない。ただし、別途パブリシティ権が問題となる。

3について……作詞作曲家は演奏権（22条）を有するが、実演家およびレコード製作者は演奏権を有しないので、作詞作曲家の許諾は必要だが、実演家およびレコード製作者の許諾は不要である。

4について……作詞作曲家は複製権（21条）、実演家は録音権（91条）、レコード製作者は複製権（96条）を有するので、業務上の使用のための音楽CDの複製には3者の許諾が必要である。

第11章 | 著作権の侵害と救済

 正答 **ア**

解　説

アについて……著作者、著作権者、出版権者、実演家又は著作隣接権者は、その著作者人格権、著作権、出版権、実演家人格権又は著作隣接権を侵害する者又は侵害するおそれがある者に対し、その侵害の停止又は予防を請求することができる（112条1項）。著作者、著作権者、出版権者、実演家又は著作隣接権者は、前項の規定による請求をするに際し、侵害の行為を組成した物、侵害の行為によつて作成された物又は専ら侵害の行為に供された機械若しくは器具の廃棄その他の侵害の停止又は予防に必要な措置を請求することができる（同条2項）。侵害が行われた場合、故意または過失の有無に関係なく廃棄請求はできる。

イについて……第112条1項に定めるように、差止請求を求めるには、侵害行為があれば足り、侵害者の故意または過失は要件となっていない。また、損害賠償を求めるには、侵害行為者に故意または過失が必要である。よって、このケースでは、差止請求のみならず、損害賠償も求めることができる。

ウについて……特許法では特許権の侵害者には過失が推定されるが（特許法103条）、著作権法ではそのような規定はない。

エについて……刑罰は、過失犯（過失を成立要件とする犯罪）の定めが特にない限り、故意が要件として必要である（刑法38条1項）。

第12章 | 著作権の周辺問題

 正答 **エ**

解　説

　人物写真でも創作性が認められれば著作物となる。有名人の人気や名声は、客を引きつける力（顧客誘引力）をもっており、こうした有名人の肖像等を商品に使用したり宣伝に利用したりすることに関する権利をパブリシティ権という。著作権とパブリシティ権は別個の権利であり、侵害は同時に成立する。

第13章 | 著作権・著作隣接権に関する国際条約等

 正答 **ア**

解　説

　共同著作物の著作者のうち1人でも日本人が含まれていれば、その共同著作物は日本で保護され、また、たとえ未公表であっても、日本国民の著作物は日本で保護される（6条1号）。国外で第一発行されても、その国がベルヌ条約またはWTO（世界貿易機関）の加盟国であるか、そうでない場合でも、国外での第一発行後30日以内に日本で発行されれば、日本の著作権法の保護対象となる（6条2号）。また、ベルヌ条約加盟国の国民の著作物は、日本で発行されていなくとも日本で保護される（6条3号）。ちなみに、米国はベルヌ条約加盟国である。

第15章 | 著作物の製作を委託・受託する際の留意点

 正答 **イ**

解　説

アについて……成果物にはソースコードやマニュアルなどのドキュメント類も含むのかどうかなど、特定できる段階で、金額も含め覚え書きをできる限り具体的に結んでおく必要がある。

イについて……著作権を譲渡する契約において、第27条又は第28条に規定する権利が譲渡の目的として特掲されていないときは、これらの権利は、譲渡した者に留保されたものと推定する（61条2項）。「すべての著作権」というだけでなく、「著作権法第27条の権利」を特掲して譲渡契約を結ばない限り、翻案権は移転しない。

ウについて……著作者人格権は移転できないので、納品された後に当該ソフトウェアの改変をすることが予想される場合には、著作者人格権不行使を契約で特約しておくことが実務上は適切である。ただし、著作者人格権の不行使特約に関しては、無効であるとの主張もある。

エについて……現場の担当者は、様々な理由により往々にして契約書締結という要式行為をしないですませておくことが多いが、後々の問題を考えると、契約書の形で、契約内容を双方が明確にしておくことが重要である。

第 52 回
ビジネス著作権検定
初級

【制限時間 60 分】

**サーティファイ
著作権検定委員会**

問題1から問題30までの各設問について、ア〜エの中から1つずつ正答を選びなさい。
なお、本試験問題の用語は、特に記述がない限り、著作権法の定義によります。
また、「許諾」とは、問題文に特に断りがない限り、「著作者あるいは著作権者の許諾」を意味します。

問題1　次のうち、著作物の要件として定められていないものはどれか。

　ア　思想または感情が表されていること

　イ　創作的な表現がされていること

　ウ　文芸、学術、美術または音楽の範囲に属すること

　エ　文化の発展に寄与するものであること

問題2　次の記述のうち、正しいものはどれか。

　ア　事実の伝達にすぎない時事の報道であっても、著作物となる場合が多い。

　イ　裁判所の判決の全文を複製する場合、末尾に記されている担当裁判官の氏名を省略すると、氏名表示権を侵害することになる。

　ウ　難解な著作権法の条文をやさしく書き換えて同法の解説書に掲載したとしても、同一性保持権の侵害とはならない。

　エ　大学教授がドイツ語に翻訳した日本の著作権法を、その大学教授に無断で複製しても、複製権の侵害とはならない。

問題3　次のうち、BがAの二次的著作物となるものはどれか。

　ア　絵画Aを正面から撮影した写真B

　イ　小説Aの全文をそのままローマ字に書き換えて記載した文章B

　ウ　小説Aを批評した評論文B

　エ　小説Aのストーリーを用いて描いた漫画B

問題4　共同著作物に関する次の記述のうち、正しいものはどれか。

　ア　作家Aにより執筆された文章と画家Bにより描かれた挿し絵により構成される新聞の小説欄に掲載された小説は、AとBの共同著作物となる。

　イ　作詞家Aが作詞し、作曲家Bが作曲した歌詞付きの楽曲は、AとBの共同著作物となる。

　ウ　著作権の共有者の1人がその持分を他人に譲渡する場合、ほかの共有者の同意を得る必要はない。

　エ　他人に利用を許諾する場合、共有著作権者全員の合意が必要となる。

問題5　著作者に関する次の記述のうち、正しいものはどれか。なお、契約、就業規則その他に別段の定めはないものとする。

　ア　クレヨンで花の絵を描いた小学1年生は、幼いのでその絵の著作者とはなることはできない。

　イ　小説家が小説を執筆するにあたり、編集者が参考になる民話やアイデアを小説家に提供した場合、編集者も完成した小説の著作者となる。

　ウ　著作物を創作すれば、文化庁に申請することなく、創作者が著作者として著作者人格権や著作権を有することとなる。

　エ　撮影費用を支払って写真家に写真撮影を依頼し、撮影をしてもらった場合、写真の著作者、著作権者は、費用を支払って依頼した者となる。

問題6　会社の従業員Aが勤務時間中に、会社のパソコンを使って職務と関係のないグラフィックデザインの著作物を創作した。その著作物を会社名義で公表した場合に関する次の記述のうち、正しいものはどれか。なお、Aと会社との間には特に契約は締結されていないものとする。

　ア　著作者人格権も著作権も、会社に帰属する。

　イ　著作者人格権は従業員に帰属するが、著作権は会社に帰属する。

　ウ　著作者人格権は会社に帰属するが、著作権は従業員に帰属する。

　エ　著作者人格権も著作権も、従業員に帰属する。

問題7　映画の著作物に関する次の記述のうち、正しいものはどれか。

ア　劇場で上映される映画であることが、映画の著作物となるための要件である。

イ　放送局が生放送している影像は、その放送局が放送と同時に録画していなければ、映画の著作物とはならない。

ウ　防犯カメラで撮影された犯行の模様が収録された影像は、映画の著作物となり得る。

エ　素人がスマートフォンで火事の現場を撮影した影像は、映画の著作物となる余地はない。

問題8　公表権に関する次の記述のうち、正しいものはどれか。

ア　著作者人格権の1つである公表権は、著作財産権と同様に、他人に譲渡することができる。

イ　著作者は、未公表の著作物について、世に出れば高い評価が得られる可能性の高い作品であっても公表しないという決定をすることができる。

ウ　公表されていない著作物の著作権を著作者が譲渡した場合、譲受人は、著作者から別途公表の同意を得なければ、その著作物を公表することができない。

エ　公表権は、著作物を何年何月何日に公表する、といった公表の具体的なタイミングを決定できることまで保護するものではない。

問題9　上映権に関する次の記述のうち、正しいものはどれか。

ア　ビルの外壁に設置した大型ビジョンに、著作権者に無断で放送中のテレビドラマを映して通行人が見られるようにすることは、テレビドラマの上映権を侵害する。

イ　自宅の大型スクリーンに、著作権者に無断で市販の映画DVDを映写して家族と鑑賞することは、映画の上映権を侵害する。

ウ　テレビの音楽番組を、著作権者に無断で録画してインターネットの動画共有サイトにアップロードし、配信することは、番組の上映権を侵害する。

エ　家電量販店の店頭に設置した大型テレビに、著作権者に無断で映画DVDを再生して映し、通りかかった客が見られるようにすることは、映画の上映権を侵害する。

問題１０　公衆送信権に関する次の記述のうち、正しいものはどれか。

ア　イラストを、著作権者に無断で自分のＷｅｂサイトに掲載しても、そのサイトへのアクセスがなければ、イラストの公衆送信権を侵害しない。

イ　録画したテレビ番組を、著作権者に無断で飲食店の店内で再生して客に視聴させることは、テレビ番組の公衆送信権を侵害する。

ウ　写真を、著作権者に無断で電子メールに添付して友人１人に送信しても、写真の公衆送信権を侵害しない。

エ　小説を、著作権者に無断で地上波ラジオの生放送番組で朗読しても、小説の公衆送信権を侵害しない。

問題１１　口述権に関する次の記述のうち、正しいものはどれか。

ア　俳優が、著作権者に無断で小説を演ずるように読んで不特定多数の観客に聞かせることは、小説の口述権を侵害する。

イ　政治家の講演会の模様を会場で録音し、その録音物を販売することは、講演の口述権を侵害する。

ウ　親が、著作権者に無断で自分の子供に絵本を読み聞かせることは、絵本の口述権を侵害する。

エ　学者が論文発表をした模様を、著作権者に無断で録音し、これを有料イベントで再生して来場者に聞かせることは、口述権を侵害する。

問題１２　展示権に関する次の記述のうち、正しいものはどれか。

ア　彫刻のレプリカ（複製品）を、著作権者に無断で美術展で展示しても、展示権を侵害しない。

イ　小説家の手書きの生原稿を、著作権者に無断で博物館で展示することは、展示権を侵害する。

ウ　既に発売された写真集に掲載されている写真の原作品を、著作権者に無断で写真展で展示することは、展示権を侵害する。

エ　購入した書の原作品を、著作権者に無断で書道展で展示することは、展示権を侵害する。

問題１３　次のうち、頒布にあたらないものはどれか。

ア　テレビ放送されたドラマを録画し、インターネットで公開すること

イ　アニメーション映画を大量にＤＶＤに複製し、不特定多数の人に販売すること

ウ　文化祭で上映することを目的として、市販の映画ＤＶＤを友人１人に無償で貸与すること

エ　テレビ放送された映画を録画し、ＤＶＤに複製して不特定多数の人に貸与すること

問題14　譲渡権および貸与権に関する次の記述のうち、正しいものはどれか。

ア　市販の映画DVDを、著作権者に無断で大量に複製し、不特定多数の人に販売することは、譲渡権を侵害する。

イ　市販の音楽CDを、著作権者に無断で大量に複製し、不特定多数の人に貸し出すことは、貸与権を侵害する。

ウ　彫刻の原作品を、著作権者に無断で不特定の人に貸し出すことは、貸与権を侵害する。

エ　書籍を、著作権者に無断で友人1人に販売することは、譲渡権を侵害する。

問題15　次のうち、翻案権を侵害するものはどれか。

ア　漫画を原作とした映画を漫画の著作権者に無断で製作すること

イ　写真を忠実に模写した絵画を写真の著作権者に無断で描くこと

ウ　絵画のイメージをもとにした楽曲を絵画の著作権者に無断で作曲すること

エ　小説を著作権者に無断で点字化すること

問題16　著作権の権利制限規定に関する次の記述のうち、正しいものはどれか。

ア　公立図書館は、著作物の一部分であれば、著作権者の許諾なく、利用者の求めに応じてその部分を複数部コピーすることができる。

イ　来場者からの入場料の全額を被災地に寄付するチャリティーコンサートで、著作権者に無断で楽曲を演奏することは、出演者に報酬が支払われなかったとしても、演奏権の侵害となる。

ウ　市民演奏会で、営利を目的とせず、料金を取らなければ、著作権者に無断で演奏曲の楽譜を複製して来場者に配布しても、複製権や譲渡権の侵害となることはない。

エ　喫茶店の店内に設置した家庭用テレビで、テレビ番組を客に見せる行為は、テレビ番組の公の伝達権の侵害となる。

問題17　1989年（平成元年）2月9日に死去した日本人の漫画家Xは、ペンネームで作品を発表していたが、マスコミへの露出も多く、その姿は広く知られていた。次のうち、漫画家Xが創作し、公表済みの漫画の著作物の保護期間が満了する日はどれか。

ア　2039年（令和21年）　2月　9日

イ　2039年（令和21年）12月31日

ウ　2059年（令和41年）　2月　9日

エ　2059年（令和41年）12月31日

問題18　著作物の譲渡および利用許諾に関する次の記述のうち、正しいものはどれか。

ア　Aが著作権をBに譲渡する契約を締結したあと、Cにも譲渡する契約を締結しても、既にBに譲渡している以上、無効である。

イ　AとBが共有する著作権につき、AがCに譲渡することを希望する場合、Bは正当な理由がなく反対することはできない。

ウ　著作権のうち、複製権を企業Aに譲渡し、演奏権は企業Bに譲渡するといった取り扱いはできない。

エ　ソフトウェアの開発業務で納品物の著作権を発注者にすべて譲渡する場合には、譲渡契約書に「著作権をすべて譲渡する。」と書かれていれば、ソフトウェアをバージョンアップするために必要となる翻案権も譲渡したものと推定される。

問題19　実演家人格権に関する次の記述のうち、誤っているものはどれか。

ア　実演家人格権の中に、公表権は含まれていない。

イ　実演家の氏名表示権の中には、実演家名を表示しないこととする権利が含まれる。

ウ　実演家は同一性保持権を有し、その意に反する実演の変更、切除その他の改変を受けないものとされている。

エ　実演家人格権は、実演家の一身に専属し、譲渡することができない。

問題20　次のうち、実演家とレコード製作者のいずれにも与えられていない権利はどれか。

ア　放送権

イ　自動公衆送信権

ウ　譲渡権

エ　商業用レコードの二次使用料請求権

問題21　次のうち、故意はないが過失が存在する著作権の侵害者に対して科し、あるいは求めることができないものはどれか。

ア　刑事罰

イ　差止請求

ウ　損害賠償請求

エ　不当利得返還請求

問題22　次のうち、権利侵害になるおそれがないものはどれか。

ア　SNSのプロフィールの画像に友人から送られてきた自撮り写真を、無断使用して公開したこと

イ　有名な声優のファンサイトを作成して、その声優がラジオに出演したときの音声を集めて公開したこと

ウ　インターネットの掲示板で自分の意見が批判されたので、自分の言葉で根拠を挙げながら冷静に反論したこと

エ　飲酒運転で逮捕されたスポーツ選手の実家の住所を調べてSNSで公開したこと

問題２３　著作権と所有権に関する次の記述のうち、正しいものはどれか。

ア　絵画の原作品を燃やして消失させた場合、その絵画の著作権も消滅する。

イ　絵画の原作品の所有権の譲渡は展示権の譲渡も伴うので、譲受人はその原作品を公に展示することができる。

ウ　絵画の著作権が存続期間の満了により消滅したとしても、その絵画の原作品の所有権は消滅しない。

エ　絵画の原作品の所有権の譲渡を受けた者は、自宅の応接間に飾ったその原作品をブログに掲載するために撮影し、公衆送信することができる。

問題２４　著作権法第１条は、「この法律は、著作物並びに実演、レコード、放送及び有線放送に関し著作者の権利及びこれに隣接する権利を定め、これらの文化的所産の公正な利用に留意しつつ、著作者等の権利の保護を図り、もつて文化の発展に寄与することを目的とする」と定めている。次のうち、下線部分の意味として、正しいものはどれか。

ア　権利の制限規定を定めること

イ　権利の譲渡について定めること

ウ　利用の許諾について定めること

エ　差止請求の規定を定めること

問題２５　権利制限規定に関する次の文章の空欄にあてはまる語句の組み合わせとして、正しいものはどれか。

　　権利制限規定とは、（　　A　　）の権利を制限する規定をいい、他人の著作物を無許諾で利用することができる行為が規定されている。例えば、テレビ番組をハードディスクレコーダーで録画する行為は（　　B　　）にかかわるが、（　　C　　）目的であれば許諾を得る必要がない。

	A	B	C
ア	利用者	複製権	私的使用の
イ	国	公衆送信権	正当な
ウ	著作権者	複製権	私的使用の
エ	著作権者	上映権	正当な

問題２６　次のうち、著作物となり得るものの組み合わせはどれか。

1　著作権の存続期間が満了したピアノの楽曲

2　一流の職人が握った極上の握りずし

3　渋谷駅周辺を詳細に記載した地図

4　ある１日の新型コロナウイルスに罹患した感染者、重症者、死亡者の数を都道府県別に書き込んだ表

ア　1と3

イ　1と4

ウ　2と3

エ　2と4

問題２７　著作者の氏名表示権に関する次の記述のうち、正しいものの組み合わせはどれか。

1　小説を執筆する際のペンネームと動画投稿する際のペンネームを使い分けても、いずれも氏名表示権で保護される。

2　テレビ番組の視聴者投稿コーナーに対して匿名希望で投稿したにもかかわらず、実名で紹介されても、氏名表示権の侵害にはならない。

3　美容室でＢＧＭとして音楽を流す際に、作曲者名などを案内しなくても、氏名表示権の侵害にはならない。

4　漫画を原作としてアニメ化した場合、アニメには漫画原作者の氏名を表示する必要はない。

ア　1と2

イ　1と3

ウ　2と4

エ　3と4

問題２８　次のうち、複製にあたるものの組み合わせはどれか。

1　テレビ番組をスマートフォンで動画撮影する行為

2　詩の一節を暗記する行為

3　音楽ＣＤを再生する行為

4　他人のＷｅｂサイトの文章を自分のＷｅｂサイトに表示するためにそのままコピーする行為

ア　1と2

イ　1と4

ウ　2と3

エ　3と4

問題２９　引用（３２条１項）に関する次の記述のうち、正しいものの組み合わせはどれか。

1　引用は、報道、批評、研究その他の引用の目的上正当な範囲内で行われるものでなければならない。

2　著作物は、公表、未公表を問わず引用して利用することができる。

3　引用は、「引用して利用する著作物」と「引用されて利用される著作物」とを明瞭に区別して認識できることが必要である。

4　写真雑誌上である写真を批評する場合、その写真全体を引用して利用することはできない。

ア　1と3

イ　1と4

ウ　2と3

エ　2と4

問題３０　放送事業者の権利に関する次の記述のうち、正しいものの組み合わせはどれか。

　　　　1　放送番組を製作した者に与えられる権利である。

　　　　2　放送を行った者に与えられる権利である。

　　　　3　著作権が与えられる。

　　　　4　著作隣接権が与えられる。

ア　1と3

イ　1と4

ウ　2と3

エ　2と4

第52回
ビジネス著作権検定
上級

【制限時間 90 分】

サーティファイ
著作権検定委員会

問題1から問題40までの各設問について、ア〜エの中から1つずつ正答を選びなさい。
なお、本試験問題の用語は、特に記述がない限り、著作権法の定義によります。
また、「許諾」とは、問題文に特に断りがない限り、「著作者あるいは著作権者の許諾」を
意味します。

問題1　著作物に関する次の記述のうち、正しいものはどれか。

　　ア　文化庁が作成したある著作権制度に関する解説は、著作物として著作権法による保護の対象と
　　　　ならない。

　　イ　弁護士が作成した海外の法律の日本語訳は、著作物として著作権法による保護の対象となる。

　　ウ　茶道で使用するために陶芸家が作成した一点物の茶碗は、著作物として著作権法による保護の
　　　　対象となることはない。

　　エ　8割ほど書いたがまだ完成していない小説は、著作物として保護の対象となることはない。

問題2　著作物に関する次の記述のうち、正しいものはどれか。

　　ア　建築物の設計図は、建築の著作物ではなく図形の著作物であるが、設計図に従って建築物を建
　　　　築する行為は、建築著作物の複製にあたる。

　　イ　舞踊の著作物とは、舞踊することそれ自体のことをいい、振り付けは含まれない。

　　ウ　「旅」という書籍の題号それ自体は著作物とならないため、著作権法上の保護を受けることは
　　　　ない。

　　エ　コンピュータのロールプレイングゲームは、映画の著作物には該当しない。

問題3　二次的著作物に関する次の記述のうち、正しいものはどれか。

　　ア　小説を点字にしたものは、小説の二次的著作物である。

　　イ　ピアノ用に作曲された曲をヴァイオリン用の曲に直したものは、元の曲の二次的著作物である。

　　ウ　映画に基づいて舞台用演劇の脚本を作成した場合、その演劇脚本は映画の二次的著作物である。

　　エ　古代遺跡から遺物が発見されたとの新聞記事を読んで発想された歴史小説は、新聞記事の二次
　　　　的著作物である。

問題 4　共同著作物に関する次の記述のうち、正しいものはどれか。

ア　Ａ法人の従業員とＢ法人の従業員が、各々所属する法人の指示に基づき、共同してソフトウェアを作成した場合、そのソフトウェアはＡ法人とＢ法人の共同著作物にあたる場合がある。

イ　ある小説を出版するにあたり、著名なイラストレーターのイラストを挿入した場合、その出版された小説は、小説家とイラストレーターの共同著作物にあたる場合がある。

ウ　大学の研究室の研究員が論文を執筆するにあたり、大学教授から補助的な指示や助言を受けていた場合、その論文は研究員と大学教授の共同著作物にあたる場合がある。

エ　ある小説を翻訳者が英訳した場合、その小説の英訳版は、小説の著作者と翻訳者の共同著作物にあたる場合がある。

問題 5　職務著作に関する次の記述のうち、正しいものはどれか。

ア　職務著作が成立するためには、会社の著作名義で公表することが必要なので、会社の業務として作成した論文でも個人名のみで公表した場合は職務著作にはならず、論文を創作した個人が著作者となる。

イ　職務著作が成立するためには、従業員が業務として行うことが必要なので、アルバイト等の非正規雇用者については職務著作の規定は適用されない。

ウ　職務著作が成立するためには、会社の業務であることが必要なので、公務員については職務著作の規定は適用されない。

エ　職務著作が成立するためには、会社の業務であることが必要なので、就業時間中にやりきれずに、家に持ち帰って創作した部分については個人の著作物となり、職務著作になることはない。

問題 6　人気小説の映画化許諾を得て劇場用映画を製作するにあたり、監督をフリーの映画監督に依頼し、監督はその依頼を受けて映画製作に参加した。この映画に関する次の記述のうち、正しいものはどれか。

ア　映画製作者が、映画監督の許諾を得ずに、映画をＤＶＤに録画して販売した場合、映画監督の著作権法上の権利侵害となる。

イ　映画製作者が、原作小説の作者の許諾を得ずに、映画をＤＶＤに録画して販売した場合、原作者の著作権法上の権利侵害となる。

ウ　映画製作者が、映画の公開日に関し映画監督の了解を得なかった場合、映画監督の著作権法上の権利侵害となる。

エ　映画製作者が、原作小説の作者が指定した日よりも前に映画を公開した場合、原作者の著作権法上の権利侵害となる。

問題7　氏名表示権に関する次の記述のうち、正しいものはどれか。

　　ア　2人で共同執筆した論文を発表する際、当初予定した著者名の記載の順序を無断で逆にした場合、無断変更されたもう一方の著者の氏名表示権の侵害となる。

　　イ　ペンネームを変更した作曲家が昔のペンネームで作曲した楽曲を放送するにあたって、昔のペンネームだけしか表示しなかった場合、作曲家の氏名表示権の侵害となる。

　　ウ　執筆者名を表示した評論がインターネットに掲載されている場合、その記事を執筆者名の表示なく別のWebサイトに転載すると、執筆者の氏名表示権の侵害となる。

　　エ　趣味で小説を執筆した者が、その小説の作者名に有名作家の名前を無断で表示して小説を発表した場合、有名作家の氏名表示権の侵害となる。

問題8　著作者の同一性保持権に関する次の記述のうち、誤っているものはどれか。

　　ア　公表されている詩を小学校の教科書に掲載する場合、その内容を改変しても、その詩の著作者の同一性保持権の侵害となることはない。

　　イ　若手作家の小説を著名な作家がその内容に手を加え、より読者に読みやすい文章にしたとしても、その変更が若手作家の意思に反するものであれば、その若手作家の同一性保持権を侵害する。

　　ウ　恋愛シミュレーションゲームを行うにあたって、そのストーリーを本来予定している範囲を超えて改変してしまうデータが入ったメモリーカードを使用することは、本ゲームの著作者の同一性保持権を侵害する場合がある。

　　エ　建築の著作物の所有者が、その建築物の著作者に無断で耐震のために改築することは、その著作者の同一性保持権を侵害しない。

問題9　複製権の侵害に関する次の記述のうち、正しいものはどれか。なお、いずれも著作権者の許諾を得ず営利目的で行っているものとする。

　　ア　雑誌のタレント特集に掲載するために、そのタレントが主演している演劇の舞台シーンを写真撮影する行為は、演劇の脚本の著作権者の複製権を侵害する。

　　イ　イベントの宣伝のため、百貨店のビルの壁面に画家の新作の絵画の画像を、営業時間中投影したままにする行為は、絵画の著作権者の複製権を侵害する。

　　ウ　独自に開発した創作性を有するプログラムが、他社が別途独自に開発したプログラムと実質的に同一であり、他社のプログラムが先に開発され、著名になっていた場合は、他社のプログラムの複製権の侵害となる。

　　エ　会社の業務で参加した社外研修会の講義内容を、そのままノートパソコンのワープロアプリで書きとめた講義録を社内で回覧することは、講演の著作権者の複製権を侵害する。

問題１０　上演権および演奏権に関する次の記述のうち、正しいものはどれか。

　　ア　自宅で、子供が、両親および祖父母の前で流行のアニメソングを歌うことは、アニメソングの
　　　　著作権者の演奏権を侵害する。

　　イ　個人で楽しむように有料で配信している音楽サイトから、正規にダウンロードしてパソコンに
　　　　保存した音源を、カルチャースクールの講義で、講師が受講生に自分の好きな音楽として再生
　　　　して聞かせることは、音楽の著作権者の演奏権を侵害する。

　　ウ　コンサートホールで行われている合唱を、同じ会場の構内にあるロビーで電気通信設備を用い
　　　　て伝達する行為は、その楽曲の著作権者の演奏権を侵害しない。

　　エ　脚本に基づき、有料の寄席会場で漫才を演じることは、漫才の脚本の著作権者の上演権を侵害
　　　　しない。

問題１１　上映権に関する次の記述のうち、正しいものはどれか。なお、いずれの行為も営利目的で
　　　　なされ、著作権者の許諾を得ていないものとする。

　　ア　アイドルの写真を街頭の大型スクリーンに映し出す行為は、その写真の著作権者の上映権を侵
　　　　害しない。

　　イ　放送されているテレビドラマを受信して、街頭の大型スクリーンにリアルタイムで映し出す行
　　　　為は、テレビドラマの著作権者の上映権を侵害する。

　　ウ　放送されているテレビドラマを録画して、街頭の大型スクリーンに映し出す行為は、テレビド
　　　　ラマの著作権者の上映権を侵害する。

　　エ　映画のＤＶＤをホテル内の電気通信設備を使用して客室で見せる行為は、その映画の著作物の
　　　　著作権者の上映権を侵害しない。

問題１２　公衆送信権および伝達権に関する次の記述のうち、正しいものはどれか。なお、いずれの
　　　　行為も著作権者の許諾を得ていないものとする。

　　ア　ビルのワンフロアで５０人の従業員が働く事務所において、社内専用ＬＡＮのみに接続してい
　　　　るサーバーにＣＡＤソフトをインストールし、そのＬＡＮに接続しているパソコン端末でサー
　　　　バー上のＣＡＤソフトを利用できるようにした場合、ＣＡＤソフトの著作権者の公衆送信権を
　　　　侵害する。

　　イ　有名なダンサーのフラダンスを映像のみ録画し、インターネット上の動画共有サイトにアップ
　　　　ロードしても、実演家は公衆送信権を有さず、音楽は収録されていないので、公衆送信権を侵
　　　　害することはない。

　　ウ　テレビ放送された劇場用映画の録画物を、美容院で、客に再生して見せることは、公に伝達す
　　　　る権利を侵害する。

　　エ　ホテル内のレストランで行われている演奏会を、レストランに入れなかった客に見せるため、
　　　　ホテル内専用有線ＬＡＮで動画送信し、その演奏会を別の部屋に設置した大画面モニターで客
　　　　に見せる行為は、その演奏会で演奏された楽曲の公に伝達する権利を侵害する。

問題13　頒布権に関する次の記述のうち、誤っているものはどれか。

ア　映画の中で使用されていた音楽を収録した映画の市販用サントラ盤CDを、音楽の著作権者に無断で顧客に有償で貸与しても、音楽の著作権者の頒布権を侵害しない。

イ　劇場用映画のDVDを正規に購入した者が、仲の良い友人1人だけに無料でそのDVDを貸す場合でも、頒布権を侵害する場合がある。

ウ　人気のあるアニメキャラクターの絵が登場する劇場映画をDVD化して販売するにあたっては、映画の著作権者の許諾を得ていれば、そのキャラクターの著作権者の許諾を得る必要はない。

エ　ロールプレイングゲームソフトを購入者から買い入れて中古品として店頭で販売するにあたり、そのゲームソフトの著作権者の許諾を得る必要はない。

問題14　譲渡権および貸与権に関する次の記述のうち、正しいものはどれか。

ア　友人の画家の絵を本人からプレゼントされた人が、その絵をネットオークションに出品し販売しても、画家の譲渡権を侵害することはない。

イ　正規品であると信じて海賊版のパソコン用ソフトを購入した人が、そのソフトをほかの人に転売した場合は、譲渡権の侵害となる。

ウ　購入したテレビドラマのDVDを無償で不特定人に貸し出す場合、テレビドラマの著作権者の貸与権を侵害する。

エ　美術工芸品の原作品を預かっている者が、無断でその美術工芸品を不特定多数の者に貸与した場合、その美術工芸品の著作権者の貸与権を侵害する。

問題15　翻案権に関する次の記述のうち、正しいものはどれか。

ア　ある絵画をベースに抽象画を描いたところ、ベースにした絵画がわからないほどに違ったものになった場合でも、その絵画の著作権者の翻案権を侵害する。

イ　演歌をロック調に変更しても、その演歌の著作権者の編曲権を侵害することはない。

ウ　ある漫画のコマ割が特徴的であったため、そのコマ割の方法を自分の描く漫画に取り入れたとしても、ある漫画の著作権者の翻案権を侵害することはない。

エ　映画の見所をラジオ番組の中で極めて簡単に紹介することは、その映画の著作権者の翻案権を侵害する。

問題１６　次の行為のうち、著作権者の許諾なく行った場合に複製権の侵害と<u>ならない</u>ものはどれか。

ア　テレビ放映された町内がロケ地となったテレビドラマを自分で楽しむためにＤＶＤに録画し、自分で視聴して楽しんだあとに、ＤＶＤを町内会のメンバーに無償で貸与することにより回覧すること

イ　大学進学のため遠方に離れて住んでいる２人の孫のために、友人の小説家が書いたまだ公表されていない短編小説を２部コピーし、それぞれに郵送すること

ウ　コンクール作品応募の参考資料にするために、大学の美術サークルメンバー７０人のうち、先着５人だけに昨年賞を取った絵画作品をコピーして配布すること

エ　ケーキ屋が、家族で誕生日を祝う個人客のために、最近人気のアニメキャラクターを描いたデコレーションケーキを製造すること

問題１７　図書館等における複製に関する次の記述のうち、<u>誤っている</u>ものはどれか。

ア　公共図書館の職員が、テレビ番組で紹介された影響で、特定の著者が執筆した絵本のコピーを求める利用者が多くなると考え、あらかじめ絵本のコピーを３０部作成した場合、複製権の侵害となる。

イ　県立美術館の資料室の職員が、来館者の求めに応じ、調査のため、美術本の一部分を複製して来館者に１部提供した場合、複製権の侵害となる。

ウ　公共図書館の利用者が、自身のホームページに掲載するため、植物図鑑の中の植物の写真を、図書館内に設置されたコピー機で１部コピーした場合、複製権の侵害となる。

エ　大学の図書館が、図書館まで来なくても自宅で閲覧できるよう、書物の一部をインターネットで閲覧できるようにした場合、公衆送信権の侵害となる。

問題１８　著作権の制限に関する次の記述のうち、正しいものはどれか。

ア　会社の入社試験において、英語の小説の一部を試験問題に利用した場合、小説の著作権者の複製権を侵害する。

イ　美術大学の油画授業のテキストとして用いられる書籍に、ある技法の説明のために絵画の写真を掲載した場合、絵画の著作権者の複製権を侵害する。

ウ　塾の授業で使用するために、小学校の教科書の一部をコピーして配布した場合、教科書の著作権者の複製権を侵害する。

エ　視覚障害の児童のために、既存の教科書の全ページを拡大して表示した教科書を作成した場合、教科書の著作権者の複製権を侵害する。

問題１９　上演等に関する次の記述のうち、誤っているものはどれか。

ア　スポーツジムが開催しているヨガ教室において、市販の音楽ＣＤの音楽をＢＧＭとして、受講者にヨガを実践してもらった場合、音楽ＣＤの著作物の著作権を侵害する。

イ　ラジオの番組を録音して、前日のラジオ番組の音声を再生して、飲食店で客に聞かせた場合、ラジオで放送される著作物の著作権を侵害する。

ウ　町内会が、無料で地域の子供たちに映画のＤＶＤを貸し出した場合、映画のＤＶＤの著作物の著作権を侵害する。

エ　音楽大学の学生３人に、中学校で生徒のために無料の演奏会を行ってもらい、帰りに学生３人にそれぞれ交通費の実費を支払った場合、演奏曲の著作物の著作権を侵害する。

問題２０　著作権の制限に関する次の記述のうち、正しいものはどれか。

ア　Ｗｅｂ上の動画配信サイトにアップロードされた時事問題の解説動画について、テレビの情報番組の中で取り上げて放送したとしても、動画の著作権者の著作権を侵害しない。

イ　Ｗｅｂ上の動画配信サイトにアップロードされた政治家の自己の政治的主張を述べた動画について、ダウンロードの上、多くの政治家の動画を集めたサイトに再掲載したとしても、政治家の著作権を侵害しない。

ウ　マンガを題材にしたゲームソフトが人気で売り切れ続出になっていることを報道するため、ゲームソフトのテーマ音楽を冒頭から２分間放送したとしても、テーマ音楽の著作権者の著作権を侵害しない。

エ　裁判の傍聴に来た中学生２０人に、裁判の様子を説明するため、裁判の証拠として提出された日記をコピーして配布したとしても、日記の著作権者の著作権を侵害しない。

問題２１　著作権の存続期間に関する次の記述のうち、正しいものはどれか。

ア　法人名義で書籍が発行された２０年後、その法人が解散しても、書籍の著作権は、発行から７０年間存続する。

イ　１人で製作した映画について、公表後７０年経過した時点で、映画製作者が存命であったとしても、映画の著作権は消滅する。

ウ　職務著作が成立している公表著作物について、実際に作成を行った従業員が、作成者は自分であると言い残して死亡した場合、その著作物の著作権は、従業員の死後７０年間存続する。

エ　Ｗｅｂ上に匿名で掲載された小説について、その作者の実名はＡであるとの事実を読者の１人がＷｅｂ上で公表した場合、その小説の著作権は、Ａの死後７０年間存続する。

問題２２　著作物の譲渡、著作物の利用に関する次の記述のうち、誤っているものはどれか。

ア　小説の著作権者は、その著作権について、本として複製して譲渡する権利と、朗読した音声を複製して譲渡する権利とにつき、別々の者に譲渡することができる。

イ　音楽の著作権者は、その著作権について、３年間の期間限定で第三者に譲渡することができる。

ウ　２人の対談の共有著作権者の一方は、自己の共有持分を放棄して、もう一方の著作権者の単独の著作権とすることができる。

エ　音楽の著作権者から独占的利用許諾を受けた者は、著作権者からあとに利用許諾を受けた者による音楽の利用行為につき、差止請求をすることができる。

問題２３　次のうち、登録ができないものはどれか。

ア　無名の絵画の著作物の第一公表年月日

イ　小説の著作物の映画化の許諾契約

ウ　プログラムの著作物の創作年月日

エ　無名のプログラムの著作物の著作者の実名

問題２４　著作隣接権に関する次の記述のうち、正しいものはどれか。

ア　演劇が録画された市販のＤＶＤを、その演劇に出演した俳優の許諾を得ずに、レンタルショップで顧客にレンタルした場合、俳優の貸与権を侵害する。

イ　レコード製作者が製作した市販のＣＤについて、レコード製作者の許諾を得ずに、そのＣＤを大量にコピーして販売した場合、レコード製作者の譲渡権を侵害する。

ウ　コンサートで歌っている歌手の姿を写真撮影し、歌手の許諾を得ずに、その写真を大量にコピーして販売した場合、著作権法上の実演家の権利を侵害する。

エ　演劇の舞台公演の新聞広告に、出演者全員の氏名を表示しなければ、実演家人格権を侵害する。

問題２５　実演家の許諾を得ていない場合、実演家の権利に関する次の記述のうち、正しいものはどれか。

ア　ある歌手が歌った大ヒット曲について、カラオケ店で伴奏のみを再生する際に、歌手の氏名を表示しなかった場合、歌手の実演家の権利を侵害する。

イ　ミュージカル映画を製作した映画製作者が、主演女優が映画の中で歌った歌を集めて録音したＣＤを作成した場合、主演女優の実演家の権利を侵害する。

ウ　タレントが関東圏で放送する録画番組の出演を許諾して番組を収録、放送したあとに、その番組を他地域のテレビ局が放送した場合、タレントの実演家としての権利を侵害する。

エ　テレビ局が、音楽番組に出演できなかった歌手について、その歌手のコンサートを数台のカメラを駆使して録音録画した市販のＤＶＤの映像音声を放送した場合、歌手の実演家としての権利を侵害する。

問題２６　レコードおよびレコード製作者に関する次の記述のうち、正しいものはどれか。

ア　美術館で、展示した絵画の説明用に、その絵画の隣で絵画を見ている人に再生して聞かせるためだけに作成した説明文の朗読を録音したＣＤは、レコードである。

イ　店舗内でＣＤを再生して演奏されている楽曲を、自身のスマホで録音した者は、レコード製作者である。

ウ　出版社の従業員が、会社で販売するＣＤを製作するために、電車の音を録音した場合、その従業員はレコード製作者である。

エ　歌手が自分の歌唱を録音し、それを複製したＣＤを友人１名にプレゼントしたところ、友人は歌手に断らずにそのＣＤから１００枚のＣＤコピーを作り、インターネット上で販売した場合、友人は歌手のレコード製作者としての譲渡権は侵害していない。

問題２７　放送事業者の権利に関する次の記述のうち、正しいものはどれか。

ア　会社の会議で参考に見るために、テレビの情報番組の一場面をスマホで撮影しても、放送事業者の著作隣接権を侵害しない。

イ　テレビの音楽番組を受信して同時にＷｅｂ上で送信しても、放送事業者の著作隣接権を侵害しない。

ウ　オリンピック開催中に、出場している自校の選手を応援するため講堂に特別に大きなスクリーンを用意して、競技を生中継で放送しているテレビ放送を受信して在校生１００人以上に見せることは、放送事業者の著作隣接権を侵害しない。

エ　遊園地において、テレビ放送を受信し、その音声だけを複数の業務用スピーカーで園内に流したとしても、放送事業者の著作隣接権を侵害しない。

問題２８　A社の従業員Bが、業務命令により、C社が著作権を有するソフトウェアの海賊版を不正複製物と知った上で業務上使用するために、会社のコンピュータ１０台にインストールした場合に関する次の記述のうち、正しいものはどれか。

ア　業務命令により、従業員Bに海賊版をインストールさせたので、A社が著作権侵害の責任を負い、従業員Bは著作権侵害とはならない。

イ　C社の抗議を受けて、A社が当該ソフトウェアの削除（アンインストール）を行い、新たに当該ソフトウェアの正規版をC社から購入した場合、A社は損害の賠償をする必要はない。

ウ　従業員Bが当該ソフトウェアをインストールしたコンピュータのうち、１台しか業務上使用していなかった場合、使用していない残りの９台については損害賠償の対象とはならない。

エ　A社が自社で使用するためではなく、今後自社と取引してくれる会社にサービスとして無償で貸与するために、当該ソフトウェアの海賊版CDを所持する行為も著作権侵害となる。

問題２９　ベルヌ条約に関する次の記述のうち、正しいものはどれか。

ア　日本国民の著作物について、米国で保護を受けるためには、著作物に © マークをつける必要がある。

イ　日本国民の著作物について、ほかのベルヌ条約加盟国で救済を求める場合、その加盟国の著作権法等の法令により権利主張することになる。

ウ　ベルヌ条約では、実演家の権利に関する規定も定められている。

エ　日本はベルヌ条約の加盟国なので、日本においては非加盟国の国民の著作物についてはベルヌ条約の定める保護を受けることはできない。

問題３０　次のうち、日本の著作権法で保護されないものはどれか。

ア　台湾の人が日本で行った実演

イ　日本のレコード会社がイギリス人の歌手を使ってロンドンで製作したレコード

ウ　著作権保護に関するいかなる条約にも加入していないパラオ共和国で行われた日本人歌手の歌唱

エ　アメリカ在住の日本国民がアメリカで書いてアメリカの出版社から英語で出版した小説

問題31　次の記述のうち、正しいものはどれか。

ア　小説の出版に関し、紙の書籍として出版することについては印税や支払い条件等について、小説家と出版社の間で合意し、実際に出版されたが、インターネット配信については条件が合わず、この小説に関し契約書は作成しなかった。この小説について、小説家と出版社の間では何らの契約も成立していない。

イ　契約書を作成し、両者署名押印したが、必要な印紙が貼っていなかった場合、その契約書には効力はない。

ウ　100万円の対価で、小説を原作にして映画を製作することに合意して映画が製作公開されたが、客入りが悪く収入が少なかったため、50万円しか原作料が支払われなかった。この場合、小説の映画化の契約は成立していない。

エ　絵画販売にあたり、価格は50万円で合意したが支払日がもめている場合、契約は成立していない。

問題32　知的財産権に関する次の記述のうち、誤っているものはどれか。

ア　著作権は、特許権と異なり、自己の権利範囲を明確にして文化庁に登録申請しなくても、権利そのものが発生する。

イ　著作権も特許権や商標権と同様、それが侵害された場合には、侵害行為の差し止めを求めることができる。

ウ　著作権に基づく侵害行為の差し止めを求める場合、自己が主張する著作権の内容や、自己が著作権者であることまで立証する必要はない。

エ　著作権についても、登録制度は存在する。

問題33　次の文章の空欄にあてはまる語句の組み合わせとして、正しいものはどれか。

　　　他人が撮影した写真画像をインターネット上で公開している自分のホームページに掲載する行為は、第三者がその画像を（　　A　　）、送信可能化にあたり、その写真の著作権者の許諾を得ていない場合は、その著作権者の公衆送信権を侵害する。
　　　また、他人が撮影した写真画像を自分の弟への電子メールに添付して送付する行為は、送信可能化に（　　B　　）、その写真の著作権者の複製権の侵害に（　　C　　）。

	A	B	C
ア	閲覧した場合に限り	あたらず	ならない
イ	閲覧した場合に限り	あたり	なる
ウ	閲覧しない場合でも	あたらず	ならない
エ	閲覧しない場合でも	あたらず	なる

242

問題３４　著作物に関する次の記述のうち、正しいものの組み合わせはどれか。

1　犯罪の現場が撮影された防犯用固定カメラの映像は、著作物として保護されることはない。

2　猿が上手に描いた動物の絵は、著作物として保護されることはない。

3　画家が同じ題材を、同じ構成で２枚描いた場合、２枚目の絵画は著作物として保護されることはない。

4　人間が打ち込んだソースコードを、コンピュータの実行形式であるオブジェクトコードに変形するためのプログラムは、著作物として保護されることはない。

ア　1と2

イ　1と4

ウ　2と3

エ　3と4

問題３５　次の記述のうち、正しいものの組み合わせはどれか。

1　焼失した名画を、その名画の写真を見ながら忠実に模写して再現した画家は、その再現した絵の著作者である。

2　アメリカ大統領の就任演説のテレビ中継で同時通訳を行った通訳者は、その演説の日本語の著作者である。

3　憲法の起草者は、著作者である。

4　ゴーストライターに、自己啓発本を執筆させたタレントは、その本の著作者である。

ア　1と2

イ　1と4

ウ　2と3

エ　3と4

問題３６　公表権に関する次の記述のうち、正しいものの組み合わせはどれか。

1　友人から自身を描いた似顔絵をもらったため、その似顔絵を撮影して無断でＳＮＳに掲載した場合、友人の公表権を侵害する。

2　映画の感想を友人２人にメールで送信したところ、友人２人とも、そのメールを無断で別々のホームページに掲載した場合、あとに掲載を行った友人は、メールの送信者の公表権を侵害する。

3　未公表の彫刻の著作者が、彫刻のレプリカを知人に譲渡した場合、その知人が、譲渡されたレプリカを無断で展示会に展示しても、彫刻の著作者の公表権を侵害しない。

4　市販の日本の小説について、これまで存在しなかったドイツ語訳を作成した友人からその原稿をメールで送信してもらった者が、無断でそのドイツ語訳をホームページに掲載したとしても、ドイツ語訳を作成した友人の公表権を侵害しない。

ア　1と2

イ　1と4

ウ　2と3

エ　3と4

問題３７　口述権および展示権に関する次の記述のうち、正しいものの組み合わせはどれか。

1　絵画の複製品をレストランに展示した場合、絵画の著作権者の展示権を侵害する。

2　大企業における参加自由の勉強会において、ビジネスの解説書の輪読を行った場合、解説書の著作権者の口述権を侵害する。

3　健康食品を販売する店舗において、食品に含まれる栄養素に関する講演の録音ＣＤを再生して来店者に聞かせた場合、講演の著作権者の口述権を侵害する。

4　これまで雑誌に掲載された有名な写真家の写真の原作品を集めて、展覧会で展示した場合、写真の著作権者の展示権を侵害する。

ア　1と2

イ　1と4

ウ　2と3

エ　3と4

問題３８　二次的著作物に関する次の記述のうち、<u>誤っているもの</u>の数はどれか。

1　映画館での公開日を決めて漫画家の許諾を得た上で、漫画を原作とした劇場用映画を製作し、宣伝のために映画館での公開に先立ち１回だけインターネット配信するためには、インターネット配信することについてはその漫画の著作権者の許諾を得る必要はあるが、配信日については映画製作者が自由に決められる。

2　外国小説の翻訳書をもとにアニメーションを製作する場合、小説家が許諾を出していても、翻訳家が許諾しない場合は、アニメーション製作はできない。

3　小説をもとに、小説の著作権者に許諾を得て演劇脚本を製作した場合は、劇場で演劇を上演するためには、小説の著作権者の許諾を得る必要はない。

4　漫画を原作とした映画の著作権の存続期間が満了したときでも、漫画の著作権の存続期間が満了していない場合は、漫画の著作権者の許諾を得なければ、この映画の著作物を上映することはできない。

ア　１つ

イ　２つ

ウ　３つ

エ　４つ

問題３９　著作権の制限に関する次の記述のうち、正しいものの組み合わせはどれか。

1　有料の動物園のキリンコーナーの横の広場に、動物園が所有するキリンの彫刻の原作品を設置した場合、彫刻の著作権者の著作権を侵害する。

2　博物館に展示されている油絵の原作品を、高校生が鉛筆で模写し、その模写画を高校の廊下に掲示した場合、油絵の著作権者の著作権を侵害する。

3　美術館において、展示している絵画の原作品に近づくと、観覧者のスマートフォンに絵画とその説明文を表示するようにした場合、絵画の著作権者の著作権を侵害する。

4　レンタル店が、許諾を得てレンタルしている漫画のラインナップを示すために、Ｗｅｂ上に漫画の表紙の画像をサムネイル表示した場合、漫画の著作権者の著作権を侵害する。

ア　１と２

イ　１と４

ウ　２と３

エ　３と４

問題４０　次の記述のうち、正しいものの組み合わせはどれか。

1　人気のレストランで、レストランの店内の様子およびメニューを撮影し、その写真をＳＮＳに掲載した場合、そのレストランオーナーのパブリシティ権を侵害する場合がある。

2　レストランで食事する芸能人を隠し撮りし、その写真を友人５人にメールで送付した場合、その芸能人のパブリシティ権を侵害する場合がある。

3　街角で、有名ブランドの洋服を着た一般女性の姿を撮影し、その写真をＳＮＳに掲載した場合、その一般女性の肖像権を侵害する場合がある。

4　プロ野球選手の実名を多数使用したアプリを作成して販売した場合、プロ野球選手の肖像権を侵害する。

ア　1と2

イ　1と4

ウ　2と3

エ　3と4

第52回
ビジネス著作権検定
初級

正答・解説

問題　1	エ	問題　2	ウ	問題　3	エ	問題　4	エ	問題　5	ウ
問題　6	エ	問題　7	イ	問題　8	イ	問題　9	エ	問題１０	ウ
問題１１	エ	問題１２	ア	問題１３	ア	問題１４	イ	問題１５	ア
問題１６	イ	問題１７	エ	問題１８	イ	問題１９	ウ	問題２０	イ
問題２１	ア	問題２２	ウ	問題２３	ウ	問題２４	ア	問題２５	ウ
問題２６	ア	問題２７	イ	問題２８	イ	問題２９	ア	問題３０	エ

サーティファイ
著作権検定委員会

本書の問題収録にあたりましては、原則として2022年1月1日現在の法令に対応すべく、問題文、解答及び解説を改変して掲載しております。

> ※解説中の「○条」は、特に断りがない限り「著作権法○条」を示します。

問題1

【正答　エ】

【解説】

　著作物とは、「思想又は感情を創作的に表現したものであつて、文芸、学術、美術又は音楽の範囲に属するものをいう」（2条1項1号）。アイウは、この要件の中に含まれているが、エは含まれていない。

問題2

【正答　ウ】

【解説】

ア　「事実の伝達にすぎない雑報及び時事の報道は、前項第1号に掲げる著作物に該当しない」（10条2項）。したがって、著作物とはならない。

イ　「裁判所の判決」は著作物であるが、「この章の規定による権利の目的となることができない」（13条3号）。「この章」とは、「第二章　著作者の権利」である。したがって、著作者人格権の1つである氏名表示権も与えられない。

ウ　著作権法は著作物であるが、「憲法その他の法令」にあたり、「この章の規定による権利の目的となることができない」（13条1号）。したがって、著作者人格権の1つである同一性保持権も与えられない。

エ　法令の翻訳物は著作物であり、「国若しくは地方公共団体の機関、独立行政法人又は地方独立行政法人が作成するもの」に限り、「この章の規定による権利の目的となることができない」（13条4号）。大学教授が翻訳したものはこれらには該当せず、「この章の規定による権利」の1つである「複製権」（21条）が与えられる。

問題3

【正答　エ】

【解説】

　二次的著作物とは、「著作物を翻訳し、編曲し、若しくは変形し、又は脚色し、映画化し、その他翻案することにより創作した著作物をいう」（2条1項11号）。

ア　絵画Aを正面から撮影した写真Bは、絵画Aを忠実に再現するために複製したものにすぎず、創作性が認められないので、そもそも著作物とならない。

イ　小説Aの全文をそのままローマ字に書き換えて記載した文章Bは、小説Aを複製したものにすぎず、創作性が認められないので、そもそも著作物とならない。

ウ　小説Aを批評した評論文Bは、小説とは独立した著作物であり、二次的著作物とならない。

エ　小説Aのストーリーを用いて描いた漫画Bは、小説を翻案することにより創作した著作物であり、小説Aの二次的著作物となる。

問題4

【正答　エ】

【解説】

　共同著作物とは、「二人以上の者が共同して創作した著作物であつて、その各人の寄与を分離して個別的に利用することができないものをいう」（2条1項12号）。

ア　小説と挿し絵は、各人の寄与を分離して個別的に利用することができるので、共同著作物とならない。「結合著作物」と呼ばれる。

イ　歌詞と曲は、各人の寄与を分離して個別的に利用することができるので、共同著作物とならない。「結合著作物」と呼ばれる。

ウ　「共同著作物の著作権その他共有に係る著作権（以下この条において「共有著作権」という。）については、各共有者は、他の共有者の同意を得なければ、その持分を譲渡し、又は質権の目的とすることができない」（65条1項）。

エ　「共有著作権は、その共有者全員の合意によらなければ、行使することができない」（65条2項）。したがって、他人に利用を許諾する場合、共有著作権者全員の合意が必要となる。

問題5

【正答　ウ】

【解説】

　ア　著作権法では、著作者は「著作物を創作する者をいう」と定義されており（2条1項2号）、年齢その他の条件はなく、低学年の小学生でも著作者となる。

　イ　著作者となるためには実際に創作行為に携わる必要があり、参考資料やアイデアを提供しただけでは著作者とならない。

　ウ　創作者はいかなる方式の履行も要さず著作者として著作者人格権および著作権を享有する（17条2項。無方式主義）。

　エ　写真の著作者、著作権者は撮影をした写真家であり、費用を支払って撮影を依頼した者ではない。

問題6

【正答　エ】

【解説】

　「法人その他使用者（以下この条において「法人等」という。）の発意に基づきその法人等の業務に従事する者が職務上作成する著作物（プログラムの著作物を除く。）で、その法人等が自己の著作の名義の下に公表するものの著作者は、その作成の時における契約、勤務規則その他に別段の定めがない限り、その法人等とする」（15条1項）。職務著作が成立しない場合、原則のとおり、創作者が著作者、著作権者となる。Aは職務と無関係に創作しているので、会社名義で公表したとしても、職務著作は成立しないため、Aがグラフィックデザインの著作者、著作権者となる。

問題7

【正答 イ】

【解説】

　「この法律にいう「映画の著作物」には、映画の効果に類似する視覚的又は視聴覚的効果を生じさせる方法で表現され、かつ、物に固定されている著作物を含むものとする」（2条3項）。

ア　映画の著作物とされるものは、劇場で上映される映画に限らない。

イ　映画の著作物とされるためには、「物に固定されている」必要がある。テレビの生放送は、この要件を満たさず、映画の著作物とはならない。

ウ　防犯カメラは固定されたカメラであり、これにより撮影されたものには創作性が認められず、著作物とはならない。

エ　スマートフォンで火事の現場を撮影した影像は、映画の効果に類似する視覚的または視聴覚的効果を生じさせる方法で表現され、かつ、物に固定されているものであるので、素人が撮影したものであっても、創作性が認められれば、映画の著作物となり得る。

問題8

【正答 イ】

【解説】

　「著作者は、その著作物でまだ公表されていないもの（その同意を得ないで公表された著作物を含む。以下この条において同じ。）を公衆に提供し、又は提示する権利を有する」（18条1項）。

ア　著作者人格権は、一身専属の権利であり、財産権である著作権と異なり、他人に譲渡できない（59条）。

イ　公表権は、著作物の価値とは関係なく、未公表の著作物を公表するか、しないかを決定する権利である。

ウ　未公表の著作物に係る著作権を譲渡した場合、当該著作物を公衆に提供し、または提示することに同意したものと推定される（18条2項1号）。

エ　著作者は未公表の著作物を公衆に提供または提示する権利を有しており、この権利には著作物をいつ公表するか、具体的な公表時期について決定する権限も含まれる。

問題9

【正答　エ】

【解説】

　「著作者は、その著作物を公に上映する権利を専有する」（22条の2）。上映とは、「著作物（公衆送信されるものを除く。）を映写幕その他の物に映写することをいい、これに伴つて映画の著作物において固定されている音を再生することを含むものとする」（2条1項17号）。

ア　放送されるテレビドラマは「公衆送信されるもの」なので「上映」の対象にはならず、上映権を侵害しない。ただし、公の伝達権の侵害となる。

イ　家族で鑑賞するために映画を映写することは、「公衆に」直接見せまたは聞かせることを目的としているとはいえないため、著作権者の許諾を得なくても上映権を侵害しない。

ウ　動画共有サイトにアップロードし、配信することは、公衆送信権の侵害となる。

エ　映画DVDを再生して大型テレビに映すことは「その他の物に映写すること」にあたるので「上映」にあたり、さらに、不特定多数の客が見られるようにすることは「公に」見せることを目的としており、上映権を侵害する。

問題10

【正答　ウ】

【解説】

　「著作者は、その著作物について、公衆送信（自動公衆送信の場合にあつては、送信可能化を含む。）を行う権利を専有する」（23条1項）。公衆送信とは、「公衆によつて直接受信されることを目的として無線通信又は有線電気通信の送信（電気通信設備で、その一の部分の設置の場所が他の部分の設置の場所と同一の構内（その構内が二以上の者の占有に属している場合には、同一の者の占有に属する区域内）にあるものによる送信（プログラムの著作物の送信を除く。）を除く。）を行うことをいう」（2条1項7号の2）。

ア　Webサイトに他人の著作物を掲載することは、「送信可能化」にあたり、送信可能化は公衆送信に含まれるので、誰もアクセスしなくても、公衆送信権を侵害する。

イ　テレビ番組を録画したものを再生して不特定の者に視聴させることは、「公衆送信」にはあたらず、公衆送信権は侵害しない。ただし、上映権の侵害となる。

ウ　電子メールを特定の友人1人に送信する行為は、「公衆によって受信されること」を目的としていないので「公衆送信」にはあたらず、公衆送信権を侵害しない。

エ　地上波ラジオの生放送は、「公衆によって直接受信されることを目的として無線通信」するものなので、「公衆送信」にあたり、小説の公衆送信権を侵害する。

問題１１

【正答　エ】

【解説】

　　口述とは、「朗読その他の方法により著作物を口頭で伝達すること（実演に該当するものを除く。）」をいい（２条１項１８号）、口述権とは、言語の著作物を公に口述する権利である（２４条）。

ア　「演ずるように読む」のは口演であり、実演にあたる（２条１項３号）ため、「口述」にはあたらず、口述権を侵害しない。ただし、小説の著作権者の上演権を侵害する。

イ　講演を録音し、その録音物を公衆に販売する行為は、「口述」をしているわけではないので口述権は侵害しない。ただし、講演の複製権および譲渡権を侵害する。

ウ　「公に」とは、著作物を公衆に直接見せまたは聞かせることを目的としている場合を指す（２２条）ため、特定の少人数の集まりである家庭内での朗読は、公衆に直接見せまたは聞かせることを目的としていないので、口述権の対象とならず、著作権者に無断で行っても口述権を侵害しない。

エ　口述は、著作物の口述で録音されまたは録画されたものを再生することも含む（２条７項）ので、録音物を再生して聞かせることも口述権を侵害する。

問題１２

【正答　ア】

【解説】

　　「著作者は、その美術の著作物又はまだ発行されていない写真の著作物をこれらの原作品により公に展示する権利を専有する」（２５条）。

ア　展示権は、絵画の「原作品」を展示する場合に認められる権利であり、彫刻の「複製物」を展示しても展示権を侵害しない。

イ　小説家の手書きの生原稿は言語の著作物であり、言語の著作物は展示権の対象ではないため、展示権を侵害しない。

ウ　写真の著作物の原作品は、未発行のものに限り展示権の対象となるため、発売済みの写真集に掲載されている写真を展示しても、展示権を侵害しない。

エ　「美術の著作物若しくは写真の著作物の原作品の所有者又はその同意を得た者は、これらの著作物をその原作品により公に展示することができる」（４５条１項）。したがって、書の原作品をその所有者が書道展で展示しても、展示権を侵害しない。

問題１３

【正答　ア】

【解説】

　　頒布とは、「有償であるか又は無償であるかを問わず、複製物を公衆に譲渡し、又は
　貸与することをいい、映画の著作物又は映画の著作物において複製されている著作物
　にあつては、これらの著作物を公衆に提示することを目的として当該映画の著作物の
　複製物を譲渡し、又は貸与することを含むものとする」（２条１項１９号）。

　ア　頒布は、複製物を公衆に譲渡または貸与することをいい、インターネットで公開
　　することは頒布にあたらない。

　イ　映画の著作物の複製物を不特定多数の人に販売することは、公衆に譲渡するもの
　　であり、頒布にあたる。

　ウ　映画の著作物の場合、特定者への複製物の貸与であっても、文化祭での映画上映
　　のように、公衆への提示を目的として貸与することは頒布にあたる。

　エ　映画の著作物の複製物を不特定多数の人に貸与することは、公衆に貸与するもの
　　であり、頒布にあたる。

問題１４

【正答　イ】

【解説】

　ア　「著作者は、その著作物（映画の著作物を除く。以下この条において同じ。）をそ
　　の原作品又は複製物（映画の著作物において複製されている著作物にあつては、当
　　該映画の著作物の複製物を除く。以下この条において同じ。）の譲渡により公衆に提
　　供する権利を専有する」（２６条の２第１項）。譲渡権は、映画の著作物には認めら
　　れていない。ただし、複製権および頒布権を侵害する。

　イ　「著作者は、その著作物（映画の著作物を除く。）をその複製物（映画の著作物に
　　おいて複製されている著作物にあつては、当該映画の著作物の複製物を除く。）の貸
　　与により公衆に提供する権利を専有する」（２６条の３）。したがって、音楽ＣＤを
　　複製して不特定多数の人に貸し出すことは、貸与権を侵害する。なお、複製権も侵
　　害する。

　ウ　貸与権は、複製物の貸与に働く権利であり、原作品を貸与しても貸与権を侵害し
　　ない。

　エ　友人１人に譲渡する場合は、特定少数に対する譲渡であり、公衆に提供していな
　　いので、譲渡権を侵害しない。

問題１５

【正答　ア】

【解説】

　「著作者は、その著作物を翻訳し、編曲し、若しくは変形し、又は脚色し、映画化し、その他翻案する権利を専有する」（２７条）。

ア　脚色、映画化は、翻案の例示であり、著作権者に無断で漫画を映画化することは、翻案権の侵害にあたる。

イ　写真を忠実に模写した絵画を描くことは、翻案とはいえ、翻案権の侵害にはあたらない。ただし、複製権を侵害する。

ウ　絵画のイメージをもとにした楽曲を作曲することは、絵画の表現を利用するものではないので、翻案権の侵害にあたらない。

エ　点字化は複製にあたる（３７条１項）。したがって、翻案権を侵害しない。

問題１６

【正答　イ】

【解説】

ア　図書館等の利用者の求めに応じ、その調査研究の用に供するために、公表された著作物の一部分の複製物を１人につき１部提供する場合（31条１項１号）には、図書館等は複製することができる。あくまで利用者１人につき許される複製は１部である。

イ　公表された著作物は、営利を目的とせず（非営利）、聴衆または観衆から料金を受けず（無料）、かつ、実演家等に報酬が支払われない（無報酬）場合には、著作権者に許諾を得ることなく、その著作物を公に上演、演奏、上映、口述することができる（３８条１項）。チャリティー目的であっても、観客から入場料を徴収する以上、無料ではないので、本規定の適用は受けず、著作権者の許諾が必要である。

ウ　第３８条１項によって、演奏が権利制限の対象であるとしても、楽譜の複製や配布については、権利制限規定が適用されない限り、無許諾では配布できない。

エ　放送される著作物を家庭用テレビで客にサービスとして見せることは、公の伝達権の侵害とはならない（３８条３項）。

問題１７

【正答　エ】

【解説】

　　個人が実名で公表した著作物の場合、保護期間は著作者の死後７０年を経過するまでの間、存続する（５１条２項）。例外として、無名又は変名の著作物の著作権は、その著作物の公表後７０年を経過するまでの間、存続する（５２条１項）。もっとも、変名の著作物における著作者の変名がその者のものとして周知のものであるときは、実名で公表された場合と同様に取り扱われ、原則通り死後７０年となる（同条２項１号）。

　　実名で発表された著作物の保護期間の終期の計算は、著作者が死亡した年の翌年の１月１日から起算する（５７条）。したがって、１９８９年に亡くなった漫画家の作品の保護期間の終期は、翌年の１９９０年１月１日から起算して、２０５９年１２月３１日で終了する。

問題１８

【正答　イ】

【解説】

ア　著作権を二重に譲渡（移転）する契約も有効であるが、優先関係は対抗問題として第三者対抗要件である登録の先後で判断される（７７条１号）。

イ　共有著作権については、各共有者はほかの共有者の同意を得なければ、その持分を譲渡することができないので、ほかの共有著作者の同意が得られない場合には、持分を譲渡することはできないのが原則である（６５条１項）。もっとも、各共有者は、正当な理由がない限り、ほかの共有者の譲渡の同意を拒むことはできない（同条３項）。

ウ　「著作権は、その全部又は一部を譲渡することができる」（６１条１項）。したがって、支分権ごとの一部の譲渡をすることが可能である。

エ　「著作権を譲渡する契約において、第２７条（翻訳権、翻案権等）又は第２８条（二次的著作物の利用に関する原著作者の権利）に規定する権利が譲渡の目的として特掲されていないときは、これらの権利は、譲渡した者に留保されたものと推定する」（６１条２項）。したがって、譲渡契約において、「著作権をすべて」としか書かれておらず、翻案権が譲渡の目的として特に掲げられていない場合には、翻案権は元の著作権者である開発者に留保されたものと推定され、翻案権が譲渡されたものとは推定されない。

問題１９

【正答　ウ】

【解説】

　ア　実演家人格権は、著作者人格権と異なり、公表権は含まれていない。

　イ　「実演家は、その実演の公衆への提供又は提示に際し、その氏名若しくはその芸名その他氏名に代えて用いられるものを実演家名として表示し、又は実演家名を表示しないこととする権利を有する」（９０条の２第１項）。

　ウ　「実演家は、その実演の同一性を保持する権利を有し、自己の名誉又は声望を害するその実演の変更、切除その他の改変を受けないものとする」（９０条の３第１項）。「意に反する改変」ではない。

　エ　「実演家人格権は、実演家の一身に専属し、譲渡することができない」（１０１条の２）。

問題２０

【正答　イ】

【解説】

　ア　放送権は、レコード製作者には与えられていないが、実演家には与えられている（９２条１項）。

　イ　実演家とレコード製作者に与えられている権利は、送信可能化権である（９２条の２第１項、９６条の２）。自動公衆送信権は、著作者には与えられている（２３条１項、２条１項９号の４）が、実演家とレコード製作者のいずれにも与えられていない。

　ウ　譲渡権は、実演家とレコード製作者のいずれにも与えられている（９５条の２第１項、９７条の２第１項）。

　エ　商業用レコードの二次使用料請求権は、実演家とレコード製作者のいずれにも与えられている（９５条１項、９７条１項）。

問題21

【正答　ア】

【解説】

ア　故意のない行為は、法律に特別の規定がない限り、罰しない（刑法38条1項）。著作権法には、過失犯を罰する規定は存在しない。

イ　差止請求は、過失の有無を問わず、著作権の侵害者に対して行うことができる（著作権法112条1項）。

ウ　損害賠償請求は、過失が存在する著作権の侵害者に対して行うことができる（民法709条）。

エ　不当利得返還請求は、過失の有無を問わず、利得者に対して行うことができる（民法703条）。

問題22

【正答　ウ】

【解説】

ア　本人の承諾なく肖像写真をインターネットで公表することは、肖像権の侵害となり得る。また、写真の著作権者に無断で写真をインターネットで公表することは、写真の著作権の侵害となる。

イ　著名人にはパブリシティ権があり、無断で肖像や氏名、声を利用すると、パブリシティ権の侵害となり得る。また、実演家やレコード製作者の著作隣接権の侵害となる。

ウ　自分の言葉で根拠を挙げながら冷静に反論することは、権利侵害にはあたらない。

エ　公開されていない実家の住所といった情報をインターネット上で公表することは、プライバシー権の侵害となり得る。

問題２３

【正答　ウ】

【解説】

ア　絵画の原作品を燃やして消失させれば、その所有権は消滅するが、著作権まで消滅するわけではない。

イ　所有権と著作権とは別の権利であり、所有権を譲渡したからといって自動的に著作権が譲渡されるものではない。絵画の原作品の所有権の譲受人がそれを公に展示することができる理由は、譲受人が展示権（２５条）の譲渡を受けたからではなく、著作権者がもつ展示権が制限されるからである（４５条）。

ウ　絵画の原作品の所有権は、その「物」が存在している限り、永久に存続する。著作権の存続あるいは消滅と一切関係しない。

エ　原作品の撮影は、「複製」（２１条）であり、それを「公衆送信」（２３条１項）することは、いずれも著作権の支分権に該当する行為となる。所有権者が自由に行える行為ではない。

問題２４

【正答　ア】

【解説】

「これらの文化的所産の公正な利用に留意しつつ」は、「著作者の権利及びこれに隣接する権利を定め」と「著作者等の権利の保護を図り」との間に挿入されている。著作者等の権利が強すぎると、著作物等の公正な利用が妨げられてしまう。著作権法では、公正な利用であると判断される利用に関しては、権利の制限規定を設け、権利者等の許諾を得なくても、利用が行えるよう配慮している。したがって、アが正答となる。イウエの各規定は、公正な利用に留意という意味とは無関係な規定である。

問題２５

【正答　ウ】

【解説】

　権利制限規定とは、（Ａ：著作権者）の権利を制限する規定をいい、他人の著作物を無許諾で利用することができる行為が規定されている。例えば、テレビ番組をハードディスクレコーダーで録画する行為は（Ｂ：複製権）にかかわるが、（Ｃ：私的使用の）目的であれば許諾を得る必要がない（３０条）。

問題２６

【正答　ア】

【解説】

1　著作権の存続期間が満了していて著作権が与えられないことは、それが著作物であるか否かの判断に影響をおよぼさない。ピアノの楽曲は、著作物となり得る場合がほとんどである。

2　握りずしは、いかに一流の職人が手がけたものであっても、著作物とはなり得ない。「文芸、学術、美術又は音楽の範囲に属するもの」とはいえないからである。

3　地図は、著作物として例示されており（１０条１項６号）、創作性があれば著作物となり得る。

4　新型コロナウイルスに罹患した感染者、重症者、死亡者の数は単なる事実であり、それをそのまま表にしても創作性はないことから、著作物とはなり得ない。

問題２７

【正答　イ】

【解説】

1　「著作者は、その著作物の原作品に、又はその著作物の公衆への提供若しくは提示に際し、その実名若しくは変名を著作者名として表示し、又は著作者名を表示しないこととする権利を有する」（１９条１項前段）。ペンネーム（変名）の内容や数に制限はない。

2　氏名表示権は、著作者名の表示として実名、変名にするのか、無名にするのか（著作者名を表示しないのか）を選択できる権利であり、無断で実名表示がされれば氏名表示権の侵害となる。

3　「著作者名の表示は、著作物の利用の目的及び態様に照らし著作者が創作者であることを主張する利益を害するおそれがないと認められるときは、公正な慣行に反しない限り、省略することができる」（１９条３項）。

4　原著作物の著作者は、二次的著作物の公衆への提供又は提示に際しての原著作物の著作者名の表示についても、氏名表示権を有している（１９条１項後段）。したがって、漫画の原作者は二次的著作物であるアニメ作品につき、氏名表示権を主張できる。

問題２８

【正答　イ】

【解説】

　複製とは、「印刷、写真、複写、録音、録画その他の方法により有形的に再製すること」をいう（2条1項15号）。

1　テレビ番組をスマートフォンで動画撮影する行為は、有形的な再製であり、テレビ番組の複製にあたる。

2　詩を暗記する行為は、詩を有形的に再製するものではないので、詩の複製にはあたらない。

3　音楽ＣＤを再生する行為は、音楽を有形的に再製するものではないので、音楽の複製にはあたらない。ただし、演奏には著作物の演奏で録音されたものを再生することも含まれる（2条7号）ため、演奏にあたる。

4　Ｗｅｂサイトの文章をコピーする行為は、有形的な再製であり、文章の複製にあたる。

問題２９

【正答　ア】

【解説】

　　公表された著作物は、引用して利用することができるが、その引用は、公正な慣行に合致するものであり、かつ、報道、批評、研究その他の引用の目的上正当な範囲内で行なわれるものでなければならない（３２条１項）。

1　報道、批評、研究に限らず、引用の目的上正当な範囲内であればよい。

2　公表された著作物でなければ引用できない。

3　引用は、「引用して利用する著作物」と「引用されて利用される著作物」が明瞭に区別して認識できることが必要である。

4　「引用して利用する著作物」が主となり、「引用されて利用される著作物」が従となる関係が必要であるが、引用できる範囲として、著作物の全体を引用することが可能な場合もある。

問題３０

【正答　エ】

【解説】

　　放送事業者とは、「放送を業として行う者をいう」（２条１項９号）。放送事業者が有する権利は、著作隣接権である（８９条３項および６項）。

第52回
ビジネス著作権検定
上級

正答・解説

問題　1	イ	問題　2	ア	問題　3	ウ	問題　4	ア	問題　5	ア
問題　6	イ	問題　7	ウ	問題　8	ア	問題　9	エ	問題１０	イ
問題１１	ウ	問題１２	ア	問題１３	ウ	問題１４	ア	問題１５	ウ
問題１６	イ	問題１７	イ	問題１８	ウ	問題１９	エ	問題２０	イ
問題２１	イ	問題２２	エ	問題２３	イ	問題２４	イ	問題２５	イ
問題２６	ア	問題２７	エ	問題２８	エ	問題２９	イ	問題３０	ウ
問題３１	エ	問題３２	ウ	問題３３	ウ	問題３４	ア	問題３５	ウ
問題３６	ア	問題３７	ウ	問題３８	ウ	問題３９	ア	問題４０	エ

サーティファイ
著作権検定委員会

> ※解説中の「○条」は、特に断りがない限り「著作権法○条」を示します。

問題1

【正答　イ】

【解説】

ア　国若しくは地方公共団体の機関、独立行政法人（独立行政法人通則法（平成１１年法律第１０３号）第２条第１項に規定する独立行政法人をいう。以下同じ。）又は地方独立行政法人（地方独立行政法人法（平成１５年法律第１１８号）第２条第１項に規定する地方独立行政法人をいう。以下同じ。）が発する告示、訓令、通達その他これらに類する著作物は、この章の規定による権利の目的となることができない（１３条２号）。国もしくは地方公共団体等が発する告示・訓令・通達についても、憲法その他の法令（同条１号）と同じく著作権法による保護の目的とはならない旨定めているが、ここでいう「告示・訓令・通達その他」は、国家機関や地方機関がその権限行使として出す文書の類で、国民や住民が基本的にあまねく知っておくべきものを広く指している。文化庁は、著作権法に関し法的権限のある解釈を示すことができない（著作権法の法的効力のある解釈をする権限があるのは裁判所のみ）ので、文化庁が作成した著作権制度に関する解説は、ここでいう「告示・訓令・通達その他」にはあたらない。行政庁が作成する「教育白書」や「労働経済白書」なども含まれない。

イ　第１３条１号、２号、３号に掲げるものの翻訳物及び編集物で、国若しくは地方公共団体の機関、独立行政法人又は地方独立行政法人が作成するものは、権利の目的となることができない（１３条４号）が、国もしくは地方公共団体の機関、独立行政法人又は地方独立行政法人以外が作成したこれらの翻訳物や編集物は、権利の目的となる。

ウ　この法律にいう「美術の著作物」には、美術工芸品を含むものとする（２条２項）。茶碗であっても、美的鑑賞に耐え得るような一品製作品のように、思想または感情の創作的表現であり得るものについては美術の著作物に該当するので、著作物として保護される。

エ　著作物とは、思想又は感情を創作的に表現したものであつて、文芸、学術、美術又は音楽の範囲に属するものをいう（２条１項１号）。思想または感情の創作的な表現であれば著作物と認められるのであって、表現対象が未完成であっても、著作物の要件を備えていれば、著作物として保護され得る。

問題2

【正答　ア】

【解説】

ア　建築の著作物については、建築に関する図面に従つて建築物を完成することを複製に含む（2条1項15号ロ）。

イ　舞踊の著作物とは「振り付け」のことをいい、舞踊行為自体は著作物である振り付けを舞う「実演」であって、著作隣接権の対象となる。

ウ　短い詩や句をそのまま題号にしたものは著作物になるが、通常の書籍の題号それ自体は著作物とならない。ただし、書籍（著作物）の題号については同一性保持権の保護の対象となっている（20条1項）。

エ　ロールプレイングゲームは「映画の効果に類似する視覚的又は視聴覚的効果を生じさせる方法で表現され、かつ、物に固定されている」のであれば、映画の著作物に該当する（「中古ゲームソフト販売事件」　最高裁　平成14年4月25日判決）。

問題3

【正答　ウ】

【解説】

　二次的著作物とは、著作物を翻訳し、編曲し、若しくは変形し、又は脚色し、映画化し、その他翻案することにより創作した著作物をいう（2条1項11号）。

ア　翻訳とは、言語の著作物を言語体系の違う別の言語に表現し直すことであるが、点字化は、文字を別の文字に置き換えているだけで、平仮名をカタカナに替えるのと同じで、別の言語体系にしているものではないため、翻訳ではなく複製であり、二次的著作物にはならない。

イ　編曲とは、元の曲に新たな創作性を加えた曲を作成することであるが、ピアノ用の曲をヴァイオリン用の曲にするだけで、新たな創作性を加えていなければ編曲ではなく、二次的著作物にはならない。

ウ　映像の著作物である映画を舞台用演劇の脚本にすることは、新たな創作的表現が加わり、脚色その他の翻案にあたる。

エ　新聞記事から歴史小説創作の発想を得ただけで、アイデアの利用にすぎず、二次的著作物とならない。

問題4

【正答　ア】

【解説】

　　共同著作物とは、二人以上の者が共同して創作した著作物であつて、その各人の寄
与を分離して個別的に利用することができないものをいう（2条1項12号）。

ア　A法人の従業員とB法人の従業員が共同して創作したソフトウェアは共同著作物
　　にあたる。A法人、B法人について、それぞれ第15条1項の職務著作が成立する
　　場合には、両法人の共同著作物となる。

イ　出版された小説は1冊の本であるが、挿絵と文章は分離して個別的に利用するこ
　　とができるので、共同著作物にあたらない。

ウ　共同して創作したといえるためには、複数の者が事実行為としての創作行為を共
　　同していることが必要である。単に補助的な指示や助言を与えたにすぎない者は、
　　事実行為としての創作行為を行っているとはいえないため、本肢の論文は共同著作
　　物にあたらない。

エ　共同して創作したといえるためには、複数の者が事実行為としての創作行為を共
　　同していることが必要である。本肢の場合、翻訳という創作行為を共同して行った
　　とはいえないので、共同著作物にあたらない。

問題5

【正答　ア】

【解説】

　　法人その他使用者（以下この条において「法人等」という。）の発意に基づきその法
人等の業務に従事する者が職務上作成する著作物（プログラムの著作物を除く。）で、
その法人等が自己の著作の名義の下に公表するものの著作者は、その作成の時におけ
る契約、勤務規則その他に別段の定めがない限り、その法人等とする（15条1項）。

ア　プログラムの著作物以外の著作物については、法人等の著作の名義のもとに公表
　　することが職務著作の要件になっているので、個人名義で論文が公表された場合に
　　は職務著作にはならない。

イ　法人等の業務に従事する者というのは正社員に限らないので、非正規雇用者であ
　　るアルバイト等でも法律の要件を満たせば職務著作は成立する。

ウ　法人等の業務に従事する者が、職務上作成する著作物について職務著作が成立す
　　るので、株式会社等の従業員に限らず、公務員であっても法律の要件を満たせば職
　　務著作は成立する。

エ　就業時間中にやりきれなくて自宅で創作したとしても、職務上作成した著作物で
　　あるならば、職務著作となり得る。

問題6

【正答　イ】

【解説】

　ア　映画の著作物の著作権は、その著作者が映画製作者に対し当該映画の著作物の製作に参加することを約束しているときは、当該映画製作者に帰属する（29条1項）。本問において、映画監督は映画製作者に対し当該映画の著作物の製作に参加することを約束しているので、映画の著作権者は映画製作者となる。映画をＤＶＤに録画して販売する場合は、映画の著作物の複製、頒布となるが、映画監督は映画の著作権者ではないので、映画監督の権利を侵害しない。

　イ　二次的著作物の原著作物の著作者は、当該二次的著作物の利用に関し、この款に規定する権利で当該二次的著作物の著作者が有するものと同一の種類の権利を専有する（28条）。原作小説の著作権者は、映画の原著作物の著作権者として、映画の著作物に対する複製権、頒布権を有している。そのため、原作小説の作者の許諾を得ずに本肢の行為を行った場合、原作小説の作者の権利を侵害する。

　ウ　映画の著作物の著作者は、その映画の著作物において翻案され、又は複製された小説、脚本、音楽その他の著作物の著作者を除き、制作、監督、演出、撮影、美術等を担当してその映画の著作物の全体的形成に創作的に寄与した者とする（16条第1文）。著作者は、その著作物でまだ公表されていないものを公衆に提供し、又は提示する権利を有する。当該著作物を原著作物とする二次的著作物についても、同様とする（18条1項）。著作者は、次の各号に掲げる場合には、当該各号に掲げる行為について同意したものと推定する。

　三　第29条の規定によりその映画の著作物の著作権が映画製作者に帰属した場合当該著作物をその著作権の行使により公衆に提供し、又は提示すること（18条2項3号）。

　　したがって、製作に参加することを約束している映画監督は、映画の公開による公表について同意したものと推定される。映画の監督を引き受けた際に、公開について条件を付けていない限りは、監督は公表については映画製作者に同意したことになる。

　エ　第18条1項で、「著作者は、その著作物でまだ公表されていないものを公衆に提供し、又は提示する権利を有する。当該著作物を原著作物とする二次的著作物についても、同様とする」と定められているが、本問の場合、原作小説は人気小説であり既に公開されているので、映画の公開に関して原著作者である小説家の公表権はおよばない。

問題7

【正答　ウ】

【解説】

　ア　著作者は、その著作物の原作品に、又はその著作物の公衆への提供若しくは提示に際し、その実名若しくは変名を著作者名として表示し、又は著作者名を表示しないこととする権利を有する。その著作物を原著作物とする二次的著作物の公衆への提供又は提示に際しての原著作物の著作者名の表示についても、同様とする（19条1項）。公表権は、著作者名を表示するかしないか、どのような名前で表示するかを決定する権利であり、著作者名の表示の順序まで保護するものではない。

　イ　著作物を利用する者は、その著作者の別段の意思表示がない限り、その著作物につきすでに著作者が表示しているところに従つて著作者名を表示することができる（19条2項）。本肢の場合、既に著作者が表示しているところの昔のペンネームを表示しているので、必ず氏名表示権の侵害となるわけではない。

　ウ　著作者の氏名は、著作物が公衆へ提供または提示される都度、表示することが必要である。そのため、転載した際に氏名の表示がないと、氏名表示権の侵害となる。

　エ　氏名表示権は、当該著作物の著作者の権利である。そのため、当該著作物の著作者ではない別の者の氏名を無断で表示しても、別の者の氏名表示権を侵害しない。ただし、著作者でない者の実名又は周知の変名を著作者名として表示した著作物の複製物（原著作物の著作者でない者の実名又は周知の変名を原著作物の著作者名として表示した二次的著作物の複製物を含む。）を頒布した者は、1年以下の懲役若しくは100万円以下の罰金に処し、又はこれを併科する（121条）。本肢の場合、刑事罰の対象となる。

問題8

【正答　ア】

【解説】

　ア　第33条第1項（同条第4項において準用する場合を含む。）、第33条の2第1項、第33条の3第1項又は第34条第1項の規定により著作物を利用する場合における用字又は用語の変更その他の改変で、学校教育の目的上やむを得ないと認められるものについては、第20条1項の規定は適用しない（20条2項1号）。公表されている著作物を小学校の教科書に利用する場合の改変であっても、許されるのは学校教育の目的上やむを得ないと認められるものに限られ、すべての改変が許されるわけではない。

　イ　著作者は、その著作物及びその題号の同一性を保持する権利を有し、その意に反してこれらの変更、切除その他の改変を受けないものとする（20条1項）。仮に変更によりその著作物がより良くなるとしても、それが著作者の意思に反するものであれば、著作者の同一性保持権を侵害する。

　ウ　本肢のデータは、ゲームのプログラム自体を改変するものでなくても、このデータを使用することによって、本ゲームのストーリーを本来予定している範囲を超えたストーリーに改変することになるので、同一性保持権の侵害となる（「ときめきメモリアル事件」　最高裁　平成13年2月13日判決）。

　エ　建築物の増築、改築、修繕又は模様替えによる改変については、同一性保持権（20条1項）の規定は適用しない（同条2項2号）。

269

問題9

【正答　エ】

【解説】

　複製とは、印刷、写真、複写、録音、録画その他の方法により有形的に再製することをいい、次に掲げるものについては、それぞれ次に掲げる行為を含むものとする（2条1項15号）。著作者は、その著作物を複製する権利を専有する（21条）。

ア　脚本その他これに類する演劇用の著作物の上演、放送又は有線放送を録音し、又は録画することは複製に含む（2条1項15号イ）。録画とは、影像を連続して物に固定し、又はその固定物を増製することをいう（2条1項14号）。演劇の1シーンを録音または録画すると脚本の複製となるが、写真撮影では脚本の著作物の複製とならない。

イ　上映とは、著作物（公衆送信されるものを除く。）を映写幕その他の物に映写することをいい、これに伴つて映画の著作物において固定されている音を再生することを含むものとする（2条1項17号）。ビルの壁面に絵画を投影することは上映であり、複製物を展示するのと同様な効果を与えるとしても、著作物を有体物に固定するわけではないので、著作物を有形的に再製しているとはいえず、複製ではない。

ウ　複製とは、第2条1項15号の定義にあるように、既存の著作物等を有形的に再製すること、つまりコピーすることであるが、たまたま同じになったとしても、別途に創作したものであれば、複製ではない。なお、判例では、「既存の著作物と同一性のある作品が作成されても、それが既存の著作物に依拠して再製されたものでないときは、その複製をしたことにはあたらず、」（「ワン・レイニー・ナイト・イン・トーキョー事件」　最高裁　昭和53年9月7日判決）と判示している。したがって、ほかのプログラムに依拠せず独自に開発した場合は、その著作物が実質的に同一であったとしても複製権の侵害とはならない。実質的に同一のプログラムが有名であり、そのようなものが広く販売されていたとしても複製でない以上、複製権の侵害にはならない。

エ　有形的に固定されていない講演などの言語の著作物を、ノートパソコンのワードアプリを用いた筆記により有形的に再製することも複製である。したがって、講演の著作権者の複製権を侵害する。

問題１０

【正答　イ】

【解説】

　著作者は、その著作物を、公衆に直接見せ又は聞かせることを目的として（以下「公に」という。）上演し、又は演奏する権利を専有する（２２条）。

ア　公衆には、不特定の者のみならず、特定かつ多数の者が含まれる（２条５項）。自宅で両親および祖父母の前で歌唱することは、特定かつ少数者に聞かせることを目的とし、公衆に聞かせることを目的としないので、演奏権を侵害しない。

イ　「上演」、「演奏」又は「口述」には、著作物の上演、演奏又は口述で録音され、又は録画されたものを再生すること（公衆送信又は上映に該当するものを除く。）及び著作物の上演、演奏又は口述を電気通信設備を用いて伝達すること（公衆送信に該当するものを除く。）を含むものとする（２条７項）。したがって、個人で楽しむことを許諾され、ダウンロードしてパソコンに録音された音源を再生して受講生に聞かせることは、公の演奏にあたり、演奏権を侵害する。

ウ　著作物の演奏（歌唱）を電気通信設備を用いて伝達すること（公衆送信に該当するものを除く。）は、演奏にあたる（２条７項）。したがって、本肢の行為は演奏権を侵害する。

エ　上演とは、演奏（歌唱を含む。）以外の方法により著作物を演ずることをいう（２条１項１６号）。したがって、公衆に直接見せる目的で漫才を演じることは、漫才の脚本の著作権者の上演権を侵害する。

問題11

【正答　ウ】

【解説】

ア　上映とは、著作物（公衆送信されるものを除く。）を映写幕その他の物に映写することをいう（2条1項17号）。上映の対象となるのは、映画の著作物だけでなく、すべての著作物が該当する。したがって、不特定多数人が見ることができる街頭の大型スクリーンにアイドルの写真を映し出す行為は、写真の著作権者の上映権を侵害する。

イ　上映の対象となる著作物から「公衆送信されるもの」が除外されている（2条1項17号）。著作者は、公衆送信されるその著作物を受信装置を用いて公に伝達する権利を専有する（23条2項）。したがって、放送されているテレビドラマを受信して街頭の大型スクリーンなどにリアルタイムで映し出す行為には、上映権ではなく、公衆への伝達権（23条2項）がおよぶこととなる。

ウ　放送されているテレビドラマは映画の著作物であり、これを録画して不特定多数人が見ることができる街頭の大型スクリーンで上映する行為は、テレビドラマの著作権者の上映権を侵害する。

エ　上映とは、著作物をスクリーン（映写幕）に映すことが典型例であるが、「その他の物」すなわち、テレビやパソコンのディスプレイ、街頭の大型スクリーンなどに映し出すことも上映である。よって、ホテルの客室を利用する特定多数人が映画のDVDを見ることができるようにすることは、映画の著作権者の上映権を侵害する。なお、電気通信設備で、その一の部分の設置の場所が他の部分の設置の場所と同一の構内（その構内が二以上の者の占有に属している場合には、同一の者の占有に属する区域内）にあるものによる送信は、公衆送信から除かれている（2条1項7号の2かっこ書き）。したがって、本肢の行為は公衆送信ではなく、上映であり、上映権を侵害する。

問題12

【正答　ア】

【解説】

ア　公衆送信とは、公衆によつて直接受信されることを目的として無線通信又は有線電気通信の送信（電気通信設備で、その一の部分の設置の場所が他の部分の設置の場所と同一の構内（その構内が二以上の者の占有に属している場合には、同一の者の占有に属する区域内）にあるものによる送信（プログラムの著作物の送信を除く。）を除く。）を行うことをいう（2条1項7号の2）。プログラム以外の著作物について同一の構内で有線または無線の電気通信の送信を行っても公衆送信にあたらないが、プログラムの著作物については公衆送信にあたる。したがって、本肢の場合は、公衆送信権の侵害となる。

イ　舞踊は著作物として認められているので、フラダンスが当たり前のものでなく、創作性が認められ著作物たり得るものであれば、舞踊の著作物の公衆送信権侵害になることがある。

ウ　著作者は、公衆送信されるその著作物を受信装置を用いて公に伝達する権利を専有する（23条2項）。テレビ放送を録画したものを客に見せているだけで、公衆送信される映画を受信装置を用いて伝達しているわけではないので、公に伝達する権利を侵害しない。なお、テレビ放送された映画を録画したものを客に見せる行為は、著作物を映写幕その他に映写することで、上映（2条1項17号）にあたる。

エ　電気通信設備で、その一の部分の設置の場所が他の部分の設置の場所と同一の構内（その構内が二以上の者の占有に属している場合には、同一の者の占有に属する区域内）にあるものによる送信は、公衆送信から除かれている（2条1項7号の2）。したがって、ホテル内での送信は、公衆送信に該当しないので、公衆送信される著作物を公に伝達する権利は働かない。

問題13

【正答　ウ】

【解説】

ア　著作者は、その映画の著作物をその複製物により頒布する権利を専有する（26条1項）。頒布権を付与されているのは、映画の著作物の複製物だけである。ただし、著作者は、映画の著作物において複製されているその著作物を当該映画の著作物の複製物により頒布する権利を専有する（同条2項）ので、映画の著作物で使用されていた音楽の著作者は、その映画の複製物の頒布権を有する。しかし、本肢のように映画の中で使用されていた音楽であっても、この音楽のみを収録したサントラ盤CDは映画の著作物とは別個の商業用レコードの複製物であるので、本肢では映画の著作権者の頒布権の侵害は問題とならない。ただし、映画の中で使用されていた音楽を収録したサントラ盤CDは当該音楽の著作物の複製物であり、不特定多数の顧客に貸与することは、音楽の著作権者の貸与権を侵害する。

イ　頒布とは、有償であるか又は無償であるかを問わず、複製物を公衆に譲渡し、又は貸与することをいい、映画の著作物又は映画の著作物において複製されている著作物にあっては、これらの著作物を公衆に提示することを目的として当該映画の著作物の複製物を譲渡し、又は貸与することを含むものとする（2条1項19号）。貸与の相手が特定少数者であっても、公衆への提示（上映等）を目的としている場合は、頒布権（26条1項）がおよぶことになる。

ウ　映画の著作物において複製されている著作物の著作権者は、その複製されている著作物を当該映画の著作物の複製物により頒布する権利を専有する（26条2項）。アニメのキャラクターの絵が劇場用映画に出てくる場合、その映画をDVD化して販売するにあたっては、そのアニメキャラクターの著作権者の許諾を得る必要がある。

エ　ロールプレイングゲームはプログラムの著作物であるとともに、映画の著作物でもある。ただし、公衆に提示することを目的としない家庭用テレビゲーム機に用いられる映画の著作物の複製物については、いったん適法に譲渡されたことにより、その目的を達成したものとして消尽するとして、頒布権は、家庭用テレビゲームソフトが映画の著作物たり得ても、公衆に再譲渡する行為には及ばない（「中古ゲームソフト販売事件」最高裁　平成14年4月25日判決）。したがって、適法に譲渡されたゲームソフトの中古品を店頭で販売するにあたり、そのゲームソフトの著作権者の許諾を得る必要はない。

問題１４

【正答　ア】

【解説】

ア　著作者は、その著作物（映画の著作物を除く。）をその原作品又は複製物の譲渡により公衆に提供する権利を専有する（２６条の２第１項）。もっとも、譲渡権を有する者又はその承諾を得た者により特定かつ少数の者に譲渡された著作物の原作品又は複製物について、譲渡権はおよばない（２６条の２第２項４号）。したがって、本肢の場合、譲渡権は消尽しており、譲渡権の侵害とならない。

イ　著作物の原作品若しくは複製物（映画の著作物の複製物を除く。）の譲渡を受けたときにおいて、当該著作物の原作品もしくは複製物がそれぞれ第２６条の２第２項各号のいずれにも該当しないものであることを知らず、かつ、知らないことにつき過失がない者が当該著作物の原作品もしくは複製物を公衆に譲渡する行為は、第２６条の２第１項に規定する権利を侵害する行為でないものとみなす（１１３条の２）。したがって、本肢の場合、譲渡権の侵害とはならない。ただし、この規定は善意無過失の者を保護するためのものであり、譲渡権の消尽を規定したものではないので、譲渡権自体は消尽していない。

ウ　著作者は、その著作物（映画の著作物を除く。）をその複製物の貸与により公衆に提供する権利を専有する（２６条の３）。テレビドラマのＤＶＤは映画の著作物であるので、貸与権の対象とはならない。なお、頒布権がおよぶ。

エ　著作者は、その著作物（映画の著作物を除く。）をその複製物の貸与により公衆に提供する権利を専有する（２６条の３）。貸与権は、著作物の複製物に付与される権利である。なお、この法律にいう「美術の著作物」には、美術工芸品を含むものとする（２条２項）と定められており、美術工芸品は美術の著作物である。したがって、原作品には貸与権はおよばない。

問題15

【解説】

ア　著作者は、その著作物を翻訳し、編曲し、若しくは変形し、又は脚色し、映画化し、その他翻案する権利を専有する（27条）。いずれの行為も、既存の著作物に依拠して、既存の著作物の表現上の本質的な特徴を直接感得することができる別の著作物を創作するものでなければならないと解されている。したがって、元の著作物を感得できないくらいに改変した場合は、翻案権の侵害とならない。

イ　編曲とは、音楽の著作物について、楽曲をアレンジして原曲に新たな創作性を付け加えた楽曲にすることをいう。演歌をロック調に変更することは、既存の曲に新たな創作性を加えることになるので、演歌の著作権者の編曲権を侵害する。

ウ　漫画のコマ割の方法は、アイデアであり、思想または感情の創作的表現ではない。したがって、そのコマ割の方法を自分の漫画に取り入れたとしても、元にした漫画の本質的な特徴を直接感得できる表現があるとはいえず、翻案にあたらない。

エ　翻案に該当するというためには、翻案により創作された二次的著作物が、原著作物に依拠し、かつ原著作物の表現上の本質的な特徴を直接感得することのできる場合でなければならない。極めて簡単に映画の見所のみを紹介するだけでは、映画で表現されている著作者の思想または感情まで読み取ることはできないから、このような行為は、映画の著作権者の翻案権を侵害しない。

問題１６

【正答　イ】

【解説】

ア　著作権の目的となっている著作物（以下この款において単に「著作物」という。）は、個人的に又は家庭内その他これに準ずる限られた範囲内において使用すること（以下「私的使用」という。）を目的とするときは、次に掲げる場合を除き、その使用する者が複製することができる（３０条１項柱書）。第３０条第１項に定める目的以外の目的のために、これらの規定の適用を受けて作成された著作物の複製物を頒布し、又は当該複製物によって当該著作物を公衆に提示した者は、第２１条の複製を行ったものとみなす（４９条１項１号）。いったん私的使用のための複製として複製された場合であっても、その後当該複製物を町内会にて無償で貸与することは「頒布」にあたり、私的使用目的とは言えないので、貸与した者は、許諾のない複製を行ったものとみなされる。

イ　第３０条１項柱書きにより、家族である孫に短編小説を読ませることを目的とする場合は、家庭内その他これに準ずる限られた範囲内において使用することを目的とするものといえるので、複製権の侵害とはならない。私的使用のための複製の対象は、著作権の目的となっている著作物であり、公表されているか否かは関係ない。

ウ　特定であっても多数が所属する大学のサークルメンバーのうちの５人とはいえ、先着順で配布する場合、配布する相手は公衆にあたり、そのための複製は私的使用のための複製とはならず、複製権の侵害となる。

エ　私的使用のための複製は、「その使用する者」が複製することを要する（３０条１項柱書）ため、事業者であるケーキ屋が顧客のために業としてアニメキャラクターを複製したデコレーションケーキを製造することは、私的使用のための複製に該当しない。したがって、複製権の侵害となる。

問題１７

【正答　イ】

【解説】

　国立国会図書館及び図書、記録その他の資料を公衆の利用に供することを目的とする図書館その他の施設で政令で定めるもの（以下「図書館等」という。）においては、次に掲げる場合には、その営利を目的としない事業として、図書館等の図書、記録その他の資料（以下「図書館資料」という。）を用いて著作物を複製することができる。

一　図書館等の利用者の求めに応じ、その調査研究の用に供するために、公表された著作物の一部分（発行後相当期間を経過した定期刊行物に掲載された個々の著作物にあつては、その全部。）の複製物を一人につき一部提供する場合（31条1項1号）。

ア　第３１条１項１号は、利用者の調査研究のための求めに応じて、著作物の一部分を１部複製して提供する場合の規定であり、あらかじめ多数部複製することは認められていない。

イ　国立国会図書館及び図書、記録その他の資料を公衆の利用に供することを目的とする図書館その他の施設で政令で定めるものに、地方公共団体が設置する美術館も含まれる。

ウ　図書館における複製は、利用者の調査研究の用に供するために行う場合に認められるものであり、自身のホームページに掲載するための場合は、適用外となる。また、ホームページへの掲載目的での複製は、私的利用目的の複製（３０条１項）とは認められない。

エ　国立国会図書館は、絶版等資料について図書館等に自動公衆送信を行うことが認められているが（31条3項）、ほかの図書館においては、図書を自動公衆送信することは認められていない。

問題１８

【正答　ウ】

【解説】

ア　公表された著作物については、入学試験その他人の学識技能に関する試験又は検定の目的上必要と認められる限度において、当該試験又は検定の問題として複製し、又は公衆送信を行うことができる。ただし、当該著作物の種類及び用途並びに当該公衆送信の態様に照らし著作権者の利益を不当に害することとなる場合は、この限りでない（３６条１項）。会社の入社試験もかかる試験に含まれる。また、営利を目的として複製又は公衆送信を行う者は、通常の使用料の額に相当する額の補償金を著作権者に支払わなければならない（３６条２項）が、会社の入社試験は、営利を目的とするものとは解されていない。

イ　公表された著作物は、引用して利用することができる。この場合において、その引用は、公正な慣行に合致するものであり、かつ、報道、批評、研究その他の引用の目的上正当な範囲内で行なわれるものでなければならない（３２条１項）。油画の技法の説明に絵画を引用して利用することは、公正な慣行に合致するものである。なお、大学のテキストは、教科用図書ではないため、第３３条に定める教科用図書への掲載にはあたらない。

ウ　学校その他の教育機関（営利を目的として設置されているものを除く。）において教育を担任する者及び授業を受ける者は、その授業の過程における利用に供することを目的とする場合には、その必要と認められる限度において、公表された著作物を複製し、若しくは公衆送信（自動公衆送信の場合にあつては、送信可能化を含む。以下この条において同じ。）を行い、又は公表された著作物であつて公衆送信されるものを受信装置を用いて公に伝達することができる（３５条）。塾は、営利を目的としており、学校その他の教育機関にあたらないため、塾の授業のために教科書を複製した場合、複製権の侵害となる。

エ　教科用図書に掲載された著作物は、視覚障害、発達障害その他の障害により教科用図書に掲載された著作物を使用することが困難な児童又は生徒の学習の用に供するため、当該教科用図書に用いられている文字、図形等の拡大その他の当該児童又は生徒が当該著作物を使用するために必要な方式により複製することができる（３３条の３第１項）。前項の規定により複製する教科用の図書その他の複製物（点字により複製するものを除き、当該教科用図書に掲載された著作物の全部又は相当部分を複製するものに限る。以下この項において「教科用拡大図書等」という。）を作成しようとする者は、あらかじめ当該教科用図書を発行する者にその旨を通知するとともに、営利を目的として当該教科用拡大図書等を頒布する場合にあつては、第３３条第２項に規定する補償金の額に準じて文化庁長官が定める算出方法により算出した額の補償金を当該著作物の著作権者に支払わなければならない（同条２項）。通知、補償金の支払いは必要となるが、視覚障害の児童の学習のために、教科書全部を複製して拡大教科書を作成することができる。

問題１９

【正答　エ】

【解説】

ア　公表された著作物は、営利を目的とせず、かつ、聴衆又は観衆から料金を受けない場合には、公に上演し、演奏し、上映し、又は口述することができる。ただし、当該上演、演奏、上映又は口述について実演家又は口述を行う者に対し報酬が支払われる場合は、この限りでない（38条1項）。ヨガ教室においてＢＧＭとして音楽を再生することは、営利を目的として音楽を演奏するものである。そのため、本肢の場合、第38条1項の適用はなく、著作権の侵害となる。

イ　放送され、有線放送され、特定入力型自動公衆送信が行われ、又は放送同時配信等（放送又は有線放送が終了した後に開始されるものを除く。）が行われる著作物は、営利を目的とせず、かつ、聴衆又は観衆から料金を受けない場合には、受信装置を用いて公に伝達することができる。通常の家庭用受信装置を用いてする場合も、同様とする。（38条3項）。飲食店において、ラジオ装置でラジオ番組を客に聞かせても、ラジオ番組の公に伝達する権利を侵害しない。しかし、生伝達ではなく、前日のラジオ番組を聞かせる場合は公の伝達ではないので、ラジオで放送される著作物の著作権（上演権、演奏権、口述権）を侵害する。

ウ　公表された著作物（映画の著作物を除く。）は、営利を目的とせず、かつ、その複製物の貸与を受ける者から料金を受けない場合には、その複製物（映画の著作物において複製されている著作物にあつては、当該映画の著作物の複製物を除く。）の貸与により公衆に提供することができる（38条4項）。映画フィルムその他の視聴覚資料を公衆の利用に供することを目的とする視聴覚教育施設その他の施設（営利を目的として設置されているものを除く。）で政令で定めるもの及び聴覚障害者等の福祉に関する事業を行う者で前条の政令で定めるもの（同条第二号に係るものに限り、営利を目的として当該事業を行うものを除く。）は、公表された映画の著作物を、その複製物の貸与を受ける者から料金を受けない場合には、その複製物の貸与により頒布することができる（同条5項第1文）。町内会は、視聴覚教育施設その他の施設で政令で定めるものおよび聴覚障害者等の福祉に関する事業を行う者で前条の政令で定めるものにあたらない。そのため、本肢の場合、第38条4項および5項の適用はなく、映画のＤＶＤの頒布権を侵害する。

エ　本肢の場合、営利を目的とせず、かつ、聴衆または観衆から料金を受けていない。また、実費である交通費は、著作物の提供または提示につき受ける対価にはあたらない。そのため、第38条1項により、演奏権の侵害とならない。

問題２０

【正答　イ】

【解説】

ア　新聞紙又は雑誌に掲載して発行された政治上、経済上又は社会上の時事問題に関する論説（学術的な性質を有するものを除く。）は、他の新聞紙若しくは雑誌に転載し、又は放送し、有線放送し、地域限定特定入力型自動公衆送信を行い、若しくは放送同時配信等を行うことができる。ただし、これらの利用を禁止する旨の表示がある場合は、この限りでない（３９条１項）。動画配信サイトにアップロードされた動画は、政治上、経済上または社会上の時事問題に関する論説であっても、第３９条１項により放送することはできない。

イ　公開して行われた政治上の演説又は陳述及び裁判手続（行政庁の行う審判その他裁判に準ずる手続を含む。第４２条第１項において同じ。）における公開の陳述は、同一の著作者のものを編集して利用する場合を除き、いずれの方法によるかを問わず、利用することができる（４０条１項）。動画配信サイトにアップロードされた動画であっても、政治上の演説または陳述であれば、利用することができる。

ウ　写真、映画、放送その他の方法によつて時事の事件を報道する場合には、当該事件を構成し、又は当該事件の過程において見られ、若しくは聞かれる著作物は、報道の目的上正当な範囲内において、複製し、及び当該事件の報道に伴つて利用することができる（４１条）。ゲームソフトが大人気であることを報道するためであっても、ゲームソフトのテーマソングを２分間演奏することは、報道の目的上正当な範囲内とはいえない。

エ　著作物は、裁判手続のために必要と認められる場合及び立法又は行政の目的のために内部資料として必要と認められる場合には、その必要と認められる限度において、複製することができる。ただし、当該著作物の種類及び用途並びにその複製の部数及び態様に照らし著作権者の利益を不当に害することとなる場合は、この限りでない（４２条）。裁判所の判決、決定、命令及び審判並びに行政庁の裁決及び決定で裁判に準ずる手続により行われるものは、権利の目的となることができない（１３条３号）。傍聴者に配布するための複製は、裁判手続のために必要と認められる限度内の複製とはいえない。また、裁判過程の提出証拠であり、判決ではないので、著作権による保護の対象となる。

問題２１

【正答　イ】

【解説】

　ア　法人その他の団体が著作の名義を有する著作物の著作権は、その著作物の公表後
　　　７０年（その著作物がその創作後７０年以内に公表されなかつたときは、その創作
　　　後７０年）を経過するまでの間、存続する（５３条１項）。著作権は、著作権者であ
　　　る法人が解散した場合において、その著作権が一般社団法人及び一般財団法人に関
　　　する法律第２３９条第３項（残余財産の国庫への帰属）その他これに準ずる法律の
　　　規定により国庫に帰属すべきこととなるときは、消滅する（６２条１項２号）。法人
　　　が解散した場合、その法人の有する著作権を他者に移転していない限りは、著作権
　　　は消滅するので、保護期間もその時点で終了となる。

　イ　著作権は、この節に別段の定めがある場合を除き、著作者の死後（共同著作物に
　　　あつては、最終に死亡した著作者の死後。次条第一項において同じ。）７０年を経過
　　　するまでの間、存続する（５１条２項）。映画の著作物の著作権は、その著作物の公
　　　表後７０年（その著作物がその創作後７０年以内に公表されなかつたときは、その
　　　創作後７０年）を経過するまでの間、存続する（５４条１項）。著作権の保護期間は、
　　　原則として著作者の死後７０年であるが、映画の著作物については、第５１条２項
　　　にいう別段の定めとして、第５４条１項によって公表後７０年あるいは創作後７０
　　　年となる。

　ウ　法人その他の団体が著作の名義を有する著作物の著作権は、その著作物の公表後
　　　７０年（その著作物がその創作後７０年以内に公表されなかつたときは、その創作
　　　後７０年）を経過するまでの間、存続する（５３条１項）。前項の規定は、法人その
　　　他の団体が著作の名義を有する著作物の著作者である個人が同項の期間内にその実
　　　名又は周知の変名を著作者名として表示してその著作物を公表したときは、適用し
　　　ない（同条２項）。第１５条第２項の規定により法人その他の団体が著作者である著
　　　作物の著作権の存続期間に関しては、第１項の著作物に該当する著作物以外の著作
　　　物についても、当該団体が著作の名義を有するものとみなして同項の規定を適用す
　　　る（同条３項）。第５３条２項における「法人その他の団体が著作の名義を有する著
　　　作物の著作者である個人」とは、個人が著作者であるがそれを実際の権利関係と異
　　　なり法人を著作者として表示された場合を指し、第１５条の職務著作が成立する場
　　　合は含まれない。

　エ　無名又は変名の著作物の著作権は、その著作物の公表後７０年を経過するまでの
　　　間、存続する。ただし、その存続期間の満了前にその著作者の死後７０年を経過し
　　　ていると認められる無名又は変名の著作物の著作権は、その著作者の死後７０年を
　　　経過したと認められる時において、消滅したものとする（５２条１項）。前項の規定
　　　は、次の各号のいずれかに該当するときは、適用しない。
　一　変名の著作物における著作者の変名がその者のものとして周知のものであるとき。
　二　前項の期間内に第７５条第１項の実名の登録があつたとき。
　三　著作者が前項の期間内にその実名又は周知の変名を著作者名として表示してその
　　　著作物を公表したとき。（同条２項）
　　　　無名の著作物について、誰か１人から実名を指摘され、それが真実であっても、
　　　第５２条２項の各号のいずれにもあたらず、本肢の場合、無名の著作物として、公
　　　表後７０年間存続する。

282

問題22

【正答　エ】

【解説】

　ア　著作権は、その全部又は一部を譲渡することができる（61条1項）。著作権については、その一部の譲渡が可能であり、複製権と口述権といった支分権別の譲渡も可能であるし、また1つの支分権の中でも、利用形態ごとに文字の複製と録音とに分けて譲渡することも可能である。

　イ　著作権の一部の譲渡においては、時間的に切り分けて、一定の期限付きの譲渡も可能である。

　ウ　共同著作物の著作権その他共有に係る著作権については、各共有者は、他の共有者の同意を得なければ、その持分を譲渡し、又は質権の目的とすることができない（65条1項）。また、著作権の共有については、民法の共有の規定が準用される。そのため、共有者の1人が、その持分を放棄したとき、又は死亡して相続人がないときは、その持分は、他の共有者に帰属する（民法255条）。

　エ　著作権者は、他人に対し、その著作物の利用を許諾することができる（63条）。著作権者から独占的利用許諾を受けた者は、著作権者に対して独占的な利用をさせるよう求める権利がある。これは、契約に基づく債権債務関係であり、著作権者が第三者にさらに利用許諾を行った場合、独占的利用許諾を受けた者は著作権者に契約違反について責任を追及することはできるが、別に利用許諾を受けた者に対して、差止請求をすることはできない。

問題23

【正答　イ】

【解説】

　ア　著作権者又は無名若しくは変名の著作物の発行者は、その著作物について第一発行年月日の登録又は第一公表年月日の登録を受けることができる（76条1項）。

　イ　著作権の譲渡等については契約に係る登録制度があるが、著作物の利用に係る契約について登録の制度はない。

　ウ　プログラムの著作物の著作者は、その著作物について創作年月日の登録を受けることができる（76条の2第1項本文）。

　エ　無名又は変名で公表された著作物の著作者は、現にその著作権を有するかどうかにかかわらず、その著作物についてその実名の登録を受けることができる（75条1項）。

問題２４

【正答　イ】

【解説】

ア　実演家は、その実演をそれが録音されている商業用レコードの貸与により公衆に提供する権利を専有する（９５条の３第１項）。実演家が貸与権を有するのは、商業用レコードに録音されている実演のみである。レコードとは、蓄音機用音盤、録音テープその他の物に音を固定したもの（音を専ら影像とともに再生することを目的とするものを除く。）であり（２条１項５号）、演劇が録画されたＤＶＤは、レコードにあたらず、市販の目的をもつて製作されるレコードの複製物である商業用レコード（２条１項７号）ではないため、俳優の貸与権は侵害しない。

イ　レコード製作者は、そのレコードをその複製物の譲渡により公衆に提供する権利を専有する（９７条の２第１項）。同２項において、一定の譲渡について譲渡権は消尽するとされているが、違法コピーされた複製物についてはこれらに該当せず、譲渡権は消尽しない（９７条の２第２項）。なお、レコード製作者に無断でＣＤをコピーすることは、レコード製作者の複製権の侵害である。

ウ　実演家は、その実演を録音し、又は録画する権利を専有する（９１条１項）が、実演を写真に撮ることは録音・録画にあたらないので、この行為に実演家の著作権法上の権利はおよばない。

エ　実演家は氏名表示権を有する（９０条の２第１項）が、実演家名の表示は、実演の利用の目的及び態様に照らし実演家がその実演の実演家であることを主張する利益を害するおそれがないと認められるとき又は公正な慣行に反しないと認められるときは、省略することができる（９０条の２第３項）。

問題２５

【正答　イ】

【解説】

ア　実演家は、その実演の公衆への提供又は提示に際し、その氏名若しくはその芸名その他氏名に代えて用いられるものを実演家名として表示し、又は実演家名を表示しないこととする権利を有する（９０条の２）。歌手の歌ったボーカルの部分を除いて伴奏のみを再生する場合は、歌手の実演の提供は行っていないため、歌手の氏名表示権は問題とならない。

イ　実演家は、その実演を録音し、又は録画する権利を専有する（９１条１項）。前項の規定は、同項に規定する権利を有する者の許諾を得て映画の著作物において録音され、又は録画された実演については、これを録音物（音を専ら影像とともに再生することを目的とするものを除く。）に録音する場合を除き、適用しない（９１条２項）。ミュージカル映画の歌を録音する場合は、映画で録音録画された実演を、録音物に録音する場合にあたる。そのため、実演家が映画に出演して録画されることを許諾していたとしても、録音物への録音につき別個の許諾を得ていないと実演家の録音権の侵害となる。

ウ　実演家は、その実演を放送し、又は有線放送する権利を専有する（９２条１項）。第９２条第１項に規定する権利を有する者がその実演の放送を許諾したときは、契約に別段の定めがない限り、当該実演は、当該許諾に係る放送のほか、次に掲げる放送において放送することができる。

一　当該許諾を得た放送事業者が前条第１項の規定により作成した録音物又は録画物を用いてする放送

二　当該許諾を得た放送事業者からその者が前条第１項の規定により作成した録音物又は録画物の提供を受けてする放送

三　当該許諾を得た放送事業者から当該許諾に係る放送番組の供給を受けてする放送（前号の放送を除く。）（９４条１項）

　　ある放送局が収録し、放送した番組を、他の放送局に有体物で提供し他放送局が放送すること、送信して他放送局が受信して放送することは、第９４条１項の２号、３号にあたり、実演家の放送権を侵害しない。ただし、同条２項の定めにより、放送局は実演家に報酬を支払わなければならない。

エ　実演家は、その実演を放送し、又は有線放送する権利を専有する（９２条１項）。前項の規定は、第９１条２項の実演で同項の録音物以外の物に録音され、又は録画されているものには、適用しない（９２条２項２号ロ）。コンサート映像を数台のカメラを駆使して録音録画したＤＶＤは、第９１条２項の映画の著作物において録画された実演であり、実演家の放送権はおよばない。

問題２６

【正答　ア】

【解説】

ア　レコードとは、蓄音機用音盤、録音テープその他の物に音を固定したもの（音を専ら影像とともに再生することを目的とするものを除く。）をいう（２条１項５号）。有体物の絵画は影像とはいえず、絵画の近くで説明の音声を流しても、専ら影像とともに再生することを目的とするものとはいえないので、本肢のＣＤはレコードである。

イ　レコード製作者とは、レコードに固定されている音を最初に固定した者をいう（２条１項６号）。既に録音された音を再生した音をさらに録音した者は、音を最初に固定した者ではないので、本肢の録音者はレコード製作者ではない。

ウ　録音する対象は著作物である必要はないので、電車の音を録音したものもレコードである。本肢の場合、物理的に音を最初に固定した者は出版社の従業員であるが、音を最初に固定した者とは、物理的な意味での録音者ではなく、法的主体としての録音者である。そのため、従業員が職務上録音した場合、録音者は会社となり、本肢のレコード製作者は出版社となる。

エ　レコード製作者は、そのレコードをその複製物の譲渡により公衆に提供する権利を専有する（９７条の２第１項）。ただし、前項に規定する権利を有する者又はその承諾を得た者により特定かつ少数の者に譲渡されたレコードの複製物による譲渡は譲渡権は適用されない（同条２項４号）。自分の歌唱を録音した歌手はその録音したＣＤのレコード製作者である。歌手が友人にプレゼントしたＣＤそのものを、その友人が公衆に譲渡しても譲渡権の対象にはならないが、そのＣＤからさらに複製したＣＤには譲渡権がおよぶので、歌手のレコード製作者としての譲渡権を侵害する。また、歌手の友人は公衆への譲渡のためにＣＤを複製しているので、複製権の侵害でもある。

問題２７

【正答　エ】

【解説】

　ア　放送事業者は、その放送又はこれを受信して行なう有線放送を受信して、その放送に係る音又は影像を録音し、録画し、又は写真その他これに類似する方法により複製する権利を専有する（９８条）。また、放送の利用について、私的使用のための複製（３０条１項）の規定が準用されている（１０２条１項）が、会社の会議で使用する場合は、私的使用にあたらない。

　イ　放送事業者は、その放送又はこれを受信して行う有線放送を受信して、その放送を送信可能化する権利を専有する（９９条の２）。放送事業者はその放送を受信して同時に送信可能化されない権利を有するので、放送事業者の送信可能化権を侵害する。

　ウ　放送事業者は、そのテレビジョン放送又はこれを受信して行なう有線放送を受信して、影像を拡大する特別の装置を用いてその放送を公に伝達する権利を専有する（１００条）。講堂で特別に大きなスクリーンでテレビ放送を在校生多数で見ることは、放送事業者のテレビ放送の公の伝達権を侵害する。

　エ　放送事業者は、そのテレビジョン放送又はこれを受信して行なう有線放送を受信して、影像を拡大する特別の装置を用いてその放送を公に伝達する権利を専有する（１００条）。影像を拡大する特別の装置を用いて公に伝達する場合は、放送事業者の公に伝達する権利を侵害するが、それ以外の場合は、放送事業者の公に伝達する権利を侵害しない。

問題２８

【正答　エ】

【解説】

ア　プログラムの著作物の著作権を侵害する行為によつて作成された複製物（当該複
製物の所有者によつて第４７条の３第１項の規定により作成された複製物並びに第
１項第１号の輸入に係るプログラムの著作物の複製物及び当該複製物の所有者によ
つて同条第１項の規定により作成された複製物を含む。）を業務上電子計算機におい
て使用する行為は、これらの複製物を使用する権原を取得した時に情を知つていた
場合に限り、当該著作権を侵害する行為とみなす（１１３条５項）。法人の代表者（法
人格を有しない社団又は財団の管理人を含む。）又は法人若しくは人の代理人、使用
人その他の従業者が、その法人又は人の業務に関し、次の各号に掲げる規定の違反
行為をしたときは、行為者を罰するほか、その法人に対して当該各号に定める罰金
刑を、その人に対して各本条の罰金刑を科する（１２４条１項）。著作権侵害は、実
際にその行為を行った者が侵害の主体となるので、業務命令でインストールを行っ
たとしても、著作権侵害行為を行ったのは従業員Ｂであり、著作権侵害となる。た
だし、業務として行った場合、会社も侵害に対し処罰される。なお、民法第７１５
条第１項では、「ある事業のために他人を使用する者は、被用者がその事業の執行に
ついて第三者に加えた損害を賠償する責任を負う」と定めており、会社は民事上の
損害賠償責任も負う。

イ　著作権侵害があった場合、著作権者は、第１１２条の定めに従い侵害の差し止め
請求をすることができるとともに、民法第７０９条「故意又は過失によって他人の
権利又は法律上保護される利益を侵害した者は、これによって生じた損害を賠償す
る責任を負う」との規定に基づき、不法行為に対する損害の賠償を求めることがで
きる。新たに正規に当該ソフトウェアをＣ社から購入した場合でも、過去の損害が
填補されることはなく、Ａ社はＣ社に対して損害賠償をする必要がある。

ウ　当該ソフトウェアのインストールにより、ソフトウェアの著作権の複製権が侵害
されているのであり、これを使用していなかったとしても、損害賠償の対象となる。

エ　著作者人格権、著作権、出版権、実演家人格権又は著作隣接権を侵害する行為に
よつて作成された物（前号の輸入に係る物を含む。）を、情を知つて、頒布し、頒布
の目的をもつて所持し、若しくは頒布する旨の申出をし、又は業として輸出し、若
しくは業としての輸出の目的をもつて所持する行為は、当該著作者人格権、著作権、
出版権、実演家人格権又は著作隣接権を侵害する行為とみなす（１１３条１項２号）。
なお、頒布とは、有償であるか又は無償であるかを問わず、複製物を公衆に譲渡し、
又は貸与することをいい、映画の著作物又は映画の著作物において複製されている
著作物にあつては、これらの著作物を公衆に提示することを目的として当該映画の
著作物の複製物を譲渡し、又は貸与することを含むものとする（２条１項１９号）。
著作物の複製物の公衆への無償貸与は、頒布である。

問題２９

【正答　イ】

【解説】

　ア　米国も日本もベルヌ条約加盟国であり、ベルヌ条約第５条２項は「権利の享有及び行使には、いかなる方式の履行をも要しない」として、登録を要せず著作物は保護される。したがって、著作物に © マークをつけなくても、米国においても保護される。

　イ　保護の範囲及び著作者の権利を保全するため著作者に保障される救済の方法は、この条約の規定によるほか、専ら、保護が要求される同盟国の法令の定めるところによる（ベルヌ条約５条２項３文）。

　ウ　ベルヌ条約は著作物に関して著作権による保護を定めている条約であり、ベルヌ条約では実演は著作物ではなく、実演家の権利に関する規定はない。実演家の権利に関しては、ＴＲＩＰＳ協定、実演家等保護条約、実演及びレコードに関する世界知的所有権機関条約、視聴覚的実演に関する北京条約にて規定されている。

　エ　いずれの同盟国の国民でもない著作者の著作物のうち、いずれかの同盟国において最初に発行されたもの並びに同盟に属しない国及びいずれかの同盟国において同時に発行されたものは、この条約によつて保護される（ベルヌ条約３条１項ｂ号）。最初の発行の国を含む二以上の国において最初の発行の日から３０日以内に発行された著作物は、それらの国において同時に発行されたものとみなす（同条４項）。条約はその条約に加盟している国同士で条約の定めを守ることを定めたものなので、ベルヌ条約の非加盟国の著作物は原則として日本では保護を受けない。ただし、ベルヌ条約加盟国で最初に発行された著作物（ベルヌ条約非加盟国で最初に発行された著作物のうち、その発行後３０日以内にベルヌ条約加盟国で発行された著作物を含む）は、ベルヌ条約による保護を受ける。

問題３０

【正答　ウ】

【解説】

ア　国内で行われる実演は、著作権法の保護を受ける（７条１号）。誰が行った実演で
　　も、日本で行われた実演は、日本の著作権法の保護を受ける。

イ　日本国民をレコード製作者とするレコードは、著作権法の保護を受ける（８条１
　　号）。どの国で最初に音を固定しようと、日本国民がレコード製作者であれば、その
　　レコードは日本の著作権法の保護を受ける。

ウ　日本国内、「実演家、レコード製作者及び放送機関の保護に関する国際条約（ロー
　　マ条約)」の締結国、「実演及びレコードに関する世界知的所有権機関条約（ＷＰＰ
　　Ｔ)」の締結国、あるいは世界貿易機関（ＷＴＯ）の加盟国で行われた実演は、日本
　　の著作権法の保護を受ける（７条１号、５号イ、６号イ、及び７号イ）が、どの条
　　約にも加盟していないパラオ共和国で行われた実演は、日本人の実演であっても保
　　護されない。

エ　日本国民の著作物は、著作権法の保護を受ける（６条１号）。日本国民の創作した
　　著作物であれば、どこで創作し、どこで発行・公表しようと、日本の著作権の保護
　　を受ける。

問題３１

【正答　エ】

【解説】

ア　契約は、両者の合意により成立する。小説の配信には合意していないが、紙の書
　　籍出版には合意しているので、この小説の場合、紙の書籍出版については契約が成
　　立している。

イ　印紙は印紙税法に基づき所定の契約書に印紙を貼付することにより税金を納める
　　ものである。印紙税法上必要とされる印紙が貼付されていない場合、脱税にはなるが、
　　契約書の効力には影響がなく契約書は有効である。

ウ　合意は成立しているので契約は成立しているが、対価を半分しか支払わないこと
　　により、映画製作者が債務を履行していないだけである。小説家は債務不履行（契
　　約違反）に基づき損害賠償を求めるなど法的手段を執ることができる。

エ　絵画販売に関する全体としての合意が成立していないので、この段階では契約は
　　成立していない。絵画を販売する側が、早い入金を必要としている場合、この段階
　　であれば、少し安くても早くに支払いをする別の相手に販売をしても、法的な問題
　　はない。

問題３２

【正答　ウ】

【解説】

　ア　著作者人格権及び著作権の享有には、いかなる方式の履行をも要しない（１７条
　　　２項）。著作権の場合、権利の発生に特許庁をはじめ、いかなる機関への出願、審査、
　　　登録も必要ない。

　イ　著作権（著作権法１１２条）、特許権（特許法１００条）、商標権（商標法３６条）
　　　には、侵害行為の差し止めを請求する権利が認められている。

　ウ　選択肢ア、イの解説のとおり、著作権の発生には何らの方式も必要としないし、
　　　差し止めも認められているが、実際にその権利を行使する場合には、主張する著作
　　　権の内容や自己が著作権者であることについて立証する必要がある。この点、特許
　　　権の場合には、特許権の内容や特許権者については特許庁に登録しているので、そ
　　　の立証は容易であるが、著作権の場合には、それが困難なケースもあり得る。

　エ　実名の登録や第一発行年月日等の登録、創作年月日の登録、著作権についても登
　　　録制度は存在する（７５条～７８条の２）。

問題３３

【正答　ウ】

【解説】

　　送信可能化とは、公衆の用に供されている電気通信回線（インターネットなど）に
　接続している自動公衆送信装置（サーバーなど）の公衆送信用記録媒体に情報を記録
　することなど（２条１項９号の５イ）の著作物をアップロードすることをいい、公衆
　送信用記録媒体とは、データを記録すれば自動公衆送信されてしまうような記録媒体
　の領域のことをいう。

　　他人が撮影した写真画像をインターネット上にある自分のホームページに掲載する
　行為は、インターネットに接続されているホームページのサーバーに、インターネッ
　トに接続している人であれば誰でも閲覧することができるよう写真画像のデータを記
　録していることであり、写真画像を送信可能化しているといえる。一方、写真を自分
　の弟への電子メールに添付して送付する行為は、弟という特定人に対してのみ写真デ
　ータを送信しており、自動的に公衆送信されることのないメールサーバー上の記録媒体
　に情報を記録しているにすぎないので、公衆送信用記録媒体に情報を記録したとはい
　えず、送信可能化にあたらない。また、弟に対してのみ送信するメールに写真を複製
　することは、個人的に又は家庭内その他これに準ずる限られた範囲内において使用す
　ることにあたり、著作物の複製権は第３０条の規定により権利制限されているので、
　複製権の侵害とはならない。

問題３４

【正答　ア】

【解説】

　著作物とは、思想又は感情を創作的に表現したものであつて、文芸、学術、美術又は音楽の範囲に属するものをいう（２条１項１号）。

1　防犯用固定カメラの影像は、決まったアングルで機械的に撮影されるものであり、その撮影に創作性が認められないため、著作物とは認められない。

2　猿など動物が絵を描いたとしても、その絵は人間の思想または感情に基づいて作成されたものではないため、著作物とは認められない。

3　色使いや筆遣い等で表現に工夫を凝らした場合、同じ題材、同じ構成でも新たな著作物となり得る。

4　著作物を作成するために用いるプログラム言語、規約及び解法は、著作物として保護されないが（１０条３項柱書）、ここでのプログラム言語とは、プログラムを表現する手段としての文字その他の記号及びその体系をいう（同項１号）。すなわち、保護の対象とならないのは言語としての体系であり、プログラム言語を実行するための具体的なプログラムは、思想又は感情の創作的表現であればプログラムの著作物（１０条１項９号）として保護される。

問題３５

【正答　ウ】

【解説】

1　写真を見て元の絵を忠実に模写して再現した絵は、著作物ではなく、元の絵の複製物である。したがって、この模写を行った者は、著作者ではなくて複製物を製作した者である。

2　同時通訳の結果、でき上がった演説の日本語表現は、アメリカ大統領の就任演説の二次的著作物であり、通訳者はその二次的著作物の著作者である。

3　憲法は、著作権の目的とはならないが、思想または感情の創作的表現であり、著作物である。その草案も著作物であり、起草者は著作者である。

4　著作者とは、著作物を創作する者をいう（２条１項２号）。したがって、本肢の本を執筆したゴーストライターが著作者であり、タレントは著作者ではない。

問題36

【正答　ア】

【解説】

　著作者は、その著作物でまだ公表されていないもの（その同意を得ないで公表された著作物を含む。）を公衆に提供し、又は提示する権利を有する。当該著作物を原著作物とする二次的著作物についても、同様とする（18条1項）。

1　美術の著作物又は写真の著作物でまだ公表されていないものの原作品を譲渡した場合は、これらの著作物をその原作品による展示の方法で公衆に提示することについて同意したものと推定される（18条2項2号）。撮影した写真のSNSへの掲載は、原作品の展示の方法による公衆への提示にはあたらない。そのため、本肢の場合、公表権の侵害となる。また、有体物である似顔絵を譲渡したとしても、それだけでは著作権を譲渡したとは認められない。

2　同意を得ないで公表された場合は、その著作物はまだ公表されていないと定められており（18条1項）、あとに掲載を行った友人についても、公表権を侵害することになる。なお、友人2人は特定少数であるため、彼らにメールを送信することは公表とならない。

3　その美術の著作物又は写真の著作物でまだ公表されていないものの原作品を譲渡した場合は、これらの著作物をその原作品による展示の方法で公衆に提示することについて、同意したものと推定される（18条2項2号）。美術の著作物の複製品を譲渡した場合は、同意は推定されず、原則どおり、未公表の著作物の無断での公表は公表権の侵害となる。

4　元の小説の翻訳は、元の小説の二次的著作物として新たな著作物となる。そのため、その翻訳の公表は、翻訳者の公表権を侵害する。

問題３７

【正答　ウ】

【解説】

1　著作者は、その美術の著作物又はまだ発行されていない写真の著作物をこれらの原作品により公に展示する権利を専有する（２５条）。美術の著作物の複製品を展示しても、展示権の侵害とならない。

2　著作者は、その言語の著作物を公に口述する権利を専有する（２４条）。口述とは、朗読その他の方法により著作物を口頭で伝達すること（実演に該当するものを除く。）をいう（２条１項１８号）。本の輪読は、交代しながら朗読をすることであり、参加自由の勉強会なので、不特定の公衆に聞かせる目的の口述であるから、口述権の侵害となる。

3　「上演」、「演奏」又は「口述」には、著作物の上演、演奏又は口述で録音され、又は録画されたものを再生すること（公衆送信又は上映に該当するものを除く。）を含む（２条７項）。したがって、講演の録音ＣＤの再生は口述にあたり、本肢の場合、不特定の人に聞かせる目的で行われているので、口述権の侵害となる。

4　著作者は、その美術の著作物又はまだ発行されていない写真の著作物をこれらの原作品により公に展示する権利を専有する（２５条）。発行済みの写真の展示については、展示権の侵害とならない。

問題３８

【正答　ウ】

【解説】

　　二次的著作物の原著作物の著作者は、当該二次的著作物の利用に関し、この款に規定する権利で当該二次的著作物の著作者が有するものと同一の種類の権利を専有する（２８条）。

1　漫画を原作とした劇場用映画を製作するには、当然漫画家の許諾が必要だが、映画公開以外の使用についてもそれぞれ漫画家の許諾が必要である。また、著作者は、その著作物でまだ公表されていないもの（その同意を得ないで公表された著作物を含む。以下この条において同じ。）を公衆に提供し、又は提示する権利を有する。当該著作物を原著作物とする二次的著作物についても、同様とする（１８条１項）ので、映画館での公開日に同意していてもそれより先に公衆に提示する場合は、原作者である漫画家の同意が必要である。

2　新たに製作するアニメーションには、原作者として外国の小説家と翻訳家両者の権利が働く。どちらか一方の許諾が得られない場合は、アニメーションの製作はできない。

3　小説をもとに演劇脚本を作るのは脚色で、できあがった演劇脚本は小説の二次的著作物にあたる。脚本を上演するには当然脚本家の許諾がいるが、二次的著作物については、原作者は二次的著作物の著作者と同じ権利を有するので、小説家の許諾も必要である。

4　映画の著作物の著作権がその存続期間の満了により消滅したときは、当該映画の著作物の利用に関するその原著作物の著作権は、当該映画の著作物の著作権とともに消滅する（５４条２項）。そのため、映画の著作物の利用に関し、映画の著作物の著作権の存続期間の満了後は、漫画の著作権者の許諾は不要である。

以上より、誤っているものは１と３と４なので、正答はウである。

問題３９

【正答　ア】

【解説】

1　美術の著作物若しくは写真の著作物の原作品の所有者又はその同意を得た者は、これらの著作物をその原作品により公に展示することができる（４５条１項）。前項の規定は、美術の著作物の原作品を街路、公園その他一般公衆に開放されている屋外の場所又は建造物の外壁その他一般公衆の見やすい屋外の場所に恒常的に設置する場合には、適用しない（４５条２項）。有料の動物園は、入場料は必要であるが、資格を限定することなく入場が認められるので、一般公衆に開放されている屋外の場所にあたる。そのため、本肢の場合、第４５条２項により、所有者であっても著作者の許諾なしには公の展示が認められず、展示権の侵害となる。

2　美術の著作物でその原作品が前条２項に規定する屋外の場所に恒常的に設置されているもの又は建築の著作物は、次に掲げる場合を除き、いずれの方法によるかを問わず、利用することができる（４６条柱書）。屋内に設置される著作物については、第４５条の適用はない。また、色彩のある絵画を鉛筆で模写したとしても、複製となる。高校の廊下に掲示することは、私的使用の範囲には入らず、そのため、本肢の場合、複製権の侵害となる。

3　原作品の展示者は、観覧者のために展示著作物の解説又は紹介をすることを目的とする場合には、その必要と認められる限度において、当該展示著作物を上映し、又は当該展示著作物について自動公衆送信を行うことができる。ただし、当該展示著作物の種類及び用途並びに当該上映又は自動公衆送信の態様に照らし著作権者の利益を不当に害することとなる場合は、この限りでない（４７条２項）。また、これに伴う複製も認められる（同条１項）。

　　本肢の場合、観覧者への解説を目的とする利用であり、複製権、自動公衆送信権の侵害とならない。

4　美術の著作物又は写真の著作物の原作品又は複製物の所有者その他のこれらの譲渡又は貸与の権利を有する者が、第２６条の２第１項又は第２６条の３に規定する権利を害することなく、その原作品又は複製物を譲渡し、又は貸与しようとする場合には、当該権原を有する者又はその委託を受けた者は、その申出の用に供するため、これらの著作物について、複製又は公衆送信（自動公衆送信の場合にあつては、送信可能化を含む。）（当該複製により作成される複製物を用いて行うこれらの著作物の複製又は当該公衆送信を受信して行うこれらの著作物の複製を防止し、又は抑止するための措置その他の著作権者の利益を不当に害しないための措置として政令で定める措置を講じて行うものに限る。）を行うことができる（４７条の２）。

　　貸与の権原を有する者が、顧客の用に供するために、漫画の表紙を複製し、政令で定める一定の範囲内で公衆送信することは認められる。

問題４０

【正答　エ】

【解説】

1　レストランの店内の様子およびメニューは、人の氏名・容貌・姿態等ではないため、これらを撮影、利用しても、パブリシティ権の侵害とはならない。

2　パブリシティ権とは、顧客吸引力のある人の氏名・容貌・姿態等の有する経済的利益ないし価値を排他的に支配する権利である（「ピンクレディー事件」　最高裁平成２４年２月２日判決）。友人５人に芸能人の写真を送付したとしても、顧客吸引力を利用する態様ではないので、パブリシティ権を侵害しない。

3　肖像権とは、自己の肖像をみだりに撮影されたり公表されたりしない権利で、人格権の一種である。肖像権の対象には、容貌だけでなく氏名や声も含まれる。肖像権は人格権なので誰にでも認められるので、本肢の場合は肖像権の侵害になる。

4　氏名も肖像権の対象になるので（氏名権）、プロ野球選手の実名を勝手に利用すれば肖像権の侵害になる。また、プロ野球選手という顧客吸引力のある人の氏名を利用するものであるため、パブリシティ権の侵害となる場合がある。

■著者紹介 ···

和田　宏徳（わだ　ひろのり）

平成9年　大阪弁護士会　登録

和田宏徳法律事務所　所長

主要著書

「情報ネットワークの法律実務」（第一法規　共著）

「不正競争防止法における商品形態の模倣」（商事法務研究会　共著）

「最新　不正競争関係　判例と実務［第2版］」（民事法研究会　共著）

「デジタルコンテンツ法」（商事法務　共著）

「最新　著作権関係　判例と実務」（民事法研究会　共著）

「ビジネス著作権検定　合格テキスト」（税務経理協会　共著）

「知的財産契約の理論と実務」（商事法務　共著）

「最新判例知財法〜小松陽一郎先生還暦記念論文集」（青林書院　執筆参加）

「最新知的財産判例集〜未評釈判例を中心として」（青林書院　執筆参加）

「商標の法律相談」（青林書院　共著）

「特許権侵害紛争の実務〜裁判例を踏まえた解決手段とその展望」（青林書院
執筆参加）

坂本　優（さかもと　ゆう）

平成13年　大阪弁護士会　登録

元帝塚山学院大学非常勤講師「著作権法概論」（平成17年度〜平成18年度）

特定侵害訴訟代理業務研修（付記弁理士研修）講師（平成27年度）

主要著書

「知的財産契約の理論と実務」（商事法務　執筆参加）

「最新　著作権関係　判例と実務」（民事法研究会　共著）

「最新　商標権関係　判例と実務」（民事法研究会　共著）

「新　はじめての法学」（法律文化社　共著）

「ビジネス著作権検定　合格テキスト」（税務経理協会　共著）

「開発委託契約の合意解約の成否と残存条項の効力」（知財管理59-6　共著）

「最新判例知財法〜小松陽一郎先生還暦記念論文集」（青林書院　執筆参加）

「最新知的財産判例集〜未評釈判例を中心として」（青林書院　執筆参加）

「特許審決取消訴訟の分析〜事例からみる知財高裁の実務」（商事法務　共著）

藤原　正樹（ふじわら　まさき）

平成19年　大阪弁護士会　登録

プログレ法律特許事務所　パートナー

大阪学院大学 大学院法学研究科修士課程 非常勤講師「知的財産法研究」

（平成25年度〜平成30年度）

(主要著書)

「営業秘密の特定とプログラムの著作物の著作権侵害訴訟における主張・立証」
（知財管理61-1　共著）

「最新知的財産判例集―未評釈判例を中心として〜三山峻司先生 松村信夫先生
還暦記念」（青林書院　執筆参加）

「最新商標権関係判例と実務」（知的所有権問題研究会編　民事法研究会　執
筆参加）

「特許審決取消判決の分析〜事例から見る知財高裁の実務」（大阪弁護士会知
的財産法実務研究会編　商事法務　執筆参加）

「最新 不正競争関係判例と実務」（民事法研究会　共著・編集事務局長）

「ヒアリングシートを使った中小企業の法律相談マニュアル―信頼につながる
基礎知識とヒアリングのノウハウ」（民事法研究会　共著）

■監修者紹介･･･

紋谷　暢男（もんや　のぶお）

法学博士・成蹊大学名誉教授

土肥　一史（どひ　かずふみ）

弁護士・一橋大学名誉教授

■事務所紹介･･･

プログレ法律特許事務所

所長　弁護士・弁理士　松村　信夫（まつむら　のぶお）

昭和59年　「松村信夫法律事務所」として開設

平成17年　「プログレ法律特許事務所」に名称を変更、現在に至る

(所在地)

〒541-0044

大阪府大阪市中央区伏見町3丁目2番4号　淀屋橋戸田ビル6階

(連絡先)

TEL：06-6231-7330

知的財産権を巡る法務、行政事件、ソフトウェア・情報関連法務、マンション法務を主な取扱分野とする。その他、消費者保護、個人情報保護、リスクマネジメント法務、危機管理、コンプライアンス法務、破産事件、行政事件、家事事件、一般民事等々、幅広い分野にわたる相談に応じている。

和田宏徳法律事務所

平成17年　開設

所在地

〒530-0047

大阪府大阪市北区西天満4丁目3番11号　梅新パークビル8階

連絡先

TEL：06-6363-1180

取扱分野

知的財産権を巡る法務、ソフトウェア・情報関連法務、破産事件、一般民事事件を主な取扱分野とする。その他、消費者保護、家事事件等々、幅広い分野にわたる相談に応じている。

STAFF
編集	小宮 雄介
	遠田 恵子
	片元 諭
DTP	SeaGrape
表紙デザイン	石川 清香（株式会社デジカル）
編集長	玉巻 秀雄

索引

索引

302

本書のご感想をぜひお寄せください

https://book.impress.co.jp/books/1121101148

読者登録サービス CLUB impress

アンケート回答者の中から、抽選で図書カード（1,000円分）などを毎月プレゼント。
当選者の発表は賞品の発送をもって代えさせていただきます。
※プレゼントの賞品は変更になる場合があります。

■商品に関する問い合わせ先

このたびは弊社商品をご購入いただきありがとうございます。本書の内容などに関するお問い合わせは、下記のURLまたは二次元バーコードにある問い合わせフォームからお送りください。

https://book.impress.co.jp/info/

上記フォームがご利用いただけない場合のメールでの問い合わせ先
info@impress.co.jp

※お問い合わせの際は、書名、ISBN、お名前、お電話番号、メールアドレス に加えて、「該当するページ」と「具体的なご質問内容」「お使いの動作環境」を必ずご明記ください。なお、本書の範囲を超えるご質問にはお答えできないのでご了承ください。

● 電話やFAX でのご質問には対応しておりません。また、封書でのお問い合わせは回答までに日数をいただく場合があります。あらかじめご了承ください。
● インプレスブックスの本書情報ページ https://book.impress.co.jp/books/1121101148 では、本書のサポート情報や正誤表・訂正情報などを提供しています。あわせてご確認ください。
● 本書の奥付に記載されている初版発行日から3年が経過した場合、もしくは本書で紹介している製品やサービスについて提供会社によるサポートが終了した場合はご質問にお答えできない場合があります。

■落丁・乱丁本などの問い合わせ先

FAX 03-6837-5023
service@impress.co.jp
※古書店で購入された商品はお取り替えできません。

ビジネス著作権検定 公式テキスト [初級・上級] 第3版

2022年 8月 1日　初版発行
2024年10月21日　第1版第5刷発行

著 者　和田 宏徳／坂本 優／藤原 正樹
監 修　紋谷 暢男／土肥 一史
発行人　小川 亨
編集人　高橋 隆志
発行所　株式会社インプレス
　　　　〒 101-0051 東京都千代田区神田神保町一丁目 105 番地
　　　　ホームページ　https://book.impress.co.jp/

印刷所　株式会社ウイル・コーポレーション

ISBN978-4-295-01499-7 C3032
Printed in Japan